匯率變化的貿易收支效應

基於匯率傳導與貿易彈性的研究

（第二版）

楊碧云、陳平 著

財經錢線

序　言

　　匯率變化對貿易收支的影響可以通過兩方面的因素來解釋：一是匯率變化對貿易價格的影響，可定義為匯率變化的價格傳導因素；二是貿易價格的變化對貿易數量的影響並在此基礎上通過價格與數量的共同變化影響到貿易額，可定義為貿易價格彈性因素。早期的理論研究文獻都假定匯率變化對貿易價格實現完全傳導（本幣貶值/升值能同幅降低/提高一國出口外幣價格而提高/降低進口本幣價格），僅考慮貿易價格與數量之間的彈性關係，並認為，當馬歇爾—勒拉條件（簡稱ML條件）成立，即一國進出口需求的價格彈性之和大於1時，則貶值將改善貿易收支，升值將惡化貿易收支。但隨后大量的實證研究表明，即使ML條件成立，也不能得到匯率變化對貿易收支影響的這一傳統結論。在彈性分析方法得不到有效證實之后，研究者們開始從匯率變化的價格傳導因素著手進行分析，並結合實證分析得出結論：匯率變化對貿易價格的傳導並不完全，且匯率傳導程度存在顯著的行業和國別差異。這使得對匯率變化的貿易收支效應的分析變得更為複雜。

　　匯率變化對貿易額的最終影響實際上取決於匯率波動幅度、匯率對貿易價格的傳導程度以及貿易價格與數量間的彈性關係三方面的綜合影響。在給定匯率變化的前提下，實際上就是取決於匯率傳導和貿易彈性兩大因素中的各具體因素的綜合影響。而到目前為止，國內外文獻對該問題的研究始終都是採取給定某一具體影響因素，而后單獨分析另一因素所造成的影響，鮮有從理論或實證方面將兩因素的綜合影響系統地進行闡述和估計。本書的研究目的就在於以匯率傳導理論和彈性分析理論為基礎，在考慮一定匯率變化對貿易價格傳導現實的同時，還分析貿易價格與數量之間的彈性關係，最終得到匯率變化對一國貿易收支的綜合影響，包括其影響方向與影響程度，並進一步分析造成這種影響的具體原因。

　　本書研究的基本思路就是以人民幣匯率變化和中國對外貿易發展的現實為

背景，以匯率變動對各行業和各貿易方式的進出口價格傳導和 ML 條件在中國各類對外貿易活動中是否成立為分析核心，在借鑑相對成熟的西方匯率傳導理論和貿易彈性理論的基礎上，結合中國現實對各理論予以拓展，運用現代主流的經濟計量和統計方法，對 1995 年 1 月～2008 年 8 月的相關數據進行分析，先后進行四個方面的研究：①測算中國人民幣名義有效匯率。該部分首先計算中國與 14 個主要貿易夥伴之間的貿易額（包括進口額、出口額和總貿易額）的相對權重和對應雙邊名義匯率，其次將雙邊名義匯率與貿易權重（分進口權重、出口權重和貿易總額權重）加權加總分別得到進口加權的名義有效匯率、出口加權的名義有效匯率和總額加權的名義有效匯率，以分別考察影響進口額、出口額、貿易總額、貿易余額的匯率變量的變化。②採用協整分析方法估計長期內人民幣名義有效匯率變化對總進口、總出口價格等與對分行業和分貿易方式的進口、出口價格的傳導程度，並對分行業和分貿易方式的進出口價格的匯率傳導程度進行比較分析。③利用截面數據分析方法估計總進口、總出口和分行業和分貿易方式進口、出口需求的價格彈性，判斷 ML 條件在中國各類對外貿易活動中是否成立。④直接對匯率與全國各類貿易額相關變量進行建模，採用協整分析方法分別估計總進口、總出口、總貿易余額和分行業與分貿易方式進口、出口、貿易余額的長期匯率彈性，並通過數理推導分析各貿易余額的匯率彈性與對應匯率傳導程度、進出口需求的價格彈性之間的內在聯繫，系統構造三者之間的基本理論關係並對其進行數值檢驗。

　　本書最后結合中國開放經濟發展和人民幣匯率調整的現實，根據書中得出的理論推導與實證結論提出一系列的政策建議，主要包括匯率安排、對外貿易結構調整以及其他相關配套政策等方面的政策建議。

楊碧雲　陳平

ABSTRACT

    There are two factors to explain the trade balance effect of exchange rate variate, one is exchange rate pass-through, which describes the influence of exchange rate variate on trade price, the other is trade elasticity, which describes the influence of trade price on trade quantities. Most of early theoretic research papers assumed the perfect exchange rate pass-through to trade price, such as domestic currency depreciation will decrease export price in foreign currency and increase import price in domestic currency with same fluctuation, and domestic currency appreciation will increase exprot price in foreign currency and decrease import price in domestic currency with same fluctuation. These researches only considered the elasticity relationship between trade price and trade quantities, and concluded that domestic currency depreciation will increase trade balance and appreciation will decrease trade balance if Marshall – Lerner condition exists. But subsequent researches did not testify this conclusion. And then researchers turn their steps to exchange rate pass-through, and come a conclusion that the exchange rate pass-through is not perfect, and there are distinct differences among industries, trade forms and bilateral trade partners. The research on trade balance effect of exchange rate variate becomes to be complicated.

    Ultimately, the effect of exchange rate variate on trade balance relies on the complicated influence of three factors: the range of exchange rate variate, the extent of the exchange rate pass-through and trade price elasticity. If the range of exchange rate variate is given, the effect will rely on the extent of exchange rate pass-through and trade price elasticity. Up to now, most of researches on this subject only analysis the effect of one factor by assuming the other factor. Few of them concentrate on both of two factors to ananlysis the effect of exchange rate variate on trade balance systemetically. The aim of this book is to analysis the influence of trade elasticity factor and exchange rate pass-through factor at one time based on the exchange rate pass-through theory and trade elasticity theory, and come a conclusion on the trade balance effect of exchange rate variate, and analysis the reason of those effects.

The frame of his book is following: backgrounds of this research are the realities of RMB exchange rate variate and the development of China's foreign trade; principal parts of this research are the exchange rate pass-through to trade prices in different industries and trade forms, and whether the Marshall – Lerner condition exists according to industries and trade forms; the theoretic base of this thesis is exchange rate pass-through theory and trade elasticity theory. This book applies monthly China datas from 1995.5 to 2008.8 and some popular econometric and statistical mehtods to research four contents: ① to measure the nominal effective exchange rate of RMB. In this part, firstly I calculate the bilateral nominal exchange rates and the trade weights of China's 14 trade partners, including import weights, export weights, and total trade weights. ② to use cointegration method to estimate the exchange rate pass-through to import prices, export prices totally and in different industries and different trade forms in the long run, and then compare and analysis these exchange rate pass-throughs. ③ to use pool data method to estimate the import demand elasticity and export demand elasticity totally, in different industries and different trade forms, and judge whether the Marshall – Lerner condition exists in different industries and different trade forms. ④ to model directly on the exchange rate and all kinds of trade volume, and estimate the exchange rate elasticity of import value, export value, total trade value and trade balance totally, in different industries and different trade forms by applying cointegration method. Another subject in this part is to deduce the theoretic relationship among exchange rate elasticity, exchange rate pass-through and trade elasticity by using symbolic logic, and testify this theoretic relationship by empirical conclusion.

According to the conclusion of above research, based on the realities of RMB exchange rate variate and foreign economic development, this book brings forward some policy suggestions about exchange rate adjustment, foreign trade structure adjustment and other related matched policy suggestions at the end.

Key words: effective exchange rate, exchange rate pass-through, trade elasticity, exchange rate elasticity

目　錄

1　導論／1
　　1.1　研究背景／1
　　1.2　研究的目的和意義／6
　　1.3　研究的思路、方法和框架／7
　　1.4　研究的創新與不足／9
　　1.5　研究的基本概念及界定／11

2　匯率變動的貿易收支效應文獻綜述／16
　　2.1　匯率傳導理論演變及實證分析的文獻述評／16
　　2.2　貿易彈性論的演變與發展及文獻述評／27

3　人民幣各匯率指標的測算及其變化趨勢分析／42
　　3.1　人民幣名義匯率的變化趨勢及其描述性分析／42
　　3.2　人民幣雙邊實際匯率測算及變化趨勢分析／45
　　3.3　人民幣有效匯率的測算及變化趨勢分析／49

4　人民幣匯率的價格傳導：理論建模與估計檢驗／55
　　4.1　人民幣匯率變化對中國進出口價格傳導的文獻回顧／55
　　4.2　人民幣匯率變化對中國進出口總價格與分類價格的傳導／57
　　4.3　人民幣匯率變化對不同方式貿易進出口價格的傳導估計／83

- 4.4 影響人民幣匯率傳導的因素分析 / 95
- 4.5 本章結論及政策分析 / 97

5 中國進出口價格彈性的估計與檢驗 / 100

- 5.1 國內 ML 條件和進出口價格彈性估計的文獻回顧 / 100
- 5.2 關於中國進出口數量與價格的基本描述 / 102
- 5.3 中國進出口需求的價格彈性估計與檢驗 / 104
- 5.4 中國不同貿易方式下進出口需求的價格彈性估計與檢驗 / 114

6 人民幣匯率變化的貿易收支效應及原因分析 / 131

- 6.1 人民幣匯率變化的貿易收支效應：文獻回顧 / 131
- 6.2 匯率影響貿易余額的匯率傳導與貿易彈性理論框架 / 132
- 6.3 人民幣匯率變化對貿易總余額和分類貿易余額的影響 / 136
- 6.4 不同貿易方式下人民幣匯率變化對貿易余額的影響 / 155
- 6.5 本章小結 / 165

7 本書基本結論與政策建議 / 166

- 7.1 全書基本結論 / 166
- 7.2 本書的相關政策建議 / 173
- 7.3 進一步研究的方向 / 180

附錄 / 181

參考文獻 / 184

后記 / 206

1 導論

1.1 研究背景

1.1.1 國際經濟理論關於匯率的貿易收支效應解釋

關於浮動匯率問題的研究最早可追溯到弗里德曼（1953）所提出的浮動匯率是調整國際相對價格的有效途徑的理論，其理由是某國家發生現實衝擊（如生產率提高或貨幣政策調整）時，國家間商品的實際相對價格發生變化，匯率便需要進行調整，以使其名義相對價格與實際相對價格相一致並達到均衡狀態。名義匯率的調整和國內價格的調整都能實現實際匯率達到均衡的目標，如果二者的靈敏度相同，則兩種調整方式無差異，但事實上，一國的國內價格往往是高度不靈活的，即國內價格名義剛性。費爾德斯坦（1992）也指出，國內價格的下降需要付出一定時期的失業代價，故政府往往傾向於使用名義匯率手段。這些傳統觀點都認為，在開放經濟條件下，匯率變動通過對相對價格的即時調整能實現對總需求的即時影響，因此最優的貨幣政策要求採取浮動匯率制度。

在布雷頓森林體系瓦解之后，浮動匯率制度受到相當多研究者和政府的追捧，以期待通過匯率的變化來調整國際收支。傳統的國際經濟理論認為，一國貨幣貶值將導致進出口相對價格的變化，從而導致進出口數量的變化，使得進口減少、出口增加，從而貶值有益於增加一國貿易余額；相反，如一國貨幣升值則導致進口增加、出口減少，從而降低一國貿易余額，但經濟現實似乎並不必定如此。研究者們通過多種方法從不同角度對傳統理論成立所需的各種前提條件進行了分析，並對經濟現實與理論結論錯位的原因進行了諸多的解釋。一國匯率變動對貿易收支的影響總的來說可以分為兩個因素，一是匯率變動對一國貿易價格的影響；二是貿易價格的變化引起的貿易數量的變化從而最終影響

到貿易收支余額。那麼與之相對應的，對匯率變動的貿易效應的研究也主要集中在兩個方面，一是對匯率變動的價格傳導問題的研究，二是對用來描述價格數量關係的貿易彈性問題的分析。同時，對應於開放條件下宏觀經濟學的發展以及國際經濟現實的不斷變化，對匯率變動的貿易效應問題的研究也呈現出兩階段特徵。起初，由於傳統開放經濟的宏觀經濟學中都假定市場完全競爭，假定匯率變動對價格的傳導完全，故長期以來人們分析匯率變動的貿易效應時一直關注貿易彈性因素——貿易品價格與數量的彈性分析。但浮動匯率制度在許多國家實施的結果並不如人們所期望的那樣，絕大多數國家的貿易收支對匯率的變化都反應小且遲緩。這一結果導致研究者們爭相尋找能解釋這一「調整困惑」（Adjustment Puzzle）的原因。研究者們最初從國際市場上貿易價格與數量之間的彈性關係入手，對匯率變動對貿易收支影響的貿易彈性因素進行了大量的實證研究，曾一度認為 ML 條件難以成立而形成「彈性悲觀論」，並用以解釋貿易收支對匯率變動的弱反應現象。但之後大量研究結果表明 ML 條件在大多數國家都成立（麥基，1973；戈德斯坦和卡恩，1978；梅儂，1995），因此基於彈性悲觀論的傳統觀點不能完整地解釋有關「調整困惑」的問題，從而，大量的研究者們開始把目光集中在匯率變動影響貿易收支的匯率傳導因素——匯率變動對價格的影響問題上。

相當數量的實證研究表明，即使是進出口的價格需求彈性很大，ML 條件滿足，也不足以實現匯率變動對貿易收支產生顯著影響，這與彈性分析法的結論明顯不符。這是因為傳統的彈性分析都假定了匯率變動對貿易品價格的傳導是完全的，而事實並非如此。相反，匯率變動對貿易品價格的傳導是不完全的，因而大大削弱了匯率變動對貿易收支的影響。至於匯率變動對一國貿易收支餘額的最終影響如何，關鍵是取決於匯率變動的幅度、一定波幅下匯率對各類進出口商品價格在各個時期內的傳導程度、商品進出口數量對價格的彈性等多方面的因素。因此，一定匯率變動對貿易的影響最終受匯率的價格傳導與貿易數量的價格彈性二者的共同影響。

自 2005 年 7 月 21 日起至今，人民幣持續升值，中國對外貿易順差在此期間內繼續增長，基於此，有必要從理論與實證兩方面對該現象予以充分的分析和解釋。對人民幣升值的貿易效應進行研究將有助於政府當局在進行貿易收支調整的過程中對匯率制度的安排予以恰當的考慮，同時也有助於在面臨匯率調整壓力時採取有效措施調整中國貿易收支，實現中國對外貿易的穩定發展。

1.1.2 中國經濟高速增長時期匯率與貿易收支的變動趨勢

1.1.2.1 人民幣匯率變動趨勢描述

長期以來中國採用盯住美元的固定匯率制度，但 2005 年匯率制度改革後名義匯率的變化採取參考一攬子貨幣的有管理的浮動匯率形成機制。近年來，美元在全球範圍內的持續貶值和中國經濟的持續高速增長給人民幣帶來了很大的升值壓力，但人民幣對美元名義匯率的下降（人民幣升值）並不必定意味著人民幣對其他國際貨幣也存在相同的變化趨勢，更不能因此而判定影響中國貿易收支的有效匯率呈升值趨勢。而真正能夠影響一國貿易的匯率變化指標應採用貿易加權后的有效匯率指標，因此本書首先對中國人民幣有效匯率的變動趨勢進行分析，見圖 1-1。

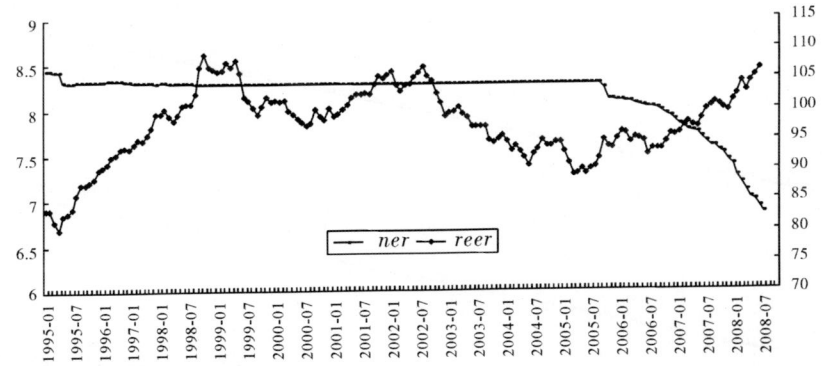

數據來源：聯合國國際貨幣基金組織（International Monetary Fural, IMF）網站的國際金融統計（International Financial Statistics, IFS）數據庫。

圖 1-1 人民幣實際有效匯率（reer）與中美雙邊名義匯率（ner）變化趨勢

從圖 1-1 可以看出，1995 年 1 月到 2008 年 8 月期間中國人民幣實際有效匯率共經歷了三個階段的變化：第一階段為 1995 年 1 月到 2002 年 1 月，人民幣實際有效匯率呈現早期快速升值和后期相對穩定的特徵；第二階段為 2002 年 2 月到 2005 年 6 月，該階段呈現出較為明顯的貶值特徵；第三階段自 2005 年 7 月至 2008 年 6 月，人民幣實際有效匯率與匯改后中美雙邊名義匯率的變化基本趨同，反應為持續升值特徵。（註：圖中 ner 表示 1 美元表示的人民幣名義匯率，其下降表示升值；reer 表示以 2000 年為 100 的人民幣實際有效匯率指數，其上升表示升值。）

以上三階段變化特徵可以通過愛德華茲（1989）提出的發展中國家的真實均衡匯率決定模型來進行說明。均衡真實匯率決定模型表示，所有經濟的基

礎因素都將影響一國均衡真實匯率，其中最主要的影響因素為一國貿易條件、進口關稅、技術進步、資本流入、名義匯率的變動以及其他經濟基礎因素，如政府支出占國內生產總值（GDP）的比重等。張靜、汪壽陽（2005）運用中國的數據對該模型進行了實證研究，並得出了各參數的符號與理論一致的結論。結論為，貿易條件改善將導致真實匯率升值，貿易條件的替代變量可以用出口與進口的比值表示。由於中國對外貿易政策長期以來一直採用出口退稅和高進口關稅的政策，鼓勵出口而限制進口，故加入世界貿易組織（WTO）之前，出口導向型經濟發展戰略一定程度地導致了人民幣實際有效匯率的升值，另外，該階段外商直接投資的快速增長和國內技術進步也促進了真實匯率的升值。自2001年12月中國加入WTO之後，國內政策對對外貿易的影響逐漸減弱，進口關稅減少，真實匯率進入下行階段。2005年7月匯改後，名義匯率的升值浮動對實際有效匯率的升值起到了決定性的影響，直接導致實際有效匯率升值。且通過與人民幣對美元名義匯率的升值幅度進行比較，匯改後三年內，除開少數因季節影響形成的有效匯率貶值月份（共15個月貶值）外，在其他所有升值月份中，僅4個月份的升值幅度小於名義匯率。通過目測我們可以得出，在匯改後名義匯率升值的同時，人民幣實際有效匯率的升值幅度在絕大多數時間內都高於名義匯率的升值幅度，也即實際有效匯率對名義匯率的變化彈性大於1。

1.1.2.2　中國貿易收支變動趨勢描述

改革開放以來中國對外貿易飛速發展，30年來的年平均增長速度達到17.4%，在世界貿易中的排名由1978年的第32位躍進到2012年的第1位。中國貨物出口在世界貨物出口總額中的占比也由1978年的0.75%上升到2012年的11.4%。中國對外貿易總額已經突破3.87萬億美元，成為名副其實的世界貿易大國，對全球貿易增量的貢獻突出。同時進口的快速增長與出口一同對中國GDP的增長作出了突出貢獻。但與此同時，中國的外貿依存度也大幅提高，由1978年的9.6%增加到2012年59%。對外貿易發展風險正日益增加並呈現多元化趨勢。

1978—1993年，中國外貿經歷了發展過程中的成長階段。自1994年開始，中國進行了深層次的匯率和外貿體制改革。之後，中國的外貿發展過程可以大致劃分為兩個階段：第一是穩步發展階段（1994—1999年）；第二是加速發展階段（2000年至今）。在第一階段內，1994年開始了以匯率並軌為核心的新一輪全面的外貿體制改革，人民幣的大幅度貶值導致對外貿易大幅度增長，外貿依存度也由1993年的32.5%大幅度升高到1994年的43.6%。之後幾年由於受

到宏觀調控與金融危機的影響，對外貿易的增長速度一度出現明顯減緩，但總體增長穩定，貿易餘額也在六年時間內實現累計順差1,184億美元。進入新世紀後，隨著中國正式加入世界貿易組織且世界經濟經歷20世紀90年代末的金融危機後逐漸復甦，外貿依存度也由1999年的36.5%飛速增加到2012年的59%，加速發展趨勢凸顯。平均25%以上的增速使得中國外貿發展開始面臨更多的風險，不穩定因素增加。

　　隨著對外貿易總量的迅速增長，中國對外貿易的商品結構也出現重大變動。就出口而言，改革開放初期，初級產品出口超過總出口的一半，1985年以後製成品的出口才開始超過初級產品出口，至2004年製成品出口則增加到93%。而在工業製成品內部，紡織服裝產品與機電產品分別在20世紀80年代與90年代成為中國出口的主導。與此同時，中國的高新技術產業也加速發展，至2010年高新技術產品出口已經占總出口的31%。從這裡可以看出，在市場化的經濟改革與對外開放的推動下，中國的出口產品結構遵循初級產品→勞動密集型產品→資本與技術密集型產品的演進方向，這與中國資源稟賦及比較優勢一致（賴平耀，2005）。

　　就進口而言，在總量實現增長的同時，其結構在這30年中也發生了變化。早期工業製成品在總進口中始終保持主導地位，其比重基本上保持在80%～85%的水平上。在工業製成品內部，屬於資本密集型、技術密集型的設備及工業原材料始終占支配地位。但近幾年來中國的初級產品進口急遽增加，2003年、2004年中國初級產品進口的年增幅甚至高達47.7%和61.2%，遠遠高於同期工業製成品38.3%和30.6%的增長速度。

　　從1994年到2008年中國貿易餘額已經持續15年形成外貿順差，且該順差一直呈擴大趨勢，貿易順差的變化也基本上可以分為兩個階段。在2002年之前，順差始終處在100多億美元的變化區間，漲幅小，速度慢；而進入2002年後，貿易順差由2001年的174億美元躍升到2008年的2,954.6億美元，7年內貿易順差整整增長了17倍，貿易順差占GDP的比率也由2001年的2.6%飛速增加到了2008年的6.7%，其間該比率最高曾在2007年達到9.6%。這些巨額的貿易順差主要來自於貨物貿易順差，雖然在此期間中國一般貿易也開始出現順差並有所增長，但貨物貿易順差仍以加工貿易順差占主導，加工貿易順差自進入1995年之後就開始迅速增長，由1994年的94億美元增加到2007年的2,492億美元，占GDP的比率也對應地從1994年的1.7%增長為2007年的7.6%，這主要是由於世界經濟增長和國際產業轉移結構變化的影響導致。另外，2005年後加工貿易順差的突發性暴增這一情況，存在人民幣升值導致的

人民幣投機的影響因素。貿易順差的持續快速增長使得中國與歐盟、美國等主要的外貿夥伴國家或地區之間的外貿不平衡正日益加劇，貿易摩擦不斷升級，中國對外貿易發展的不穩定因素日益增多。

1.2 研究的目的和意義

從傳統理論上來看，人民幣升值將可能一方面對中國出口貿易帶來衝擊，另一方面也可能促進中國的進口。但是實際影響如何，必須要對人民幣匯率變化的價格傳導程度和貿易數量的價格彈性予以進一步分析。通過研究不同行業和不同貿易方式的進出口總量數據，可以更好地瞭解人民幣升值對中國總進出口和分行業進出口等結構性影響，從而可以從有效調整貿易收支的角度提出更有針對性的匯率調整政策建議，同時也有助於在人民幣面臨調整壓力時採取積極措施調整貿易收支。

1.2.1 研究的理論意義

本研究在理論方面分階段系統地論述了匯率對貿易余額的影響，在匯率變動──→貿易價格變動──→貿易數量變動──→貿易余額變動中，每一個因素的變化都會對最終貿易變化產生作用。本研究將從貿易余額等式和進出口額與進出口價格數量之間的等式關係出發，構造進出口均衡數量的價格決定模型，同時將各貿易價格表示為匯率的函數，通過複合函數求導法則，推導出貿易余額的匯率彈性與匯率的進出口價格傳導、進出口需求的價格彈性之間的理論關係。

而到目前為止，國內外文獻對該問題的研究始終都是採取給定某一具體因素的假定，而後分析另一因素所造成的影響，鮮有從理論方面或實證方面將兩因素的綜合影響系統進行闡述和估計。本書的研究目的就在於以匯率傳導理論和彈性分析理論為基礎，在考慮一定匯率變化對貿易價格的傳導現實的同時，還分析貿易價格與數量之間的彈性關係，最終得到匯率變化對一國貿易收支的綜合影響，包括其影響方向與影響程度，並借以分析造成這種影響的具體原因。在對該問題的理論研究中保持了研究的影響因素間的連貫性與完整統一性。

1.2.2 研究的實踐意義

由於匯率變動對進口價格的傳導和對出口價格的傳導有著明顯不同，並且在進口和出口內部存在顯著的行業差異；同時，各行業之間和各貿易方式之間

的進出口價格對進出口數量的影響彈性也有所不同，對此進行的分類研究有利於對各行業和各貿易方式的進口和出口的匯率價格傳導機制與貿易彈性機制予以對比分析，對中國對外貿易政策的調整有著重大的實踐意義。

1.3 研究的思路、方法和框架

1.3.1 研究思路

本書遵循的基本研究思路就是以中國匯率變化和對外貿易的現實為背景，以匯率變動對各行業和各貿易方式的進出口價格傳導和 ML 條件在中國各行業對外貿易和各貿易方式中是否成立為分析重點，在借鑒國外相對成熟的匯率傳導理論和貿易彈性理論並結合中國現實對各理論予以拓展的前提下，運用現代主流的經濟計量方法，分析中國人民幣匯率變動對貿易收支狀況的影響，並借以提出在當前人民幣持續升值條件下根據相應的匯率變動價格傳導和貿易彈性的相關事實如何調整匯率安排和對外貿易策略的政策建議。匯率變動的貿易效應見圖 1-2。

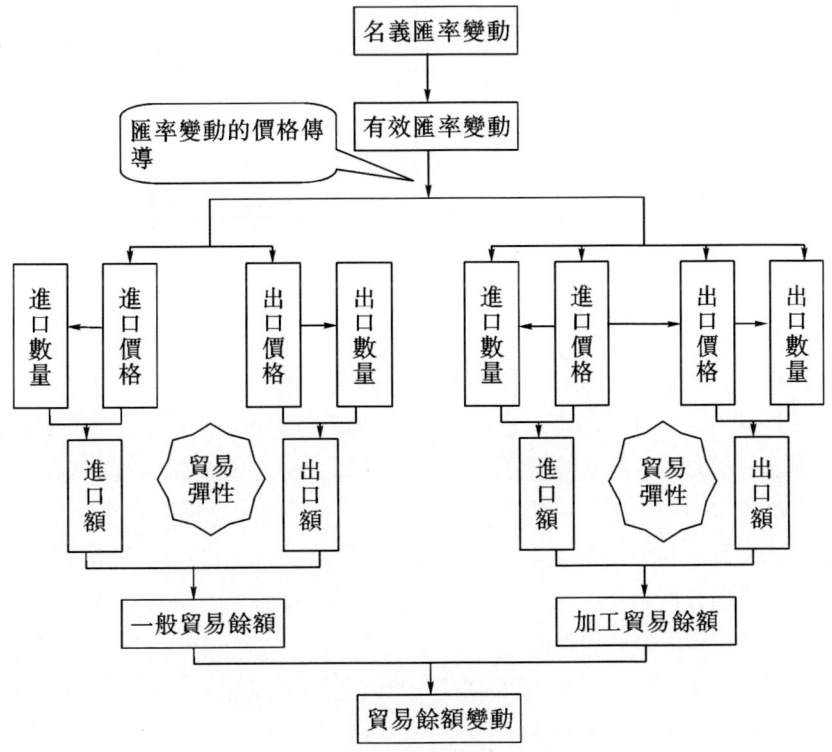

圖 1-2　匯率變動的貿易效應圖解

1.3.2 研究方法

本書將從對現代主流的數量經濟分析方法的理解與對中國匯率變動趨勢與對外貿易形勢的掌握出發，就中國人民幣升值的價格傳導和貿易彈性分別進行建模，在結合中國對外貿易總量與結構變化等具體現實特徵的基礎上，構建適合中國特點的指標變量，拓展原有的匯率傳導模型與貿易彈性模型。在實證分析部分，主要分以下四個步驟來完成：

第一，測算中國人民幣名義有效匯率。由於 IMF 所提供的有效匯率指數的貿易權重計算是以 20 個發達國家的貿易額為基礎，不符合中國對外貿易的實際情況，因此需要對中國人民幣有效匯率進行重新測算。該部分首先計算中國與 14 個主要貿易夥伴之間貿易額（包括進口額、出口額和總貿易額）的相對權重和對應雙邊名義匯率，其次將雙邊名義匯率與貿易權重（分進口權重、出口權重和貿易總額權重）加權加總分別得到進口加權的有效匯率、出口加權的有效匯率和總額加權的有效匯率，以分別考察影響進口額、出口額和貿易總額和貿易差額的匯率變量的變化。

第二，估計人民幣匯率變化對中國貿易價格的傳導。這部分首先對中國進口和出口價格總指數與分行業價格指數以及分貿易方式價格指數進行測算，而后對以匯率等為內生變量的各類進出口價格的協整方程進行估計，得到人民幣匯率變化對中國總進口價格、總出口價格、分類進口價格、分類出口價格、加工貿易進出口價格和一般貿易進出口價格的傳導。考慮到 1994 年開始了全面外貿體制改革和近期數據的可得性，本書選取的樣本區間為 1995 年 1 月到 2008 年 8 月。

第三，估計各類貿易進口和出口需求的價格彈性。由於該部分涉及進出口數量的指標，因此首先採用與第一部分價格指數測算一致的歸類方法，計算中國總進口量和總出口量指數、分行業進口量和出口量指數以及分貿易方式進口量與出口量指數，再根據進出口量與價格之間的理論關係構造計量模型，估計各類貿易進口和出口需求的價格彈性，並進一步考察馬歇爾—勒拉條件（ML 條件）在各類貿易中是否成立。在分析加工貿易的進出口時，由於其進口量與出口量之間相互影響，因此採用向量自迴歸（Vector Autoregression，VAR）方法對其進行估計檢驗和分析。

第四，估計各類貿易進口額、出口額和貿易余額的匯率彈性。通過直接估計各貿易額的匯率彈性，討論匯率對各貿易額的影響。結合第二和第三部分的匯率傳導估計和貿易彈性估計結果，分因素討論匯率對各類貿易的影響。並比

較兩因素分析方法和整體分析法各自所得的結果，檢查並驗證兩因素分析的準確性，並基於兩因素分析的結論對匯率變化的貿易影響進行因素分解分析。

1.3.3 研究框架

全書共分七章，第一章為導論，介紹本書的研究背景、研究的目的和意義以及本研究的基本思想、研究方法和框架；第二章是匯率變動的貿易收支效應文獻綜述，包括匯率傳導效應和貿易彈性效應兩方面的理論演變與實證文獻的綜述和評價；第三章是關於人民幣各匯率指標的測算及其變化趨勢分析；第四章對人民幣匯率的價格傳導問題進行理論建模與估計檢驗；第五章對中國進出口價格彈性的估計與檢驗問題進行理論建模與估計檢驗並討論 ML 條件在中國各類貿易中是否成立，最后結合中國具體現實對其進行理論解釋；第六章分析人民幣匯率變化的貿易收支效應及原因分析，研究人民幣升值對貿易收支的綜合效應；第七章就人民幣升值問題對中國未來匯率安排和對外貿易結構調整提出相關政策建議。

1.4 研究的創新與不足

1.4.1 理論創新

第一，已有關於匯率變動的貿易收支效應的理論研究皆單獨從匯率傳導是否完全或 ML 條件是否成立的某一個方面來作為基本分析前提。即採用比較靜態分析，假定其中一個條件成立，如在匯率傳導完全假設下分析 ML 條件是否成立，或在 ML 條件成立假設下分析匯率傳導是否完全。將匯率變化影響貿易收支的兩因素進行割裂，分開討論不同情況下匯率變化對貿易收支的影響。本研究彌補了這一缺陷，試圖將匯率傳導與貿易彈性兩者結合起來，討論匯率傳導不完全和在特定假設下 ML 條件成立或不成立的情況下，連貫地分析匯率變動影響貿易收支的具體機制和影響效應，將兩個因素統一在同一個理論模型框架下進行綜合研究。

第二，已有文獻一般直接採用實際有效匯率指標的變動來作為匯率變動的分析起點，其政策意義受到局限。本書直接採用名義有效匯率的變動作為分析起點，在探討實際有效匯率變化的貿易收支效應之前，分析了名義匯率變動對實際有效匯率變動的影響，這有助於對該研究主題進行分析之後提出更為直觀和有效的政策建議。另外，由於實際有效匯率本身已是所有經濟變量變化后的

均衡結果，其中已包含了名義匯率變化的影響，因此，在實證分析中使用名義有效匯率指標也避免了運用實際有效匯率指標可能產生的估計中的共線問題。

第三，已有文獻在對匯率傳導環節進行研究時，極少考慮加工貿易這種特殊的貿易方式，而基本都是以一般貿易為分析的基本假定。基於一般貿易和加工貿易在貿易方式上的顯著不同，其價格受到匯率影響的機制和效應有很大區別，匯率傳導程度差異也很大。由於中國加工貿易長期以來在貿易總額中占比一直很高，故本書將分貿易方式對一般貿易和加工貿易的匯率傳導機制與效應進行分開討論。對加工貿易方式的重點考慮有利於更準確地理解中國貿易受匯率影響與其他國家貿易受匯率影響的差異，也有利於在匯率調整安排過程中有意識地考慮中國對外貿易方式的結構調整這一因素的影響，提出更為完善的政策建議。

1.4.2 實證中數據與方法的創新

已有的國內研究由於受數據的約束，大多採用年度數據或季度數據做時間序列分析，主要採用協整和誤差修正模型分析各變量之間的長期均衡和短期波動關係與特徵。由於樣本期短，樣本數量較少，故研究結果的有效性有限。另外，國內研究大多以總量數據來考察匯率變動的貿易效應，只有個別研究用分行業數據或分國別數據進行了分析，這不利於在匯率調整過程中針對貿易結構（包括貿易行業結構和貿易方式結構等）的調整給出有效的政策建議。本研究試圖彌補以上國內研究的缺陷。首先，在數據的選取上，採用月度數據，從而擴大了樣本量。其次，對加工貿易和一般貿易的數據進行分別處理，並對進出口商品分商品類率進行價格、數量和金額的數據處理，採用面板數據進一步擴大樣本量，並對其進行面板分析；再通過對各商品類率的價格、數量和金額進行分類加權處理估算進出口的價格指數，用時間序列分析總量數據之間的長期均衡與短期動態變化關係。

本書中存在大量的數據處理，主要是構造中國進出口本幣價格總指數、分類商品和分貿易方式進出口價格指數、第二部分的進出口數量總指數、分類商品進出口數量指數以及分貿易方式進出口數量指數。另外，人民幣名義和實際有效匯率的測算也包含了大量的數據處理，計算了包括出口加權的有效匯率指數、進口加權的有效匯率指數和貿易總額加權的一般有效匯率指數，採用不同加權的有效匯率指數的原因在於在分析進口或出口的單一影響時，中國進口來源地與出口目的地結構有很大差異，而且與同一貿易夥伴的進口權重與出口權重也存在不同，使用不同貿易加權的匯率指標有利於更準確地描述匯率變動對

進口或出口的單一影響。

1.4.3 研究的不足

本書的不足之處主要有三個方面：第一，由於進出口量值數據並不完整，因此本書在進行各類貿易的進出口價格指數和數量指數的歸類測算時，未能包含所有貿易類別，數據不完整導致匯率傳導和貿易彈性兩因素分析結果與匯率對貿易額的整體影響分析結果之間存在一定差異，削弱了兩因素分析結論的解釋力。第二，沒有研究匯率變化對各雙邊貿易的影響。由於本書的核心在於對匯率變化的貿易余額效應採取兩因素分析方法，其中涉及貿易價格與數量數據，基於雙邊貿易中缺少關於貿易數量或貿易價格的相關數據，故無法就匯率對雙邊貿易的影響進行分因素分析。第三，未能對匯率傳導和貿易彈性本身的影響因素進行更深入的理論和實證分析。影響匯率傳導和貿易彈性的因素非常多且影響機制複雜，由於數據原因無法對其進行有效的實證分析，但理論分析的探討是可以更進一步的，這項研究將作為本書的后續研究留待以後進行。

1.5 研究的基本概念及界定

1.5.1 匯率相關定義

任一國家都用一種貨幣來計量其商品或服務的價格，國際市場上存在多種貨幣，就使得它們之間的兌換不可避免。而一國貨幣與他國貨幣之間的兌換比率就必然成為國際貿易活動與國際資本流動所必須關注的問題。一國貨幣相對於另一國貨幣的價格，即為匯率。本書在匯率政策安排、匯率制度設計和理論研究方面涉及的匯率概念有多個，以下逐一介紹。

1.5.1.1 雙邊名義匯率

在一國經濟生活中被官方直接公布、用來表示兩國貨幣之間比價的匯率稱為名義匯率。名義匯率往往用來進行兩國間的貨幣兌換和國際結算。名義匯率一般有兩種標價方法：一是直接標價法，即固定單位數量外幣的本幣價格；二是間接標價法，即固定單位數量本幣的外幣價格。本書所使用的名義匯率皆採用直接標價法。在直接標價法下，以人民幣對美元匯率為例，人民幣名義匯率指標的提高表示人民幣相對於美元貶值；反之，人民幣名義匯率指標的下降表示人民幣相對於美元升值。

1.5.1.2 雙邊實際匯率

實際匯率是用同一貨幣表示的兩國商品的相對價格水平，是以名義匯率為基礎的一種調整匯率。實際匯率指標往往用來衡量一國商品在國際市場上的競爭能力，同時也經常被用到關於匯率調整、貿易保護以及考察貨幣的實際購買力等問題的研究上。根據對名義匯率的不同調整，實際匯率一般有兩種含義，從而產生兩種不同的估算方法。一是各國政府為了調整貿易餘額，經常對各類進出口商品實施關稅和限額或財政補貼和稅收優惠等對外貿易政策。為了估算兩國同一商品間的實際比價，需對名義匯率進行調整，實際匯率＝名義匯率±財政補貼和稅收減免。① 用該實際匯率指標進行研究旨在探討外貿政策對實際匯率的影響。二是名義匯率剔除兩國通貨膨脹水平之後的實際匯率水平，實際匯率＝名義匯率×外國價格指數/本國價格指數。該指標用來考察兩國通脹水平對實際匯率的影響，反應一國貨幣在國際市場上的實際購買力水平。由於本書採用的數據皆為總量宏觀數據，無法具體地對不同商品考察本國外貿政策對其進出口的影響，故本書採用的是實際匯率的第二重含義和第二種估算方法，是剔除兩國通貨膨脹因素后的人民幣實際匯率指標。

國家間產品競爭力的比較主要體現在不同國家的產品價格對比之上。如果可貿易品平價成立，則國家間產品競爭力也可以直接反應在不同國家內部貿易品部門與非貿易品部門產品的價格對比之上。前一種價格對比通過影響一國產品的外部需求而影響其國際競爭力，后一種價格對比則從一國內部供給方面影響該國產品在國際市場上的競爭力。用來表示國家間產品競爭力的實際匯率指標也因此而存在另一種分類，對應於以上兩種情況可被分為外部實際匯率②和內部實際匯率。③ 這兩種實際匯率的含義具有緊密的內在聯繫，但又因基本假定和分析側重點的不同而存在明顯差異，使得兩種實際匯率的變動方向可能出現不一致的情況。為了保持研究的統一性和連貫性，同時也為了能更深入地分析兩國商品價格水平的對比如何影響國際需求從而影響到本國貿易的變化，本研究採用了實際匯率指標中的第一種概念，即外部實際匯率指數。該匯率指數數值越大，說明本國商品的國際競爭力越強，指數的上升表示實際貶值。

1.5.1.3 名義有效匯率和實際有效匯率

由於一國對外貿易在全球範圍內開展，一國對外貿易絕不僅限於單一雙邊

---

① 姜波克. 國際金融學 [M]. 北京：高等教育出版社，1999：34.
② 請參見愛德華茲 (1989)。
③ 關於實際匯率的不同定義，還可參見欣克爾和蒙鐵爾 (1999)。

貿易，而是一對多的國際貿易行為。要反應一國商品在整個國際市場上的競爭水平，需要用貿易加權后的匯率來反應，貿易加權匯率更多地被稱為有效匯率。

有效匯率作為一種貿易加權平均匯率，通常以對外貿易比重為權重，對一國的所有雙邊匯率進行加權而獲得。根據對雙邊名義匯率和雙邊實際匯率進行加權的不同，有效匯率又可分為名義有效匯率和實際有效匯率。與實際有效匯率相對比，名義有效匯率具有更直觀的政策含義。同時與實際有效匯率不同，名義有效匯率指標本身只是反應一種政策調整信號，而不是各宏觀經濟變量系統反應后的均衡實際量，因此適用於對貿易等經濟活動的影響進行分析並給出合適的政策建議。

1.5.2 匯率價格傳導和匯率傳導程度的定義

匯率價格傳導是指一國匯率變化最終將不同程度地傳遞到商品各類價格上導致各價格發生不同程度的變化。由於一國經濟主體內部、兩國一對一雙邊貿易活動內部和一國一對多的多邊貿易活動內部，其商品價格有很多種，從而使得匯率變動對價格傳導的定義變得複雜。另外，匯率變動對不同價格的傳導程度因所處經濟活動的不同環節和所受影響因素的不同而存在很大差異，使得匯率變動的價格傳導程度的估算也變得異常複雜。因此有必要分經濟活動不同環節和分類別地對匯率價格傳導進行具體定義。

短期來看，匯率變化首先分別影響到一國進口價格和出口價格的變化，並且第一時間對進口價格產生影響。而出口價格由於當前定價是由廠商在匯率變動之前就已經確定，故匯率變動后出口廠商要進行出口價格的調整需要一定的時間，在滯后一定時期后，匯率變動也將反應到出口價格的變化上。中長期來看，當一國進口原材料、中間產品和資本品時，這些進口商品都將進入國內生產環節，其價格構成國內產品成本的一部分，匯率變動在首先影響其進口價格之後，進入生產環節影響國內生產價格，進入國內銷售環節後進一步對國內消費價格產生影響，如若存在出口部分也將對產品的出口價格產生影響。

根據匯率傳導理論，匯率變化對進出口商品價格的傳導程度除了取決於商品進出口供求彈性以外，還受到出口廠商市場定價策略（Pricing to Market）的影響（克魯格曼，1987）。市場定價策略中一個重要的內容就是定價貨幣的選擇，定價貨幣的不同選擇會極大地影響匯率對進出口價格的傳導程度。由利佐佐木（2002）認為市場定價就是指廠商根據消費需求的情況，以商品銷售市場當地的貨幣進行定價（Local Currency Pricing, LCP），與之相對應的，若以

商品生產地貨幣定價（Producer - Currency Pricing, PCP）則稱為非市場定價。除此之外，市場結構、關稅和非關稅壁壘、跨國公司內部交易等都對匯率傳導產生一定的影響。

匯率變化對貿易價格的傳導是指一國匯率變化對該國進出口商品的進口國貨幣價格的傳導。因此，將匯率變化的進口價格傳導定義為對進口本幣價格的傳導，$pt_m = \dfrac{dp_m/p_m}{de/e}$；匯率變化對出口價格傳導定義為對出口外幣價格的傳導，$pt_x = \dfrac{dp_x^*/p_x^*}{de/e}$。其中 p 為本幣價格，p^* 為外幣價格。

關於傳導程度的定義可以用某種商品進口或出口的例子來做出回答。由於本國進口就是外國出口，所以僅就進出口中其中一例來進行說明。例如，對於出口而言，一國匯率變化后，若其出口商品的本幣價格不變，而海外銷售的外幣價格隨匯率的波動發生同比例變化，則稱匯率變動對出口外幣價格的傳導程度為 100%，即匯率完全傳導；反過來，若海外銷售的外幣價格不變，所有匯率變動都反應在出口本幣價格的變化上，則稱匯率變動對出口外幣價格的傳遞效應為 0，即匯率 0 傳導。一般情況下，由於諸多因素的影響，匯率的價格傳導程度往往在 0 到 1 之間，稱之為不完全傳導。

1.5.3 進出口供需彈性和馬歇爾—勒拉條件的定義

在假定匯率對進出口價格實現完全傳導的前提下，匯率變動對貿易收支的影響就完全取決於進出口數量對相應價格的貿易彈性的大小。若匯率傳導穩定在某一個不完全的水平，那麼匯率變動對貿易收支的影響除了取決於匯率傳導程度，還取決於進出口數量對進出口價格的彈性的大小。因此，對進出口供需彈性大小的研究是考察匯率變化的貿易收支效應所必然面對的另一個重大議題。

自 20 世紀 20 年代初開始至今，研究者們就運用彈性分析法對一國貨幣匯率變動（其中主要假定貨幣貶值）的貿易收支效應問題進行了諸多的分析，其中以對馬歇爾—勒拉條件（ML 條件）（Marshall, 1923；Lerner, 1934）的運用和檢驗最為普遍。ML 條件是指，一國貨幣貶值導致其貿易收支狀況改善的充要條件是：假定進出口供給的價格彈性無窮大，可支配收入保持不變，且一國的初始貿易收支均衡時，如果滿足進口和出口需求的價格彈性之和大於 1，即 $\eta_x^d + \eta_m^d > 1$ 時，貶值將增加一國貿易盈余。其中，η_x^d 和 η_m^d 分別表示出口商品需求的外幣價格彈性和進口商品需求的本幣價格彈性，也即 $\eta_x^d =$

$\dfrac{dq_x/q_x}{dp_x^*/p_x^*}$, $\eta_m^d = \dfrac{dq_m/q_m}{dp_m/p_m}$。

擴展后的 ML 條件對供給彈性無窮大的假設進行了修正，瓊斯（1961）從微觀視角出發，以提供曲線（Offer Curve）為基礎在一般均衡框架下分析了兩國生產、消費和貿易行為，得出新的判定條件為兩國進口需求與出口供給的價格彈性總和大於 1，即（$\eta_1^d + \eta_1^s$）+（$\eta_2^d + \eta_2^s$）>1。

2 匯率變動的貿易收支效應文獻綜述

2.1 匯率傳導理論演變及實證分析的文獻述評

2.1.1 匯率傳導理論的演變

關於匯率傳導的理論研究最早始於彈性分析，探討進口供需彈性與匯率傳導之間的關係，但這一分析方法只適用於具有單一進出口的兩國貿易經濟假定，未考慮多元市場結構的可能。之后的研究彌補了這一缺陷，從市場結構特徵分析了影響匯率傳導的具體因素，研究者們分別從完全競爭市場和不完全競爭市場兩方面對不同市場結構的影響進行了分析。另外，從關稅和非關稅貿易壁壘的政府行為的宏觀層面和跨國公司內部貿易與貿易定價貨幣的選擇等企業微觀層面的分析也進一步充實了匯率傳導影響因素的理論研究。

2.1.1.1 匯率傳導的彈性分析

最初關於匯率傳導的研究源於人們對進口商品的需求與供給價格彈性進行的考慮，匯率與貿易品價格之間的關係也可以用這些彈性來表示。以下模型提供了一種在一價定律條件下匯率變化對進口商品本幣價格傳導的彈性表示方法。

以進口國為本國，假定進口商品所有的需求都通過外國供給，且外國對該產品的生產全部用於國際市場銷售，即全部形成本國的進口需求。

進口商品的需求函數：

$$q_d = q(p) \qquad (2-1)$$

進口商品的供給函數：

$$q_s = q(p/e) \qquad (2-2)$$

式（2-1）表示本國對進口商品的需求取決於進口商品的本幣價格；式（2-2）表示外國對進口商品的供給取決於進口商品的外幣價格 p^*，且在一價定律前提下 $p^* = p/e$。其中，p 為進口商品的本幣價格，p^* 為進口商品的外幣價格，e 為匯率，即單位外幣的本幣價格。進口商品市場均衡時 $q_d = q_s = q$，$\partial q_d = \partial q_s$。

分別對等式（2-1）和（2-2）左右兩邊全微分：

$$\partial q_d = (\partial q_d / \partial p) \partial p \qquad (2-3)$$

$$\partial q_s = \partial q_s / \partial p^* [(1/e) \partial p - (p/e^2) \partial e] \qquad (2-4)$$

令進口商品的需求彈性為：

$$\varepsilon_d = -(\partial q_d / \partial p) p / q_d \qquad (2-5)$$

進口商品的供給彈性為：

$$\varepsilon_s = (\partial q_s / \partial p^*) p^* / q_s \qquad (2-6)$$

用供給和需求彈性將微分后所得結果簡化得：

$$e \frac{q_d}{p} \varepsilon_s \left(\frac{1}{e} \partial p - \frac{p}{e^2} \partial e \right) = -\frac{q_d}{p} \varepsilon_d \partial p \qquad (2-7)$$

則匯率變化對進口商品本幣價格的傳導可表示為：

$$pt = \frac{\partial p}{p} \bigg/ \frac{\partial e}{e} = \frac{1}{1 + \varepsilon_d / \varepsilon_s} \qquad (2-8)$$

式（2-8）表示匯率變化引起的進口商品本幣價格的變化程度可表示為進口商品供給彈性和需求彈性的函數。$\varepsilon_d / \varepsilon_s$ 趨於 0 時，即 ε_d 趨近於 0 或 ε_s 趨近於 ∞ 時匯率變動的價格傳導趨於完全；反之，$\varepsilon_d / \varepsilon_s$ 趨近於 ∞ 時，匯率變動的價格傳導趨近於 0。基於這一模型的相關研究的一般結論認為，開放程度較低的較大國家的 PT 值要小於開放程度較高的較小國家的 PT 值（克賴寧，1977；斯皮塔列爾，1980）。這是因為，開放程度低的較大國家對進口商品的需求富有彈性，匯率貶值使得進口價格相對上升，從而使人們更多地消費國內生產的產品，降低對進口商品的需求，即匯率變化將導致支出轉移效應；而此類國家的進口供給卻可能由於資源或生產週期以及技術條件等約束而使得進口商品的供給彈性較低，從而使其 PT 值相對較低。對於開放程度高的小國而言，情況則剛好相反，國內對進口商品的需求占比較大，由於國產商品對進口商品的替代有限，匯率變動的支出轉移效應較弱，人們對進口商品的需求存在一定程度的剛性，進口需求相對缺乏彈性，而其所面臨的世界供給卻相對較大，進口商品的供給比大國所面臨的供給更具彈性，從而使得 PT 值相對較高。

該模型為研究匯率變動對貿易品價格的傳導打開了一扇門，並提供了相對

簡單方便的研究方法，但沒有考慮到匯率傳導的動態過程，也沒有分析在不同市場結構和產品差異條件以及多國貿易情景下的現實情況。該模型以一價定律為分析前提，並暗含了單一進出口的兩國貿易經濟假定，未考慮多元市場結構的可能。故此該模型通常只被應用於單一進出口國家總的匯率傳導水平的研究。

2.1.1.2 市場結構與產品特徵

2.1.1.2.1 完全競爭市場

為了分析市場結構和產品特徵對匯率傳導的影響，我們首先考慮完全競爭的市場背景，這有助於為本書進一步分析不同市場結構和產品特徵時提供比較的標準。在完全競爭市場條件下，進口商品和國產商品具有完全替代特徵。在兩國生產與貿易經濟模型中，各國的生產皆用於國內消費和出口兩方面，從而一國對產品的需求也就通過國內供給和進口供給兩方面實現。

根據國內市場達到均衡時有國內總需求等於國內總供給，則：

$$D(p) = S_d(p) + S_m(p/e) \qquad (2-9)$$

式中 $S_d(p)$ 為本國廠商提供的國產商品供給，是產品本幣價格的函數，$S_m(p/e)$ 為外國廠商提供的進口供給，是進口商品外幣價格的函數，外幣價格 $p^* = p/e$，即隱含了一價定律假定。模型中另外假定本國生產的國產商品與外國生產的進口商品同質，二者可完全替代。將等式兩邊分別全微分：

$$\frac{\partial D}{\partial p}dp = \frac{\partial S_d}{\partial p}dp + \frac{\partial S_m}{\partial p^*}\left(\frac{1}{e}dp - \frac{p}{e^2}de\right) \qquad (2-10)$$

根據供需的價格彈性，令總需求的價格彈性 $\varepsilon_D = -(\partial D/\partial p)p/D$，國產商品供給的價格彈性 $\varepsilon_S^d = (\partial S_d/\partial p)p/S_d$，進口商品供給的價格彈性 $\varepsilon_S^m = (\partial S_m/\partial p^*)p^*/S_m$，將上式簡化得：

$$pt = \frac{dp}{p}\bigg/\frac{de}{e} = \frac{\varepsilon_S^m S_m}{\varepsilon_S^d S_d + \varepsilon_S^m S_m + \varepsilon_D D} \qquad (2-11)$$

設進口供給占總供給的份額為 α，則有 $S_m/D = \alpha$，$S_d/D = 1 - \alpha$，上式可另表示為：

$$pt = \frac{\varepsilon_S^m \alpha}{\varepsilon_S^d(1-\alpha) + \varepsilon_S^m + \varepsilon_D} \qquad (2-12)$$

（2-12）式反應了在完全競爭市場條件下，當進口商品與國產商品完全替代時匯率變化對進口商品本幣價格的傳導與供需彈性和進口份額之間的關係。該結論表示，給定彈性的條件下，當一國消費對進口的依賴程度越高，則匯率變化對進口本幣價格的傳導程度也越高，即 α 越大時，PT 值越大；就彈性而言，

進口商品供給越富有彈性，則匯率傳導程度越高，國產商品的供給彈性與國內總需求彈性越大，則匯率傳導程度越低。該結論與單一進出口經濟模型中得出的結論［由（2-8）式表示］基本一致，但由於模型設定時考慮了國產商品的本國消費，故進一步分析了進口份額與國產商品供給彈性對匯率傳導的影響。

  2.1.1.2.2 不完全競爭市場的廠商定價——產品差異、分割市場與市場結構

  在不完全競爭市場條件下，市場價格不再是生產的邊際成本，廠商往往對產品進行成本的加成定價，從而使其在短期內甚至是長期內都獲得超額利潤。那麼匯率變動對價格的影響也就可以通過匯率變動時廠商對價格中成本加成部分的調整顯示出來。故而不完全競爭條件下匯率傳導分析的重點可落實到廠商的出口定價行為上來。出口廠商如何對其成本加成予以調整，取決於決定廠商定價能力的兩個方面因素：一是由產品差異程度決定的國產商品與進口商品的替代程度；二是市場分割程度。多恩布什（1987）運用迪克西特—斯蒂格利茨（1977）的模型分析了因產品差異而造成的國內外產品不完全替代對匯率變動價格傳導的影響，並得出結論認為，匯率傳導程度與進口商品和國產商品之間的替代程度直接相關。費希爾（1989）則運用伯特蘭德競爭模型分析了同時在國內市場和國外市場上以一致價格提供相同產品的出口廠商在不同市場上面臨不同競爭時對匯率傳導將產生怎樣的影響，文章結論認為，相比國外市場，如果國內市場的壟斷程度較高，則將導致更高的匯率傳導。

  廠商在面臨不完全競爭並對市場進行分割時，一價定律不成立。對一價定律的檢驗大概集中在兩個方面，一是進口商品與同類國產商品之間的價格不一致，其原因是產品差異使產品間存在不完全替代；二是國內生產的同一種產品在國內市場與出口到國外市場上的價格不一致或是出口到兩個不同國外市場上的價格不一致，其原因是對分割市場的價格歧視。以上兩個方面都對匯率傳導產生顯著且持久的不同影響。另外，產業內貿易的迅猛發展使得國產商品和進口商品市場的區分變得更加困難，從而進一步加強了國產商品與進口商品之間的不完全替代。

  所有研究匯率傳導的文獻中，除了從產品的不完全替代和分割市場的角度來進行分析外，近期的許多研究都開始考慮不同市場結構對匯率傳導的影響，也即在對廠商行為進行不同假設的前提下分析匯率傳導問題。多恩布什（1987）就假定了具有線性需求和不變成本的古諾競爭廠商，並得出結論認為匯率傳導程度與外國廠商數量占廠商總數的份額呈正相關關係，也與廠商總數

量呈正相關關係。即進入本國市場的外國廠商所占比重越大、市場整體的競爭程度越高,匯率傳導程度也就越高。賽伯特(1992)對多恩布什(1987)的模型進行了擴展,分析了進入國內市場的外國廠商之間的勾結程度和所占市場份額對匯率傳導的影響,進一步確證了多恩布什(1987)得出的匯率傳導程度與外國廠商數量呈正相關的結論。

以多恩布什(1987)和維納布爾斯(1990)的模型為基礎,本書先考慮一個具有線性需求和不變成本的古諾寡頭模型,這有助於我們在假定國產商品和進口商品完全替代的前提下分析不同市場結構對匯率傳導的影響。假設生產同一產品的國內廠商數量為 n^d,各國內廠商之間具有同質性,國外廠商數量為 n^f,各國外廠商之間也具有同質性,但國外廠商與國內廠商之間不具同質特徵。在古諾假設下,每個廠商的產量決策取決於進入國內市場的所有其他廠商的產量決策,價格是總需求量的線性函數。

國內廠商追求本幣利潤的最大化,其利潤函數為:

$$\pi^d = p(X)x^d - c^d x^d \tag{2-13}$$

國外廠商追求外幣利潤最大化,其利潤函數為:

$$\pi^f = \frac{p(X)}{e}x^f - c^f x^f \tag{2-14}$$

令 $\varepsilon_D = -(\partial X/\partial p)p/X$,其中 $X = n^d x^d + n^f x^f$,求上兩式利潤最大化的一階條件,求解國內外廠商各自的反應函數,則有:

$$p\left(1 - \frac{x^d}{\varepsilon_D X}\right) = c^d \tag{2-15}$$

$$p\left(1 - \frac{x^f}{\varepsilon_D X}\right) = ec^f \tag{2-16}$$

均衡價格為:

$$p = \frac{\varepsilon_D (n^d c^d + ERn^f c^f)}{\varepsilon_D (n^d + n^f) - 1} \tag{2-17}$$

匯率傳導:

$$pt = \frac{n^f}{n^f + n^d} \tag{2-18}$$

此式揭示了匯率傳導與進入國內市場的國內廠商和外國廠商的數量有著密切的關係,而且隨著外國廠商數量在所有進入國內市場的廠商總數量中所占比重的增加,匯率傳導程度將提高。

進入國內市場的外國廠商的數量並非外生給定的,它將隨著外國廠商的進入—退出決策而發生變化,而廠商的進入—退出決策取決於多個方面。外國企

業進入國內市場將產生分銷成本，另外，已進入者要留守市場也需花費一定費用來維持分銷渠道、進行售後服務和提升品牌形象，而這些投資都具有不可逆性，俗稱沉沒成本（Sunk Cost）。那麼，匯率變化的幅度和動態變化將是廠商作出相關進入或退出決策的重要依據，廠商在作出決策和採取行動之前存在一段時間的觀望。如果匯率變化只是暫時性的且幅度較小，那麼在存在大量沉沒成本時廠商將不會採取行動，而只有當一次或多次匯率發生大幅波動時廠商才會實施進入或退出決策。如果是匯率升值，在外國廠商選擇是否進入市場時，如果國內市場消費的品牌忠誠度很高，這會減少新進入者的未來收益，從而進一步妨礙新廠商的進入。依此我們也可以得出，匯率傳導的動態變化將受到出口商沉沒成本、進口國消費慣性和匯率變動幅度以及出口商對匯率變化的預期等因素的影響。其沉沒成本越大，進口國消費慣性越大，實際的和預期的匯率變動幅度越小，則廠商數量的變化就越小，從而匯率傳導的變化就越小。只要實際和預期的匯率變動幅度保持在某一臨界區間內，廠商數量就不會發生變化，從而市場競爭不會發生變化，匯率變動也就不能最終反應在價格變化上，換句話說，就是這種「磁滯效應」（Hysteresis Effect）降低了匯率對價格的傳導程度。但一旦匯率的波幅超過了致使廠商採取行動的臨界區間，那麼廠商將採取行動進入或退出市場，永久地改變市場結構，從而改變了匯率與進口價格之間的原有關係，匯率傳導本身發生變化。根據以上結論，我們還可以得出，在其他條件保持不變的情況下，進口國貨幣升值，進入國內市場的外國廠商將越多，此時匯率傳遞程度要高於貶值時的情況。

在不完全競爭市場條件下對匯率傳導的研究中，已進入市場的壟斷出口商的定價行為一直是個重要的話題。其中「因市定價」就是指出口廠商為了保住國外市場份額，當匯率發生暫時或永久性波動時對產品採取戰略性定價。弗若特和克倫佩勒（1989）就根據這一考慮設定了一個兩期模型，廠商在第一期的市場份額的大小將影響到第二期價格對升值的反應。該部分的重要意義在於它所得出的結論不因對行業的競爭性假設、需求曲線的形式以及時期設定或者市場份額的不同而發生變化，也即其結論具有一定的普適性。進口國的暫時性貨幣升值將有可能使得出口商提高或降低價格，而一次永久性升值則必定導致外國出口商大幅調整其出口價格以贏得更多的市場份額。之所以會出現這種情況是因為未來的市場份額取決於當期的市場份額的大小，任何因升值而贏得的市場份額都具有持久效應。

2.1.1.3 跨國公司與公司內貿易

跨國公司所追求的目標是全球利潤最大化，為規避匯率變動所帶來的風

險，跨國公司所採用的通常辦法就是對於發生在跨國公司內部的貿易活動使用內部匯率，這些匯率往往與公司外部的實際匯率有很大的差異。在以往，內部匯率的使用主要是為了避免公司內部的債務因匯率的變動而受到影響（赫萊納，1985）和對子公司配置資金以符合國際流動性政策（格雷斯曼，1973）。這種內部匯率還可用來反應公司在全球的定價決策和對匯率變動的吸收決策。美國價格監督局（Pricing Surveillance Authority，PSA）在1989年就曾提供證據表明，在澳大利亞跨國公司使用公司內部匯率的情況已相當普遍，其基本目的就是為了避免因匯率的大幅波動對價格產生的不利影響，PSA還進一步指出，跨國公司內部匯率的使用嚴重弱化了匯率與進口價格之間的聯繫。

另外，跨國公司內部貿易還可以通過靈活調整支付時間而規避匯率變動的風險，這同樣也會導致匯率與進口價格之間關係的弱化。與公司間貿易不同的是，跨國公司內部貿易更容易調整從子公司進口的支付時間而充分利用更有利的匯率條件，規避匯率變動的風險。由於公司內部的支付時間的調整並不影響整個公司的利益，所以公司可以相當自由地選擇支付時間，以充分利用更有利的匯率條件保證子公司的價格穩定和子公司所在市場的穩定性和獨立性。格雷斯曼（1973）就曾指出，在跨國公司的內部貿易當中存在相當普遍的支付時間的調整現象，而且其操控空間也非常大。比如，考慮公司內貿易，當子公司所在國家貨幣面臨貶值可能時，該子公司為了保證其出口在海外市場的份額，在貶值發生前就進行銷售將會比較有利，但貶值發生期間若要求對方付款，則將提高對方的支付價格，為了避免提高對方支付價格以至於市場份額的流失，該子公司可以要求兄弟公司在匯率回復到原來水平時再行支付。當然這種情況只適用於具有短期迴歸特徵的匯率變化。這種調控支付時間方法的使用具有很大的局限性，一般僅應用於跨國公司內部交易的分析，當然，也有一些具有特殊關係的公司之間採用這種方法。一般而言，在信用條款中公司內部交易的延緩支付時間相當於與其他公司之間延緩支付時間的兩倍甚至更長（卡斯，1980）。至於對延緩支付時間的調控幅度，則取決於跨國公司內部的子公司之間或與其他公司之間的關係以及公司所面臨的特殊條件。在應對匯率變動的風險時，公司可以採用支付時間作為一個有用的決策變量來進行調整。

以上關於跨國公司的討論僅局限於在面對匯率風險時，跨國公司為了在全球範圍內分散風險、實現利潤最大化採取各種不同措施（如採用內部貿易匯率、調整內部貿易支付時間等）的行為。這些文獻都沒有考慮到當前浮動匯率制度下匯率變動幅度的逐漸加大也將進一步對跨國公司造成更大壓力，從而使得跨國公司在應對匯率變動時越來越多地減少其利潤邊際、越來越多地實行

價格調整戰略以盡可能規避匯率變動所造成的影響，這些都加劇了匯率與價格之間傳導關係的調整，進一步降低了匯率傳導的程度。

2.1.1.4 非關稅壁壘

非關稅壁壘在國際貿易中的大量增加對匯率傳導有著重要的影響，它會大大削減匯率變動對進口價格的傳導程度。巴格瓦蒂（1988）指出，美國在20世紀80年代上半期，美元被高估，此時非關稅壁壘也顯著增加。布蘭森（1989）也支持這一結論並明確得出關稅壁壘的大量存在使得美元貶值對進口價格的傳導不完全，在匯率波幅不大時該傳導甚至為0。當1985年美元開始貶值時，由於非關稅壁壘的存在，貶值並未能促使進口價格上升，而是減少了那些實施非關稅壁壘的進口商品的銷售溢價。換句話說，貶值帶來的進口成本的增加並未反應在進口價格的上升上，而是反應在這些進口商品產生收益的減少上，故而貶值對進口價格的影響為0。只有當貶值幅度大到使得進口商所遭受的貶值成本大於因非關稅壁壘而產生的收益總量時，差額部分才會通過進口價格的上漲來進行反應，從而導致貶值對進口價格的不完全傳導。

2.1.1.5 定價貨幣選擇

最近的文獻涉及出口產品結算貨幣選擇的內生性問題（巴切塔和溫庫帕，2003，2005；柯塞蒂和皮塞蒂，2004；德弗盧、恩格爾和施圖爾加德，2004）。在這些模型中，價格剛性始終是模型的基礎假設，但出口商到底採用本幣還是外幣定價在模型中卻是內生的，與國家間貨幣與匯率政策的穩定性的比較有關。這樣做的目的實際上意味著假定了廠商在進行產品定價與選擇定價貨幣時，事前就考慮了未來可能發生的匯率風險並相應地選擇最優的套利行為。恩格爾（2006）和戈德伯格和蒂爾（2005）指出，結算貨幣的最優選擇與最優的匯率傳導率有著相當類似的特徵。德弗盧與恩格爾（2003）在一般均衡框架下討論了對具有較小匯率波動和較穩定貨幣政策的國內廠商而言，可能更加傾向於選擇自身的貨幣作為國際貿易中的結算貨幣。而對於那些具有不穩定貨幣政策的進口國而言，其匯率傳導水平將更高。簡而言之，在國際貿易中，出口商更傾向於使用具有穩定匯率預期的貨幣來進行產品定價。對於進口國而言，其匯率和貨幣政策越不穩定，PCP的可能性越大，從而匯率傳導的程度越大；反之，匯率與貨幣政策若相對出口國而言更穩定，則LCP的可能性越大，從而匯率傳導的程度就越小。但也有研究者對該問題持有不同的看法，戈德伯格和蒂爾（2005）認為宏觀經濟波動性在國際貿易結算貨幣選擇中的作用是有限的。貿易品的產品結構，尤其是不同貿易品中占優勢的貿易品類型，其結

算貨幣的選擇必定受到宏觀經濟穩定性的影響。但如果貿易品具有相當的同質特徵，那麼宏觀經濟波動對結算貨幣選擇的影響就將明顯減弱。對於同質商品的生產者而言，其結算貨幣選擇應取決於其他同類商品競爭者的定價貨幣選擇。

德弗盧與恩格爾（2003）在期望效用最大化的框架下討論了不同的定價方式將會影響到匯率變化的貿易結果。他們認為，如果在國際商品市場上，貿易品價格是 PCP（生產者貨幣定價或賣方貨幣定價），則匯率對消費價格的傳遞（匯率傳導）是即時且完全的，那麼在 ML 條件成立的前提下，調整匯率將有助於實現貿易收支的改善；如果貿易品價格是 LCP（消費者貨幣定價或買方貨幣定價），則匯率波動對消費價格的傳遞為 0，匯率變動達不到相對價格調整的目的，從而不能實現對貿易收支的影響。

2.1.2 匯率傳導實證研究文獻述評

2.1.2.1 匯率傳導實證研究內容簡述

對匯率傳導程度的測算是一項非常複雜的系統性工程。若要較為全面地瞭解一國匯率變動對其國內外價格水平的影響，不僅要測算匯率變化對不同類型價格的總傳導，在考慮對貿易價格的傳導時還需分國別研究雙邊貿易市場上進口或出口價格對匯率變化的反應，另外，還需要分商品類別考察各不同行業或不同商品類章進出口價格對匯率變化的反應，以及分國別、分商品類別同時考慮在不同雙邊市場上不同商品的進出口價格對匯率變化的具體反應。在對匯率傳導水平進行測算的同時，不管是匯率總傳導的測算、還是分國別和商品類別傳導的測算，都需要考慮匯率傳導程度在不同時期的變化特徵，比較短期匯率傳導與長期匯率傳導程度之間的差異，最后還要考慮匯率傳導程度的趨勢特徵，並對各種匯率傳導程度的趨勢特徵給出合理的解釋。

關於匯率傳導問題的研究文獻根據不同價格類型劃分可以分為匯率變化對進口價格傳導的研究、匯率變化對出口價格傳導的研究和匯率變化對國內價格傳導的研究，而匯率對國內價格傳導的研究又可以細分為對國內生產價格的傳導和對國內消費價格的傳導兩方面。從傳導環節及程度上來看，匯率波動最先影響到一國進口商品的價格，而后是生產價格指數和出口廠商的出廠價格指數，最后才是消費價格指數以及出口價格，傳導程度也依照該順序逐漸減弱。從對各種價格傳導的時間上來看，長期價格傳導程度要略高於短期價格傳導，也即匯率變化對價格傳導的過程中存在滯后。從匯率傳導的總體趨勢來看，在

發達國家普遍存在匯率對進口價格傳導程度下降的趨勢。這一趨勢大致可以從各種商品的匯率傳導程度本身的變化特徵和一國對外貿易的商品結構和行業結構的變化特徵兩個方面來解釋。匯率變化的價格傳導流程見圖2-1。

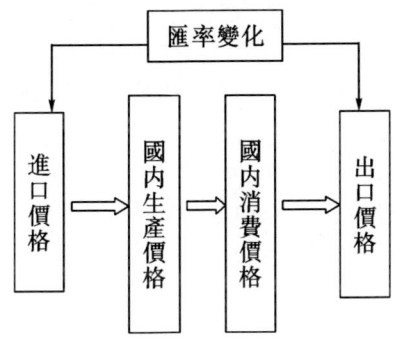

圖2-1 匯率變化的價格傳導流程圖

2.1.2.2 匯率傳導問題實證研究的基本結論

2.1.2.2.1 匯率傳導程度具有不完全特徵並呈動態變化

在本書掌握的有關匯率傳導的大量國外研究文獻中，有一個結論幾乎是普遍認可的，那就是匯率變化對價格的傳導並不完全。大野（1989）的實證結果表明，匯率變動對日本出口價格的平均傳遞係數為0.5左右。戈德伯格和拉特爾（1997）的實證分析得出匯率貶值對經濟合作與發展組織（OECD）國家工業製成品進口價格的傳遞係數約為0.5。

另外，在匯率變化不能完全被價格信息所反應的同時，匯率變化對價格的傳導還存在時期差異。即使是得出匯率完全傳導結論的文獻也指出匯率對價格的完全傳導需要一個較長的時期。赫爾克與胡珀（1988）認為匯率變動後對進口價格實現完全傳導需要8個季度的時間，克拉克（1991）則認為這一時間為5個季度。坎帕和戈德伯格（2001）採用1975—1999年的季度數據對OECD 25國的匯率傳遞係數進行了估計，其結論為OECD 25國平均短期匯率傳遞係數為0.61，長期匯率傳遞係數為0.77。長期內匯率變化對價格的傳導程度要高於短期傳導程度，這進一步說明不管總的傳導程度如何，價格對匯率變化的反應都存在滯後。尼克（2002）用格魯吉亞1998年8月到2001年6月的月度數據檢驗了貶值與通脹的關係，結論認為匯率每貶值1%，在短期內（一個月）消費物價指數（CPI）上升0.21%，長期內CPI上升0.52%。伊藤隆敏和佐藤清貴（2007）運用VAR方法對東南亞金融危機中各國匯率貶值對國內價格的傳導進行了分析，得出結論：在遭受危機的國家，貨幣貶值對進口價格的傳導程度相當高，而對CPI的傳導程度較低，僅印度尼西亞貨幣貶值顯著地導

致了通貨膨脹。

2.1.2.2.2 匯率傳導程度具有顯著的國別差異

匯率傳導程度的國別差異分為兩種：一是在同時研究多國匯率傳導時，不同國家的匯率變化對各自貿易價格形成不同的影響；二是單獨研究一國匯率變化時，一國匯率變化對其不同雙邊貿易中的貿易價格形成不同的影響。對於第一種國別差異而言，在多國匯率傳導研究中顯著存在匯率傳導程度的國別差異，但不同的多國匯率傳導研究在各自的研究中對相同國家所得出的結論並不一致，甚至是相互衝突，且各自所給出的理論解釋也不盡相同。比如克賴寧（1977）指出匯率傳導程度的變化範圍從美國的50%到義大利的100%，並認為匯率傳導程度與一國的經濟規模呈反比。而科斯拉與寺西（1989）則認為對於像美國和日本這樣的經濟大國來說匯率傳導是完全的，而對於像印度尼西亞和菲律賓這樣的小規模經濟體來說匯率傳導程度則很低。但也有研究指出即使都是大國經濟，其匯率傳導程度也各有不同，比如斯皮塔列爾（1980）的研究認為美國的匯率傳導程度是完全的，而德國的匯率傳導程度卻不完全。對於第二種國別差異而言，多數研究因市定價（Pricing to Market）的文獻指出，匯率傳導不但不完全，而且還會因為出口市場的不同而有所不同。大野（1989）、施布利（1989）和馬斯頓（1990）等認為出口廠商在面臨匯率變動時，往往通過限制匯率變化對外幣價格的傳導程度而對不同的國外市場進行歧視性定價，從而穩定其市場份額。

就大部分研究匯率傳導國別差異的文獻而言，在解釋匯率傳導國別差異的原因時大致可以總結為宏觀原因與微觀原因。宏觀因素主要有：經濟規模、國內消費中的進口份額、匯率制度安排、貿易保護和通脹水平等；微觀因素主要有：進出口商品結構和行業結構、市場競爭程度、進入國內市場的外國廠商數量占比、進口商品成本中沉澱成本的占比、跨國公司內部貿易、定價或結算貨幣的選擇和各貿易商品的供需價格彈性等。

2.1.2.2.3 匯率傳導程度具有顯著的商品類別和行業差異

皮里亞（2004）對泰國九種主要商品的匯率傳遞進行實證研究，發現這些商品的匯率傳遞系數很低，匯率傳導程度最低的是動植物油脂類商品，為0.104，最高的是機械類商品，為0.527，同時還指出自泰國1997年金融危機後，泰銖匯率波動性增強且變化趨勢難以預測，從而使匯率波動對進口價格傳遞程度出現下降趨勢。王國梁與吳中書（1999）對臺灣地區石油化工產業的匯率傳遞進行研究的結果表明，在新臺幣升值的過程中，臺灣石化企業只吸收了很少一部分匯率變化，導致出口商品價格上漲。

坎帕和戈德伯格（2001）認為引起匯率傳導程度變化的根本原因是各國進

口商品的產業結構的變化。其基本結論是，工業製成品和食品的匯率傳導不完全且相對較低，而能源與原材料的匯率傳導較高且長期內接近完全傳導。並且由於 OECD 國家的進口中從原來以能源進口為主，轉變到以工業製成品的進口為主，故近年來各國匯率傳導程度呈現下降趨勢。

2.1.2.2.4 對同一國家匯率傳導程度的不同研究所得出的結論也不盡相同

在對匯率傳導的研究中，對發達國家的研究占了絕大多數，而其中又以對美國的研究最為集中。在多數樣本期間集中在美國二十世紀七八十年代的進口價格研究中，匯率變化對進口價格傳導的相關結論差異極大。如奧爾特曼（1991）得出匯率變化對進口價格的傳導程度為 48.7%，而赫爾克與胡珀（1988）卻得出這一比例高達 91%，其他同類研究得出的傳導程度均位於這兩者之間。這些研究所包含的時間樣本和商品樣本都非常接近，之所以得出的結論的差異如此之大，可以歸因於計量方法、模型設定和變量指標的選取等方面的差異。在這些相近的文獻中，除了金（1991）對各變量去趨勢處理後構建了 VAR 模型，其他研究基本上都採用了傳統的普通最小二乘法估計，而在進行 OLS 估計的那些研究中，也只有赫爾克與胡珀（1988）對序列相關問題進行了處理。另外在不同研究中，其動態建模也不盡相同，雖然大部分採用了多項式分佈滯後模型（Polynomial Distributed Lags），但在多項式中設定的階數卻不同。也有一些研究對滯後進行了約束，比較通用的是對滯後施加尾約束（Tail Constraint），這一約束將使得相鄰滯後項權重接近為零，從而改變原有滯後結構和對累計匯率傳導程度的估計。

2.2 貿易彈性論的演變與發展及文獻述評

在研究匯率變動對貿易收支影響的早期研究中，關於 ML 條件是否成立的爭論成為匯率調整是否能有效地影響貿易收支的關鍵，也是貿易彈性論演變與發展的核心內容。所有關於 ML 條件的論爭研究，根據不同的經濟背景、研究方法和研究結論，本書將其分為三個部分進行綜合述評：貿易彈性理論的產生、貿易彈性理論的基本內容及其演變和實證研究中貿易彈性論的演變與發展。

2.2.1 貿易彈性論的產生

貿易彈性論的前身是在金本位的國際金融體制、重商主義理論背景下休謨所提出來的古典國際收支調節機制「價格—金幣流動機制」，即在充分就業和

靈活的國內工資、物價前提下，價格變動對國際收支失衡具有自動矯正的作用。20世紀30年代大危機爆發之后，金本位徹底瓦解，各國實施紙幣流通制度，金幣流動不復存在，同時，30年代大危機之后，由於政治經濟條件的變化，壟斷組織和工會力量的不斷強大，工資物價剛性特徵明顯，價格變化的前提也不復存在，價格—金幣流動機制自動失效。

在經濟大危機的背景下，凱恩斯摒棄了完全競爭市場（價格靈活變動）和充分就業的理論前提，提出了非充分就業條件下價格剛性假設，並將一國外部均衡與內部均衡聯繫起來提出了需求管理理論。該理論認為，一國為了改善貿易收支、維持國際收支均衡，不僅要擴大出口，還要運用控製國內總需求的辦法來抑制進口。這一結論使得國際收支均衡目標與國內經濟增長和充分就業目標發生衝突（宋小川，1986）。

如何才能既促進國內經濟增長與就業，又維持外部均衡？既然絕對價格調整和國內總需求管理都不能有效實現這一目標，那麼在新的經濟背景下是否存在新的途徑來解決這一問題呢？大危機之后匯率的頻繁波動使得研究者們把目光投向了相對價格的調整。弗里德曼（1953）最早提出了浮動匯率是調整國際相對價格的有效途徑的觀點，其理由是某國家發生實際衝擊（如生產率提高或貨幣政策調整）時，國家間商品的實際相對價格發生變化，需要進行調整以使其名義相對價格與實際相對價格相一致並達到均衡狀態。名義匯率的調整和國內價格的調整都能實現實際匯率達到均衡值的目標，如果二者的靈敏度相同，則兩種調整方式無差異。但事實上，一國的國內價格往往是高度不靈活的，即國內價格名義剛性。弗爾德斯坦（1992）也指出，國內價格的下降需要付出一定時期的失業代價，故政府往往傾向於使用名義匯率手段。這些觀點都認為，在開放經濟條件下，匯率變動通過對相對價格的即時調整能實現對總需求的即時影響，因此最優的貨幣政策要求採取浮動匯率制度。

浮動匯率能通過對國際相對價格的影響最終影響到國際收支和國內經濟。但具體影響如何，就對國際貿易的影響而言，必須考慮匯率對貿易價格的傳導和貿易收支的價格彈性。由於傳統經濟學中彈性分析法的廣泛運用，最早關於該問題的討論是從貿易收支彈性開始的，彈性論也就因此應運而生。

2.2.2 貿易彈性理論的基本內容及其演變

2.2.2.1 馬歇爾—勒拉條件

自20世紀20年代初開始至今，彈性分析法經歷了多個階段的發展。最初，彈性分析法認為，一國貨幣貶值導致其貿易收支狀況改善的充要條件為馬歇爾—勒拉條件（Marshall，1923；Lerner，1944），即假定進出口供給的價格

彈性都為無窮大，且最初一國貿易收支均衡時，國內經濟充分就業、收入不變且不存在國際資本流動時，若進出口需求的價格彈性之和大於 1，即若 $\eta_x^d + \eta_m^d > 1$，則馬歇爾—勒拉條件成立，也即貨幣貶值將增加一國貿易盈餘。

若貨幣貶值完全被價格變化所吸收，則出口和進口的本幣價格變化對出口和進口（用本幣表示）的影響見圖 2-2 和圖 2-3（丹尼斯和阿爾弗雷德，1986），其中橫軸分別表示出口數量和進口數量，縱軸分別表示出口本幣價格和進口本幣價格。一國貨幣貶值，假定國際貿易的定價貨幣採取產地定價，即 PCP 定價模式，則出口本幣價格保持不變，國內供給不變；相對於外國消費者而言，出口商品的相對價格下降，一單位外國貨幣可購買更多本國出口商品，不變外幣對本國出口商品的實際購買力增加，從而本國出口商品的外國需求增加，需求曲線右移，假定國內供給完全彈性，需求增加僅導致出口量的上升，價格並不發生變化，均衡出口量從 q_x^1 增加到 q_x^2。若假定本國貨幣貶值率為 k，且貨幣貶值對出口外幣價格完全傳導，即出口外幣價格下降率為 k，同時，假定出口需求的價格彈性為 η_x，且貶值前的本幣出口額為 R_x^1，則貶值後由於出口量的增加而導致的出口額的增加量為 $\Delta R_x = R_x^1 \kappa \eta_x$①。在國內進口市場上，由於進口價格由外國生產地貨幣定價，進口外幣價格保持不變，則本國貨幣貶值將使得進口的本幣價格從 p_m^1 上升到 p_m^2，在本國收入不變的前提下，國內需求曲線固定，則進口本幣價格上升將導致進口需求量的減少，在國外供給完全彈性的前提下，均衡進口量從 q_m^1 減少到 q_m^2。若假定本國貨幣貶值率為 k，且貨幣貶值對進口本幣價格完全傳導，即進口的本幣價格上升率為 k，同時，假定進口需求的價格彈性為 η_m，且貶值前的本幣進口額為 R_m^1，則貶值後由於進口價格的上升和進口量的下降而導致的進口額的增加量為 $\Delta R_m = R_m^1 \kappa (1 - \eta_m)$②。貨幣貶值對貿易收支的總影響取決於對出口影響和對進口影響的綜合結果，即

---

① 若選擇使用產地貨幣定價，匯率變化對出口外幣價格完全傳導，則一國貨幣貶值 k 個百分點，出口外幣價格也就下降 k 個百分點，即 $dp_x/p_x^1 = -k$，由於 $\eta_x = -dq_x/q_x^1/(dp_x/p_x^1)$，故 $dq_x/q_x^1 = k\eta_x$，$dq_x = k\eta_x q_x^1$，出口額的變化 $\Delta R_x = R_x^2 - R_x^1 = p_x^1 dq_x = p_x^1 q_x^1 k\eta_x = R_x^1 k\eta_x$。

② 同樣假定產地貨幣定價原則，匯率變化對進口本幣價格實現完全傳導，則一國貨幣貶值 k 個百分點，進口本幣價格上升 k 個百分點，即 $dp_m/p_m^1 = k$，同時由於外國供給無窮大，價格上升導致進口量減少，進口額的變化量 $\Delta R_m = R_m^2 - R_m^1 = (p_m^1 + \Delta p_m)(q_m^1 + \Delta q_m) - p_m^1 q_m^1 = p_m^1 \Delta q_m + q_m^1 \Delta p_m + \Delta p_m \Delta q_m$，假定價格的變化量與進口變化量的乘積較小並可忽略不計，則 $\Delta R_m = p_m^1 \Delta q_m + q_m^1 \Delta p_m$，由於 $\eta_m = -\dfrac{dq_m/q_m^1}{dp_m/p_m^1}$，$dq_m/q_m^1 = -k\eta_m$，則 $p_m^1 \Delta q_m = -p_m^1 q_m^1 k\eta_m$，$q_m^1 \Delta p_m = q_m^1 p_m^1 k$，最后，由於 $R_m^1 = p_m^1 q_m^1$，$\Delta R_m = p_m^1 \Delta q_m + q_m^1 \Delta p_m = -p_m^1 q_m^1 k\eta_m + q_m^1 p_m^1 k = R_m^1 k(1 - \eta_m)$。

$\Delta T = \Delta R_x - \Delta R_m$,那麼要實現貶值對貿易收支改善的結果,就必須要求 $\Delta R_x > \Delta R_m$,也即要求 $R_x^1 \kappa \eta_x - R_m^1 \kappa (1 - \eta_m) > 0$,$\frac{R_x^1}{R_m^1} \eta_x + \eta_m > 1$①。若貶值前的進出口額相等,即初始狀態下貿易收支平衡時,貶值促進貿易餘額改善的充要條件就是該國出口需求和進口需求的價格彈性之和大於1,即 $\eta_x + \eta_m > 1$。

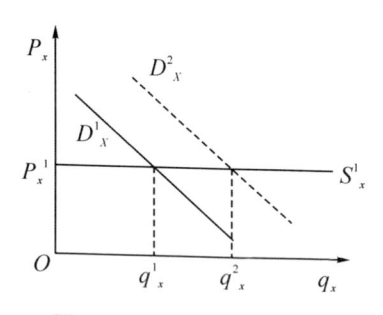

圖2-2　貶值對出口的影響　　　　圖2-3　貶值對進口的影響

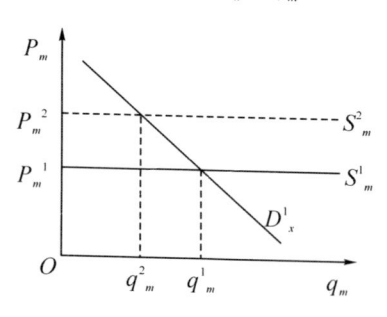

馬歇爾—勒拉條件和之后的絕大多數關於貿易彈性的研究基本上都是基於貨幣貶值為分析前提的。人民幣從2005年7月以來至今都處於貨幣升值通道,貨幣升值的貿易餘額效應是否與貶值的貿易餘額效應相對稱?貨幣升值是否減少一國貿易餘額是不是也取決於同一充要條件?要回答此類問題首先必須要從理論上對人民幣升值的貿易餘額效應予以考察。根據貶值通道下致使馬歇爾—勒拉條件成立的所有基本假定,我們也可以推導出升值通道下的貿易餘額影響,具體變化見圖2-4和圖2-5。在直接標價法下匯率值下降(如升值率為 $-k$,其中 $k > 0$)表示本國貨幣升值,仍假定進出口的供給彈性無窮大,國內外名義收入不發生變化,不考慮資本流動,且國際貿易以產地貨幣定價(PCP定價模式),則升值將導致出口的外幣價格上升(出口本幣價格不變),進而外國等量收入對本國出口商品的實際購買力下降,出口需求減少;同時,升值導致進口的本幣價格下降,進口量增加。升值對出口額的影響為 $\Delta R_x = -R_x^1 \kappa \eta_x$,升值對進口額的影響為 $\Delta R_m = -R_m^1 \kappa (1 - \eta_m)$,若要減少貿易順差,實現升值對平衡貿易餘額的作用,則需要求解使得 $\Delta T < 0$($\Delta R_x < \Delta R_m$)實現的條件。根據前面的計算可得,同樣以初始貿易平衡為條件,要使升值能減少貿易餘額,當且僅當 $\eta_x + \eta_m > 1$②時即可實現。

---

① 此處由於以貨幣貶值(直接標價法下匯率值上升表示本國貨幣貶值)為前提,故 $k > 0$。
② 關於升值的貿易效應的推導理同貶值條件下的貿易效應的推導過程。

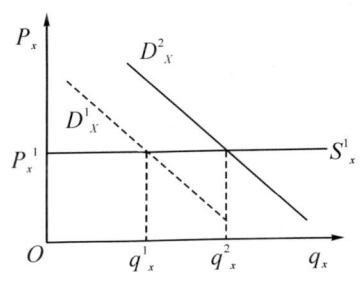

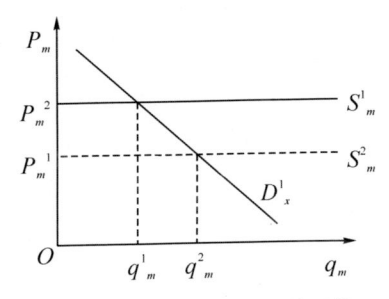

图2-4 升值对出口的影响　　　　图2-5 升值对进口的影响

马歇尔—勒拉条件是研究国际收支问题中的重要理论——弹性理论的核心内容和发展源头，之后弹性论的发展都是通过对马歇尔—勒拉条件的逐步修正而实现的。如果说一个理论的假设越偏离现实，那么该理论在应用於现即时所体现的缺陷也就越突出。马歇尔—勒拉条件因其诸多严格的理论假定而招致不少批评，也为后来的研究者们提供了进一步研究的突破口。对该条件的批评主要来自以下几个方面：①初始贸易平衡的假定。该假定给该理论的政策意义制造了障碍，因为一国想要通过调整汇率来调整贸易收支，其初始状态一定是贸易收支不平衡，如果贸易收支不平衡，不同的初始条件就会改变原来马歇尔—勒拉条件中对进出口需求弹性的要求。如在贬值政策下，初始状态往往为贸易逆差，$R_x^1/R_m^1 < 1$，则需要更高的出口需求弹性才能满足贬值改善贸易收支的目的；反之，在升值政策下，初始状态往往为贸易顺差，$R_x^1/R_m^1 > 1$，此时只需要较小的出口需求弹性就可以满足升值降低贸易盈余的目的。②进出口供给弹性无穷大的假定。除了经济大危机背景以外，进出口供给弹性无穷大假定与现实严重不符，即使价格变化，商品供给数量的调整可能由於有限资源的约束和缓慢的结构调整而不能实现完全供给弹性，这在充分就业的情况下尤其不符，也不适用於市场经济不完善的发展中国家。③只从价格数量关系角度讨论进出口市场的局部均衡状况，未考虑汇率变化导致的收入和国内吸收以及资本项目的变化，而这些变化都会不同程度地进一步影响贸易收支，因此，该条件未能实现一般均衡框架下的分析。④$\Delta p \Delta q = 0$的假定。如果$\Delta p \Delta q \neq 0$，则满足贬值改善贸易赤字和升值降低贸易盈余的充要条件将与汇率变动幅度 k 有关，在初始贸易平衡时，该条件将变更为 $\eta_x + (1+k)\eta_m > 1$，在汇率波动较大时，即使进出口弹性都保持不变，那么要满足汇率调整的贸易目标所需要的进出口需求弹性将明显小於马歇尔—勒拉条件所要求的进出口需求弹性。

2.2.2.2 毕克迪克—罗宾逊—梅茨勒条件

随后，基於20世纪30年代大萧条的经济背景，毕克迪克（1920）、罗宾

遜（1937）和梅茨勒（1948）等放棄了進出口供給彈性無窮大的假定，引入供給彈性修正原有判定條件，並將其稱之為「畢克迪克—羅賓遜—梅茨勒」條件（Bikerdike - Robinson - Metzler Condition），即：

$$\frac{\eta_x^d \eta_m^d (1 + \eta_x^s + \eta_m^s) + \eta_x^s \eta_m^s (\eta_x^d + \eta_m^d - 1)}{(\eta_x^d + \eta_x^s)(\eta_m^d + \eta_m^s)} > 0 \qquad (2-19)$$

該條件認為本幣貶值能否改善貿易收支以及能在多大程度上改善貿易收支，不僅取決於進出口商品的需求價格彈性，而且還取決於進出口商品的供給價格彈性。即使 $\eta_x^d + \eta_m^d < 1$，馬歇爾—勒拉條件不滿足，只要 $\eta_x^s \eta_m^s$ 足夠小，貶值也能改善貿易收支。而只有當進口供給彈性和出口供給彈性都趨向於無窮大時，畢克迪克—羅賓遜—梅茨勒條件才與馬歇爾—勒拉條件相一致。馬歇爾—勒拉條件是以經濟大危機為背景提出的進出口供給價格彈性無窮大的假定，具有一定的合理性。但事實上，如果不存在大蕭條，進出口供給彈性無窮大的假設是不符合經濟現實的。比如初級產品受到自然條件和資源儲備的限制就不能保證其供給隨價格的上漲而大量增加，另外其他產品的供給也可能由於生產國在資金、能源、技術等生產要素以及基礎設施等公共服務方面的限制而不能在短期內實現生產規模和產業結構的快速調整，這一點在發展中國家尤其如此。因此，該修正對研究發展中國家的貿易收支問題有著重要的意義。

2.2.2.3 一般均衡框架下匯率變動對貿易收支的影響：來自瓊斯（1961）和多恩布什（1975）的修正

不管是馬歇爾—勒拉條件還是畢克迪克—羅賓遜—梅茨勒條件，在探討匯率變化對貿易收支的影響時，都只局限於商品市場價格與數量之間的局部均衡分析，而沒有考慮匯率變動還將通過影響收入從而對一國內部的消費行為、生產行為產生影響並進而影響到該國的貿易行為。瓊斯（1961）和多恩布什（1975）分別從微觀和宏觀視角對該理論進行了修正。

瓊斯（1961）從微觀視角出發，撇開之前彈性理論中純貿易國假定或兩國純貿易行為假定，以提供曲線（Offer Curve）為基礎在一般均衡框架下既分析兩國貿易行為，又分析兩國生產和消費行為，即除了考慮匯率變化對本國進出口的直接影響外，還考慮匯率變化對兩國國內生產和消費產生影響進而對貿易收支產生的間接影響。得出新的判定條件為兩國進口需求與出口供給的價格彈性總和大於1，即 $(\eta_1^d + \eta_1^s) + (\eta_2^d + \eta_2^s) > 1$。該條件與畢克迪克—羅賓遜—梅茨勒條件最大的不同是，原判定條件認為，即使 $\eta_x^d + \eta_m^d < 1$，只要 η_x^s 和 η_m^s 足夠小，貶值也能改善貿易收支，但新的判定條件在對供給彈性的討論上卻得出了相反的結論，該結論為，不管需求彈性大小如何，供給彈性越大，

越能保證判定條件的實現。瓊斯（1961）還進一步將兩國進口需求的價格彈性和出口供給的價格彈性細化為由兩國消費行為決定的進口商品替代彈性和邊際進口傾向以及由兩國生產行為決定的經過修正的出口商品供給彈性，從而細化彈性特徵后貶值增加貿易余額的新的判定條件為 $(\eta_1^{ms} + mpm_1 + \eta_1^{s}) + (\eta_2^{ms} + mpm_2 + \eta_2^{s}) > 1$。該彈性條件的細化更直接地體現了匯率變化的貿易效應與兩國國內的生產與消費之間的緊密聯繫。

多恩布什（1975）從宏觀角度運用國民收入恒等式為彈性分析提供了有益的補充。彈性分析法對貿易方程式 $T = X - M$ 的分析是建立在國民收入保持不變的假定之上的，沒有考慮宏觀經濟的均衡問題。如果考慮商品市場均衡時貿易余額等於窖藏（窖藏等於國民收入 Y 與國內吸收 A①之間的差額 $T = Y - A$）這一條件，則本幣貶值是否改善貿易余額就要看貶值之后窖藏數額是否提高。也就是說，即使一國經濟滿足彈性判定條件，貶值帶來的貿易余額改善還只是自主性貿易余額的改善，當自主性貿易余額改善帶來國民收入的增長后，還需要比較國民收入的增長與因此而帶來的國內吸收的增長之間的大小，並依此而最終確定窖藏或均衡時的貿易余額。這構成了「吸收分析法」的基本內容。吸收分析法考慮了國民收入變動后，貶值對自主性貿易余額和引致貿易余額兩方面的綜合影響，並得出貶值可以改善最終貿易余額的條件是：在貶值可以改善自主性貿易余額（即滿足彈性判定條件）時，還要求由此而引起的國民收入增加所帶來的進口的增加要小於自主性貿易余額的增加，也即要求邊際吸收傾向小於 1。

貶值會因為改善自主性貿易余額進而增加國民收入，國民收入的增加又導致國內吸收的增加，但事實上，貶值也可能通過其他途徑直接影響國內吸收，比如匯率貶值將產生現金余額效應影響國內吸收。本幣貶值，則外國商品的相對價格提高，因為需要消費一部分進口商品，故本國居民原有收入的實際購買力水平下降，從而總消費減少，為了維持原有的生活標準，人們將不得不在收入不變的情況下增加其支出，從而增加自主性吸收支出。這一效應被稱為「勞爾森—梅茨勒效應」（Lausen - Metzler Effect）。考慮了貶值對自主吸收的影響后，貶值的貿易余額效應就變得更加複雜和不確定。

從以上分析可知，貶值既會直接影響貿易余額，也會通過貿易余額變動引起收入與吸收的變動從而對原有的貿易余額產生進一步的影響。因此，在分析中，必須將貶值對貿易余額的直接影響以及對收入與吸收的影響結合起來，才

---

① 國內吸收等於國內的消費、投資和政府支出，即 $A = C + I + G$。

能全面分析貶值對貿易余額的影響。

2.2.2.4 J曲線效應

以彈性分析為基礎，貶值改善貿易收支的各彈性判定條件即使實現，從貶值到貿易收支改善也需要一定的時間，或者說，匯率對貿易收支的影響存在滯后效應。當一國貨幣貶值后，最初不是改善貿易收支而是惡化貿易收支，經過一定時期后才能實現對貿易收支的改善。由於從匯率變化開始到貿易收支調整結束，根據其在時間坐標上的反應，在貶值政策下，貿易余額的調整經過先惡化后改善的動態路徑，形成J形曲線特徵，故稱貶值對貿易收支的影響呈現J曲線的動態變化路徑。最早對這一效應進行討論的經濟背景是美國在20世紀70年代初的貶值政策所造成的貿易影響。① 多數研究者將該現象發生的根本原因歸結為：匯率的調整是即時完成，但消費者和生產者對相對價格的調整卻存在滯后，致使貶值短期內可能導致貿易收支惡化。這是因為，貶值導致貿易條件惡化，長期內由於滿足ML條件而必定實現對貿易收支的改善，但由於短期內的貿易品價格數量彈性要小於其長期彈性，故短期內貶值並不必定改善貿易收支。

但貶值是否在短期內必定導致貿易收支的惡化，多數理論研究並未給出一致答案。瓊茲和隆伯格（1973）、麥基（1973）和米德（1988）都先后對此現象進行了理論解釋，其中麥基（1973）的三階段理論解釋最具代表性，其研究結論指出，貶值在短期內依據一定條件可惡化貿易收支，但在另外的條件下也不一定惡化貿易收支。他將貿易收支對匯率變化的反應期分為三個時期：①貨幣—合約期。初始貿易品的定價發生在貶值之前，而在合同期內此價格不會因為匯率變化而發生任何變化，故在貨幣—合約期內，匯率貶值對貿易收支的影響只反應其即時影響，此時定價貨幣價格和貿易數量都不發生變化，貶值對以本幣表示的本國貿易余額的最終影響只與進出口商品定價貨幣的選擇和初始貿易狀況有關。任何進出口商在考慮匯率變化的條件下都傾向於選擇能獲得資本利得或避免資本損失的貨幣來對商品進行定價，如進口商傾向於選擇未來走弱的貨幣對進口商品定價，而出口商傾向於選擇未來走強的貨幣對出口商品定價，如果兩種貨幣的未來趨勢相同，則最終定價貨幣的選擇取決於進出口雙方的議價能力（Bargaining Power）。一般來說，出口比較優勢產品，進口競爭弱勢產品，故出口方的議價能力往往要強於進口方。因此，貶值致使貨幣合約

---

① 1970年美國貿易余額為22億美元，到1971年貿易收支惡化，對外貿易形成27億美元的赤字，美國當局為了平衡貿易收支，之后採取了對美元貶值的貨幣政策，但出人意料的是，貶值后一年，也即1972年美國貿易收支進一步惡化，形成68億美元的貿易赤字。

期內的貿易收支惡化的實現條件可表示為：$\sum_{j=1} (s_j^x c_j^x d_j X_j^0 - s_j^m c_j^m d_j M_j^0) < 0$，其中 s_j^x 表示該國出口中出口到 j 國的占比，s_j^m 表示該國進口中源自 j 國的占比，c_j^x 表示出口合約中外幣合約的占比，c_j^m 表示進口合約中外幣合約的占比，d_j 表示貶值率，X_j^0 與 M_j^0 分別表示出口到 j 國和源自 j 國的進口各自的初始額。在初始貿易平衡時，如果進口合約中外幣合約的占比要大於出口合約中外幣合約的占比，即 $c_j^x < c_j^m$，則貶值將導致貿易收支惡化；若初始貿易不平衡，則 $c_j^x < c_j^m$ 是貶值導致貿易惡化的必要條件，除此之外，還需考慮初始狀態是貿易赤字或是貿易盈餘，若為盈餘，則貶值有惡化貿易收支的作用，反之，若為赤字，則貶值有改善貿易收支的作用。②合同調整期或價格傳導期。在這一階段，出口商無法即時對其生產和對外銷售進行調整，進口商也需要時間尋找替代品從而調整其訂單，因此即使價格變化，但進出口的供需價格彈性都非常小，進出口數量不變或變化非常小，則短期內價格效應大於數量效應，ML 條件得不到滿足，貿易余額惡化。③數量調整期。長期內，進出口的供需價格彈性逐漸提高，ML 條件一旦得到滿足，數量效應大於價格效應，貿易收支就可以得到改善。當然，貿易余額改善的程度取決於彈性的大小和前一期價格傳導的程度。

　　傳統的 J 曲線效應理論並不能完整地說明所有匯率變動的時滯問題，后來的研究者們從三個方面對 J 曲線效應提出了不同的看法。第一，J 曲線效應需滿足馬歇爾—勒拉條件，如果該條件不滿足，或者貶值后國內物價的上漲趕上甚至超過本幣貶值程度①，則貿易收支非但不能改善，反而可能進一步惡化，貶值出現負的貿易收支效應。第二，霍克（1995）認為如果考慮迴歸預期，那麼即使馬歇爾—勒拉條件滿足，本幣貶值也不一定能帶來 J 曲線效應，貶值還可能產生 W 曲線效應。這是因為貶值初期的貿易收支惡化或其他原因可能導致另一次的貨幣貶值，當發生連續貨幣貶值時，該經濟體的貿易收支可能長期在逆水平上徘徊，從而產生 W 曲線效應。第三，因為 J 曲線效應理論是建立在匯率與進出口之間存在一個穩定關係的前提之上的，而匯率與進出口之間穩定關係的存在只發生在某一特定的匯率變動區間之內，若匯率變動超出這一匯率區間，則匯率與進出口之間的原有關係也將發生變化。在這一分析中，匯率波動性或波動幅度問題顯得尤為重要。鮑德溫與克魯格曼（1989）運用

---

① 在 PCP 定價模式下，國內物價上漲超過匯率貶值幅度，則進口的相對價格下降，反而會導致進口需求的增加；就出口而言，國內價格上升，出口相對價格下降，將導致出口供給減少，在外國進口需求和出口供給彈性前提下，將導致均衡時本國進口增加、出口減少，貿易收支惡化。

「沉澱成本模型」解釋了在一個不穩定的環境中，廠商不願意主動對匯率作出反應，而當廠商作出最終反應後，又很難促使他們再次改變決策，從而出現貿易決策中的滯后問題。也就是說滯后的原因來源於國際貿易中的沉澱成本和匯率易變性。在滯后存在的條件下，即使恢復原有的匯率水平或是環境，也不足以恢復原有的結果。這意味著貿易方程同宏觀經濟的許多其他方面一樣，都面臨盧卡斯批判，當環境發生改變時，決定貿易的因素和結果之間的原有關係也隨之改變。

基於以上分析，我們在考察匯率變動對貿易余額影響的時滯問題時，不僅要考慮其價格和數量的滯后特徵，而且還要考慮在不同匯率變動幅度下匯率與貿易關係的可能變化。

2.2.3 實證研究中彈性論的演變與發展

2.2.3.1 實證研究中關於「彈性悲觀論」與「彈性樂觀論」的爭論

關於彈性分析法的實證研究重點在於考慮國際貿易在多大程度上對相對價格的變化作出反應，具體地說就是貶值能否改善國際貿易收支，也即 ML 條件是否成立。有研究結論顯示，由於進出口需求的價格彈性極低，不能滿足馬歇爾—勒納條件，一國匯率貶值不能有效地改善貿易收支（梅茨勒，1948），從而一度出現了「彈性悲觀論」。持該觀點的代表性研究有蘭德爾·欣肖（1945）和漢斯·艾德勒（1945）。他們皆通過對統計圖形進行圖解的方法分析了美國在兩次大戰之間（1922—1937 年）的貿易價格彈性，並得出美國免稅進口商品的需求價格彈性在 0.3～0.5 之間，且匯率調整不能改善貿易余額的結論。之後的一系列實證研究對世界各主要貿易國家的價格彈性進行了細緻的考察，大多得出了基本一致的結論。20 世紀 50 年代初期開始，一些國際貿易問題的研究者們開始對之前盛行的彈性悲觀論提出質疑，並就研究方法問題對其進行強烈抨擊。他們認為是錯誤的計量方法的運用導致了彈性被嚴重低估，而實際上貿易品的價格彈性是較高的。奧克特（1950）對以往彈性估計中運用的經濟計量技術所形成的誤差進行了較為完整的剖析，並從五個方面總結了以往研究得出低彈性結論的原因：一是戰后世界貿易比兩次世界大戰間發展速度加快了，價格彈性上升；二是原有分析中存在觀測誤差；三是以往的研究用短期彈性替代了長期彈性；四是價格變化越大，彈性也會越大；五是原有預測採用了歷史價格和數量數據，而這只反應匯率變化前的彈性關係。隨後的研究在克服奧克特（1950）所指出的錯誤后，得到的結論都認為進出口商品的需求價格彈性是較高的，但同時，這又對原來悲觀彈性觀點的矯正有些過

頭，從而出現了彈性高估的現象，一度形成了「彈性樂觀論」。

2.2.3.2　關於 J 曲線效應的實證檢驗

2.2.3.2.1　使用總量數據的實證研究

米德（1988）通過對三種情景①進行模擬（Simulation）得出不支持 J 曲線效應的結論，並認為從美元貶值到貿易余額改善的時間長度取決於美元貶值持續的時間長度。另外，米德還指出運用總量貿易數據進行分析的不足，將貿易數據進行分部門處理②，考察部門 J 曲線效應（Sectoral J-Curve）的存在性和差異。各設定部門對相對價格變化的反應存在很大差異，貶值后，非石油原料部門經歷短期的貿易惡化之后快速調整為貿易改善；資本品部門不存在貿易惡化階段；而消費品部門貿易余額則對匯率變化無反應。米德最后得出結論，貿易余額總調整的幅度和時間取決於相對貿易夥伴國而言貶值國對匯率貶值的幅度與持續時間以及各部門貿易余額對匯率變化的反應強度。弗萊明翰（1988）運用無約束的分佈滯后模型（Unrestricted Distributed Lag Model）對澳大利亞 1965 Q1—1985 Q2 的數據進行分析，也同樣得到了不支持 J 曲線效應的結論，但在不同匯率制度下貿易余額與匯率的關係具有不同的表現，1974 年前（該子樣本期間內為固定匯率制度）的系數表明存在 J 曲線效應，而 1974 年之后（浮動匯率制度）的系數表明不存在 J 曲線效應。霍克（1995）對澳大利亞的三種匯率制度轉換③中貿易對匯率變化的反應進行了分析，得到的結論與弗萊明翰（1988）的基本一致。

一部分文獻在動態的一般均衡框架下討論了貿易余額和匯率變化之間的關係，並得出匯率貶值對貿易收支的影響，關鍵取決於各種衝擊的相對重要性。這些衝擊包括本國和外國的貨幣與財政政策變化所帶來的生產、消費、相對價格等實際變量的變化。不同的衝擊將導致不同方向的貿易與匯率的相關關係。若不將衝擊具體化，將很難得出某種確定的結論，一旦對沖擊進行具體設定，則貿易余額和匯率變化之間的關係就可以被確定。巴克斯、基歐和基德蘭德（BKK）（1994）最早對 OECD 各國的具體衝擊進行了分析，得出結論表示，在資本流動和消費平滑假定下持續的生產率衝擊將導致貿易余額與貿易條件之

---

①　情景 1：不考慮匯率對收入和價格的回饋效應（Feedback Effect）。情景 2：考慮匯率對收入和價格的回饋效應。情景 3：考慮連續貶值情況。

②　米德將貿易部門劃分為三部分：非石油原料部門、資本品部門（包括汽車部門）和消費品部門。以 1987 年為例，這三個部門涵括了非農業出口的 80%和非石油進口的 70%。

③　在澳大利亞，1965 Q1—1974 Q3 實施固定匯率制度；1974 Q4—1983 Q4 實施有管理的浮動匯率制度；1984 Q1—1992 Q4 實施浮動匯率制度。

間呈S形相關關係（貶值導致貿易條件惡化），若不考慮資本流動假設，國內生產率衝擊下貿易余額和貿易條件之間呈帳篷形的截面相關函數關係（Tent－shaped Cross－correlation Function）。Senhadji（1998）在小國開放經濟模型框架下運用30個欠發達國家（Less Developed Countries, LDCs）的數據對BKK的分析結論進行了擴展，認為欠發達國家的一些重要經濟特徵都將導致貿易余額和貶值間的S曲線變化關係，如有限的資本流動、不足的外匯儲備、內生的右下傾斜出口需求曲線等。並且他認為LDC的出口主要跟生產率衝擊和世界收入衝擊有關，二者的變化共同導致S曲線效應。

浮動匯率制度下匯率的變化不僅通過自身直接影響到貿易余額，而且還會影響收入等其他實際變量，這些都將綜合影響貿易余額。但OLS估計方法不能識別匯率變化對貿易影響的間接效應，為了解決這一問題，最近的一些文獻採用了向量自迴歸模型（Vector Autoregression, VAR）和脈衝反應函數（Impulse Response Function）等計量技術將各個變量內生進行處理，對不同國家的J曲線效應進行了考察。拉爾和洛因格（2002）運用約翰遜協整檢驗和脈衝反應函數考察了7個東亞國家①的情況，得出J曲線效應成立的結論，並認為不同國家間J曲線效應存在顯著差異。哈克與哈特米（2003）對5個北歐國家②的研究也得出了類似的結論，認為J曲線效應在這幾個國家都顯著存在。但李與陳（2002）運用相同計量技術對7個發達國家③的研究卻得出了不同的結論，認為伴隨著實際匯率升值，各國經常帳戶余額將得到改善。

在不同時間段，隨著經濟計量技術的發展，研究者們運用的計量經濟學方法也各有不同，從最初的普通最小二乘法（OLS）、到后期的協整與誤差修正（Cointegration and Error Correct）、向量自迴歸（VAR）針對時間序列的分析，或是用數值模擬（Simulation）來進行情景分析，各種方法下對J曲線效應的研究都沒有得出一致的結論。但基本結論可以概分為以下幾個方面：①不同貿易品對相對價格的反應有所不同，並非所有貿易品的匯率反應都呈現J曲線效應；②不同匯率制度下貿易余額對相對價格的反應有所不同，浮動匯率本身能就不同外部衝擊快速作出調整，J曲線效應不明顯；③貿易對匯率變化的J曲線反應可能因各種財政和貨幣衝擊而招致改變，形成S效應；④考慮匯率變化對貿易余額的直接與間接影響后，能更多支持J曲線效應成立的假設。在所有

---

① 印度尼西亞、日本、韓國、馬來西亞、菲律賓、新加坡和泰國。
② 比利時、丹麥、荷蘭、挪威、瑞典。
③ 美國、加拿大、英國、日本、德國、法國、義大利。

總量數據的分析中，由於進出口價格只能用進出口價格指數來進行替代，故絕大多數模型都採用了貿易條件（Terms of Trade），即單位出口能帶來的進口數量 p_x/p_m 這一指標來替代匯率變化，並假定貶值將惡化貿易條件，而升值改善貿易條件。但這一假定是否成立還依賴多方面因素的影響，這又是一個複雜的問題。

2.2.3.2.2 使用雙邊數據的實證研究

當一國名義匯率發生變化，其相對於某一貿易夥伴國的實際匯率可能貶值，而相對於另一貿易夥伴國而言，其實際匯率又可能升值，對於不同貿易夥伴國的一國雙邊貿易餘額也可能是有的惡化而有的改善。總量數據的分析不能區分這些不同影響，因此一國匯率變化的貿易效應具體如何更需從各雙邊貿易餘額對各雙邊實際匯率變化的反應角度分別進行分析。用雙邊數據分析至少能帶來兩方面的好處，一是不需要構造剩餘世界收入的代理變量，二是可以防止出現總量誤差。

在雙邊貿易數據的分析文獻中，運用得最多的模型就是羅斯和約倫（1989）通過進出口供需函數得出的關於決定貿易餘額的理論模型 $B = B(rex, y, y^*)$，對其進行 log 線性處理后計量模型為 $TB_{jt} = a + b\ln y_t + c\ln y_{jt} + d\ln rex_{jt} + \varepsilon_t$，其中 TB_{jt} 是美國對 j 國經過國民生產總值（GNP）平減指數進行平減處理后的實際淨出口額 $B = X - M$，y_t 為美國的實際收入，y_{jt} 為 j 國的實際收入，rex_{jt} 為美元對 j 國貨幣的雙邊實際匯率，rex_{jt} 下降表示實際匯率貶值，ε_t 為隨機擾動項。也有研究者對等式左邊的貿易餘額變量進行了變換，如席瓦尼和維爾布拉特（1997）將因變量改為 $\ln(B_t)$，其中 $B = X/M$，如果 ML 條件成立，則 $d < 0$；伯曼尼與布魯克斯（1999）同樣也在等式左邊運用 $\ln(B_t)$，但其中 $B = M/X$，如果 ML 條件成立，則 $d > 0$。三種不同的模型表示其本質上沒什麼差別，對計量結果也基本沒有影響，只是在解釋參數系數時有所不同。但對這些模型的計量方法和運用的樣本數據不同，從而導致了不同的計量結果。最早羅斯和約倫（1989）運用的 OLS 估計和 IV（Instrument Variable，工具變量）估計方法對 1960—1980 年季度數據進行分析，得出的結論不支持 J 曲線效應；席瓦尼和維爾布拉特（1997）考慮到各時序變量數據的不穩定特徵，採用了約翰遜和尤塞柳斯協整技術對 1973 年 1 月～1990 年 8 月的月度數據進行分析，得出的結論支持 J 曲線效應；伯曼尼與布魯克斯（1999）則將原有模型進行了自迴歸分佈滯后（Auto Regression Distributed Lags，ARDL）處理並採用協整和誤差修正模型對 1975 Q1～1996 Q2 的季度數據進行分析，得出了短期匯率的貿易餘額效應無確定模式、長期內 J 曲線效應成立的結論。

2.2.3.2.3 對已有J曲線效應研究的總評

不管是運用總量貿易數據還是運用雙邊貿易數據，ML條件成立是J曲線效應成立的基本前提，因此J曲線效應仍屬於彈性分析範疇。絕大多數研究貿易余額對匯率變化反應的長短期效應問題得出的結論基本類似。一般結論認為，匯率變化對貿易的短期影響不具確定模式，但若設定具體貿易夥伴，運用雙邊數據得出的長期效應比運用總量數據得出的長期效應更多支持J曲線效應成立的假設。已有的研究基本上沒有區分比較優勢產品與比較劣勢產品的匯率敏感性差異，而這一問題卻是關乎匯率變化對貿易收支影響的重要方面，因為一國出口自己的比較優勢產品，而進口比較劣勢產品，出口與進口的不同匯率彈性應該是未來研究的重點方向之一。本書的研究將對該問題進行重點分析，以彌補已有研究的不足。

2.2.4 「新彈性論」的總評價

最初的彈性論研究始於對ML條件的探討，ML條件彈性論的假定具有諸多局限性。主要表現為以下幾個方面：①非充分就業假定，從而導出供給彈性無窮大假定；②貶值前貿易收支處於平衡狀態；③局部均衡分析；④未考慮價格與數量變化的滯后效應。之后的理論研究對以上假定進行了逐步的修正；⑤$\Delta p\Delta q = 0$的假設。畢克迪克—羅賓遜—梅茨勒條件對完全供給彈性假定進行了調整，同時將進出口的需求彈性和供給彈性一起納入模型中；瓊斯（1961）和多恩布什（1975）則分別從微觀和宏觀視角對原有的局部均衡假設進行了修正，運用一般均衡框架對貿易彈性問題進行了進一步探討；20世紀70年代以后提出來的J曲線效應則考慮貿易價格和數量變化對匯率變化的滯后反應，討論了短期和長期的匯率變化的貿易余額效應。逐步的理論修正也在之后的實證研究中——運用並得出新的匯率變化的貿易效應結論。本書姑且將基於初始ML理論的彈性論的擴展體系稱為「新彈性論」體系。由於種種原因，「新彈性論」研究體系中並未對貶值前貿易平衡假設和$\Delta p\Delta q = 0$假設予以重視，在目前為止本書已整理的文獻中，尚未發現有文獻對這兩個假設在新的經濟條件下給出理論修正，更沒有相關的實證檢驗。

不管是初始的ML條件彈性論，還是發展至今逐步完善的「新彈性論」體系，彈性分析方法都作為一種核心的經濟分析方法一直貫穿於貿易收支的匯率效應研究中。但不管其怎麼發展演變，這種方法始終都是建立在貿易價格對貿易數量的影響研究基礎之上的，進出口價格的變化是貿易收支變化的先決條件，無論彈性大小如何，若匯率變化並不能引起進出口價格的變化，那麼匯率

變化對貿易余額的影響就根本無從談起。因此彈性分析法從根本上迴避了匯率對進出口價格的影響環節，而是簡單假定了匯率對價格的完全傳導並以此作為基礎來進行價格數量環節的討論的。要完整地分析匯率變化對貿易余額的影響，還需要突破彈性論，先討論匯率變化對貿易價格的影響，也就是必須先行研究匯率傳導問題，之后再以一定的傳導程度為基礎的前提下再進行彈性分析，以保持匯率變化的貿易收支效應研究的連續性和完整性。

3 人民幣各匯率指標的測算及其變化趨勢分析

長期以來中國採用盯住美元的固定匯率制度，但 2005 年 7 月匯改后名義匯率的變化採取參考一攬子貨幣有管理的浮動匯率形成機制。近年來，美元在全球範圍內的持續貶值給人民幣帶來了很大的升值壓力，但人民幣對美元名義匯率的下降（人民幣升值）並不必定意味著人民幣對其他國際貨幣也存在相同的變化趨勢，更不能因此而判定影響中國貿易收支的有效匯率成升值趨勢。而真正能夠影響一國貿易的匯率變化指標應採用貿易加權后的實際有效匯率指標，因此本章將首先對中國人民幣對主要貿易夥伴國貨幣的名義匯率基本狀況進行描述性分析；其次測算出主要雙邊實際匯率並進行趨勢分析；最后對有效匯率包括名義有效匯率和實際有效匯率進行測算並對其趨勢進行分析。在測算並對其趨勢進行分析的同時，本章一併對各種匯率指標在整個研究中的運用進行簡單界定，為之后各章節的理論和實證研究作準備。

3.1 人民幣名義匯率的變化趨勢及其描述性分析

在一國經濟生活中被官方直接公布、用來表示兩國貨幣之間比價的匯率稱為名義匯率。名義匯率往往用來進行兩國間的貨幣兌換和國際結算。名義匯率一般有兩種標價方法：一是直接標價法，即固定單位數量外幣的本幣價格；二是間接標價法，即固定單位數量本幣的外幣價格。本書所使用的名義匯率皆採用直接標價法，在直接標價法下，以人民幣對美元匯率為例，人民幣名義匯率指標的提高表示人民幣相對於美元貶值；反之，人民幣名義匯率指標的下降表示人民幣相對於美元升值。

3.1.1 人民幣對美元名義匯率的變化趨勢及描述性分析

自 1995 年以來，人民幣對美元名義匯率的變化趨勢見圖 3－1。

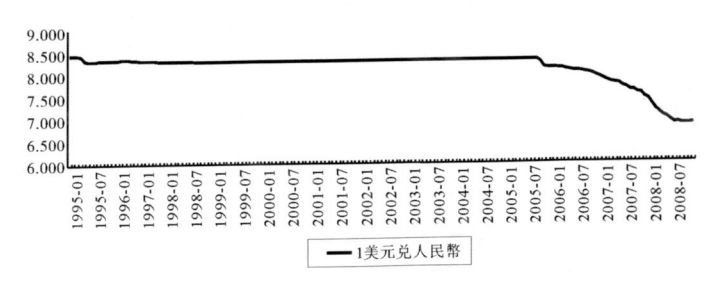

圖 3－1　人民幣對美元名義匯率變化趨勢（1995—2008 年）

從圖 3－1 我們可以看出，在 2005 年 7 月人民幣匯率制度改革之前（僅限於 1995 年之後，因為數據局限和對外貿研究的需要，本研究採用的數據皆從 1995 年開始）中國一直採用盯住美元的固定匯率制度，人民幣與美元兌換比率（名義匯率）長期保持穩定，基本穩定在 8.3 左右。自改革開放以來，中國經濟持續高速增長，中國參與國際競爭縱深發展，國際競爭力日益增強，致使人民幣面臨長期累積下來的內在升值壓力；另外，世界各主要經濟體發展速度趨緩，美元對外持續貶值，使得人民幣面臨持續的外來升值壓力。為了緩解人民幣升值壓力，2005 年 7 月中國實施匯率制度改革，從固定匯率制度轉變為實施以市場供求為基礎、盯住一攬子貨幣有管理的浮動匯率制度，並將匯率浮動區間擴大到千分之三。自匯改伊始至今，連續三年多一直實施人民幣升值的匯率政策（到 2008 年最後一個季度人民幣對美元名義匯率呈穩定趨勢），截至 2008 年 12 月，人民幣對美元名義匯率由匯改前的 8.276,5 下降到 6.842,7，累計升值幅度達 17.32%。升值幅度之大、時間之長，在中國匯率調整歷史上乃至國際金融史上都屬罕見。

人民幣對美元的名義升值是毋庸置疑的，但要考察人民幣匯率變化對中國整體對外貿易的影響，單獨一個雙邊匯率不能完整的說明問題，需要進一步考察人民幣與中國主要貿易夥伴國之間的其他雙邊名義匯率的變化情況。

3.1.2 人民幣與其他主要貿易夥伴貨幣間的名義匯率

截止到 2008 年 10 月，中國主要貿易夥伴國和地區經濟體排在前十位的有歐盟、美國、日本、東盟、中國香港、韓國、臺灣、澳大利亞、俄羅斯和印度，與前七位的雙邊貿易之和占中國總貿易的比例達到 70%，與前三位的雙

邊貿易之和占中國總貿易的比例達到 39.6%。① 近 5 年來，中國與歐盟貿易的增長速度最快，考慮到中國與各國和地區雙邊貿易占比的大小和各雙邊貿易增長的情況，本書特別考察了人民幣對歐元和人民幣對日元名義匯率的變化情況並對其進行描述和分析，見圖 3-2 和圖 3-3。本節數據圖表的數據來源於 IMF 網站的 IFS 數據庫，由於中國官方僅公布人民幣對美元名義匯率，故人民幣對歐元和人民幣對日元分別使用每單位 SDR 的各國貨幣數據進行換算得出。

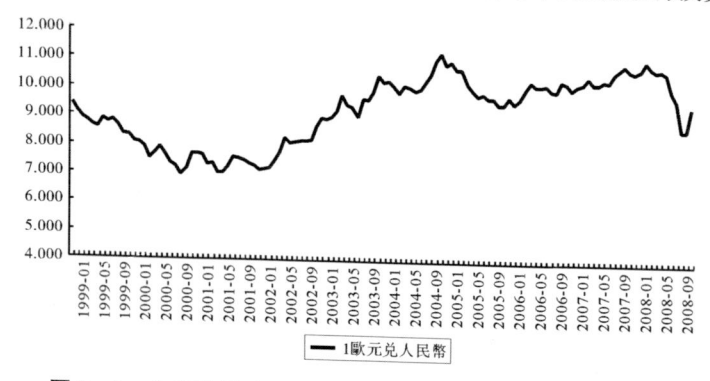

圖 3-2　人民幣對歐元名義匯率變化趨勢（1999—2008 年）

資料來源：IMF 網站的 IFS 數據庫。

註：由於歐元 1999 年才正式啟用，故人民幣對歐元名義匯率的時間樣本從 1999 年開始。若無特殊說明，此后所有關於歐盟的匯率數據皆同此註。

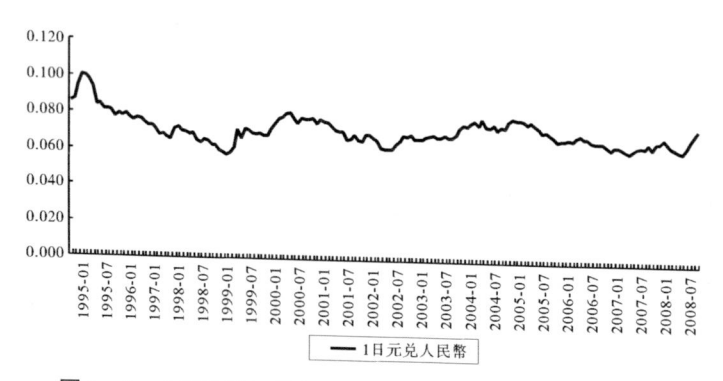

圖 3-3　人民幣對日元名義匯率變化趨勢（1995—2008 年）

從以上兩個圖可以看出，人民幣對歐元和人民幣對日元在匯改后的名義匯率變化幅度都較小，變化趨勢也各有不同，且在各自趨勢下呈現出非單調的波動特徵。人民幣對歐元的名義匯率在 2005 年 7 月匯改后存在持續三年的小幅

---

① 根據中國商務部網站所提供數據整理所得。

波動貶值趨勢（匯率上升），而人民幣對日元的名義匯率在匯改后三年間則呈現出小幅波動升值趨勢（匯率下降）；在 2008 年后期，當人民幣對美元名義匯率保持相對穩定時，人民幣對歐元名義匯率經歷了先升值后貶值的急邊變化，而人民幣對日元名義匯率則同樣存在一個先貶后升的變化。

以上人民幣對美元、人民幣對歐元和人民幣對日元三種雙邊名義匯率的不同變化說明我們不能簡單地用人民幣對美元名義匯率的變化趨勢來判定人民幣匯率的綜合變化，為了準確分析人民幣匯率變化對中國貿易余額的總影響，則需要結合與其他主要貿易夥伴國貨幣間的多個雙邊匯率，用貿易加權的方法測算出其人民幣的有效匯率。

不管是雙邊匯率還是有效匯率，各名義匯率形式都沒有考慮兩國或多國的國內價格水平對不同國家間商品比價的影響。人民幣對各貿易夥伴國的雙邊名義匯率和反應多邊貿易影響的名義有效匯率也不能反應中國國內價格水平的變化和各貿易夥伴國國內價格水平的變化對各國商品實際比價的影響。要準確地更為直接地反應人民幣匯率變化對貿易收支的影響，在分析雙邊貿易的影響效應時需進一步測算雙邊實際匯率，同樣，在分析整體貿易的影響效應時需要進一步測算反應多邊貿易關係的實際有效匯率指數。名義匯率更多地與一國貨幣政策、匯率制度和戰略性對外政策有關，其水平和變化趨勢往往與實際匯率存在一定差異，而實際匯率才真正反應了各國間商品的實際比價，是分析匯率變化對貿易收支影響更為直接和有效的匯率指標。

3.2 人民幣雙邊實際匯率測算及變化趨勢分析

實際匯率是指用本國商品數量來直接表示的外國商品的相對價格 $rer = eP^*/P$。其中 P^* 和 P 分別表示外國總物價水平和本國國內總物價水平，也即 $P^* = \sum_{i=1}^{n} \alpha_i p_i^*$，$P = \sum_{i=1}^{n} \alpha_i p_i$，實際匯率反應了在對不同國家的相同商品 i 賦予相同權重 α_i 的前提下不同國家所有商品在整體上的比價關係。在絕對購買力平價假定下，實際匯率恒定為 1；在相對購買力假定下，實際匯率保持為某一常量水平。購買力平價理論認為匯率只是一種貨幣現象，但事實上，匯率不僅受貨幣因素的影響，同時也受實際經濟因素的影響，這些都將導致一國實際匯率背離購買力平價假定而呈現出波動變化。要考察實際匯率變化對各雙邊貿易的影響，就有必要先考察各雙邊實際匯率的長期變化情況。與名義匯率的分析

保持一致，本書在這一部分將對中國核心貿易夥伴國（美國、歐盟和日本）的人民幣各雙邊實際匯率進行測算並分析其變化趨勢。

本節圖表數據說明：各國價格指數月度數據來自中國經濟統計數據庫的消費者價格指數，中國 CPI 數據來自宏觀月度庫，美國、歐盟和日本 CPI 數據來自 OECD 綜合月度庫，各序列皆為以 2000 年為基期的季度調整消費者價格指數月度數據，其中歐盟 CPI 以消費者調和價格指數替代。由於到目前為止各數據序列只能取到 2008 年 7 月，之后 5 個月的月度數據是根據 IMF 網站 IFS 數據庫中的各經濟主體價格指數的增長率推導得出。根據上一節中名義匯率和實際匯率函數關係換算出各雙邊實際匯率。

3.2.1 人民幣對美元雙邊實際匯率的測算及變化趨勢

1995 年以來人民幣對美元實際匯率的變化趨勢見圖 3-4。

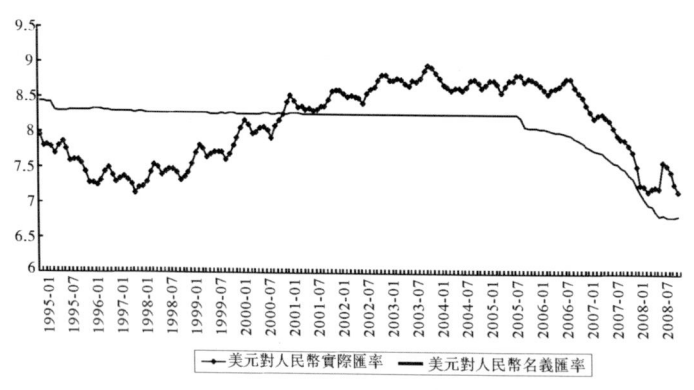

圖 3-4 人民幣對美元實際匯率變化趨勢（1995—2008 年）

1995—2008 年人民幣對美元實際匯率經歷了先升后降（先實際貶值后實際升值）的基本趨勢，見圖 3-4。由於 2005 年匯改前人民幣長期採用盯住美元的固定匯率制度，此期間內名義匯率保持不變，但由於中美國內通脹水平的不同影響，在較早期間，美國物價指數一直低於中國物價指數，致使實際匯率小於名義匯率，且 1997 年前，國內通脹高於美國通脹水平，人民幣對美元實際匯率逐步下降，1997 年后，該趨勢得到扭轉，美國通脹高於中國國內通脹，實際匯率上升；直到 2000 年 5 月之后美國物價指數才高於中國物價指數，使得實際匯率大於名義匯率，且該狀況一直保持至今。值得一提的是，匯改后人民幣對美元實際匯率與名義匯率的變動基本保持一致，人民幣名義升值導致實際匯率值下降，也即名義升值降低了國內產品在美國市場上的競爭力。在浮動匯率制度區間，實際匯率的波動要大於名義匯率的波動。在樣本期期末處，

2008年7月后,在人民幣對美元名義匯率基本穩定的情況下,實際匯率卻發生了急遽下降,這體現了美國金融危機發生後導致美國國內經濟下行從而美國國內價格指數下降對實際匯率的影響。

3.2.2 人民幣對其他主要貿易夥伴國貨幣雙邊實際匯率的變化趨勢

自歐盟成立以來人民幣對歐元實際匯率的變化趨勢見圖3-5。

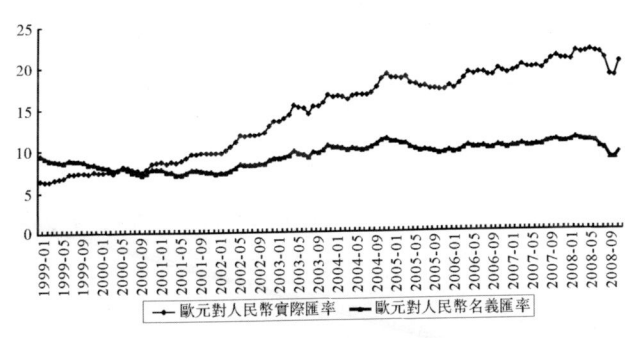

圖3-5 人民幣對歐元實際匯率變化趨勢(1999—2008年)

實際匯率的上升反應外國商品和本國商品的同一貨幣價格的比值上升,人民幣對歐元實際匯率自1999年以來一直保持上升(實際貶值)趨勢,意味著中國商品在歐洲市場上的競爭力逐步增強。根據實際匯率的公式,我們不難發現,名義匯率的貶值和外國商品價格指數的上升以及本國商品指數的下降都將導致實際匯率的上升,由於人民幣對歐元的名義匯率自2000年10月開始一直保持貶值趨勢,同時2000年之後,歐盟內部通脹要高於中國國內通脹水平,對匯率的上升產生了放大效應,故對應區間的實際匯率與名義匯率發生同向變化且上升幅度要高於名義匯率的上升幅度。通過對比實際匯率和名義匯率的波動我們可以看到人民幣對歐元實際匯率的波動也要大於名義匯率的波動。這主要是受兩國價格指數變化的影響,在一定的名義匯率值波動上升的同時,歐盟價格指數的上升幅度大於中國價格指數的上升幅度,共同推進了人民幣對歐元實際匯率值的上升或人民幣對歐元的實際貶值。樣本期末同樣由於美國金融危機的影響波及歐洲市場,使歐洲經濟面臨下行趨勢,致使人民幣對歐元名義匯率和實際匯率皆一度升值。具體見圖3-5。

在三個核心貿易夥伴中,人民幣雙邊實際匯率與名義匯率的水平值和變化趨勢相關度最大的是人民幣對日元的匯率。從圖3-6可以看出,人民幣對日元的實際匯率和名義匯率曲線基本吻合,說明中國國內通脹水平及變化與日本國內通脹水平及變化都比較接近,從2003年9月開始,由於中國國內物價指

數上漲較快，物價水平超過日本國內物價水平，而日本國內物價水平的上漲緩慢，導致人民幣對日元名義匯率值高於實際匯率值。在匯改后的樣本區間，人民幣對日元的名義匯率與實際匯率在貶值過程中該差異有擴大趨勢，這主要還是由中國國內物價指數上漲較快引起。但在樣本期末，2008年8月開始，同樣是受到美國金融危機在全球蔓延的影響，中國國內物價指數也開始下降，而日本物價指數的下降自2008年10月才開始，且下降幅度小於中國物價指數的下降幅度，故導致美國金融危機后人民幣對日元實際匯率與名義匯率的差距逐漸縮小。具體見圖3-6。

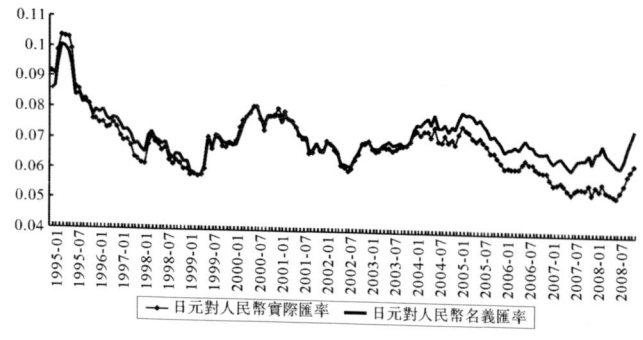

圖3-6 人民幣對日元實際匯率變化趨勢（1995—2008年）

受各國物價指數水平差異及其變化的影響，各雙邊實際匯率與名義匯率水平值都存在一定的差異，雙邊貿易的兩國國內物價水平越接近，則名義匯率與實際匯率的水平值就越接近。若外國物價指數高於中國物價指數，則實際匯率值要低於名義匯率；反之，則實際匯率高於名義匯率水平值。若外國通脹（物價變動）高於國內通脹，則實際匯率波動要大於名義匯率波動；反之，則相對於名義匯率波動而言實際匯率波動將縮小。① 但總的來說，在匯率浮動的前提下，人民幣實際匯率與名義匯率的變化趨勢基本相同，且實際匯率的波動範圍比名義匯率波動範圍要更大一些。由於名義匯率的差異和各國物價水平及其變化的差異導致人民幣對不同貨幣的雙邊實際匯率之間不管是在水平值上還是在變化趨勢上都存在一定的差異，因此我們在做雙邊貿易研究時不能簡單地用人民幣對美元的名義匯率或實際匯率甚或是有效匯率指數來作為匯率變量，這些必定會導致與經濟本質不符的錯誤結論。在之後的雙邊貿易研究中，本書將試圖採用雙邊名義匯率和雙邊實際匯率兩種匯率指標來作為匯率變量，進一步考察名義匯率與實際匯率在雙邊貿易中的不同影響。

---

① $rer = eP^*/P$，等式兩邊取對數，再進行一階差分，則有 $\Delta rer = \Delta e + \Delta P^* - \Delta P$。

3.3 人民幣有效匯率的測算及變化趨勢分析

在考察匯率變動對一國貿易收支總額的影響時，由於其中涉及本國對多國的貿易，因此不能簡單地使用某一具體的雙邊匯率指標作為匯率變量，尤其是在當前中國貿易夥伴國並不存在絕對集中的情況下，使用有效匯率指標作為匯率變量進行貿易總量分析更具有實際經濟意義。所謂有效匯率就是一種加權平均匯率，通常以對外貿易比重為權重，對一國的所有雙邊匯率進行加權加總而獲得。根據對雙邊名義匯率和雙邊實際匯率進行加權的不同，有效匯率又可分為名義有效匯率（Nominal Effective Exchange Rate）和實際有效匯率（Real Effective Exchange Rate）。根據國際貨幣基金組織定義的有效匯率指數（有效匯率指數上升表示升值，有效匯率指數下降表示貶值），名義有效匯率指數和實際有效匯率指數可分別表示為 $neer_t = \sum_{j=1}^{m} \alpha_j \left(\frac{(ner_j)_t}{(ner_j)_{2000}} \times 100 \right)$, $reer_t = \sum_{j=1}^{m} \alpha_j \left(\frac{(P \cdot ner_j / P_j)_t}{(P \cdot ner_j / P_j)_{2000}} \times 100 \right)$，其中 α_j 為本國貿易中與 j 國的貿易占比，m 為貿易夥伴數量，$\sum_{j=1}^{m} \alpha_j = 1$。值得注意的是此處 ner_j 表示一單位人民幣可兌換的 j 國貨幣數量，即間接標價法下的人民幣對 j 國貨幣的名義匯率。

國內外諸多關於匯率變化的貿易收支效應和匯率變化的進出口價格傳導效應的研究中對匯率變量的選擇基本可以分為以下幾種情況：①一部分文獻混淆了雙邊匯率和多邊（有效）匯率之間的差異，在研究雙邊貿易問題時採用有效匯率指標，或是在研究匯率的貿易總額或貿易餘額影響問題時採用雙邊匯率指標。②一部分文獻混淆了實際匯率和名義匯率之間的差異，忽略了國家間價格水平變化在其中的作用而直接使用名義匯率指標來考察匯率變化對對外貿易的影響。以上兩種混淆在國內的研究中尤為突出，本書的研究將在匯率指標的選取上盡可能地避免以上問題，使經濟分析的理論與現實進一步吻合。首先，雙邊貿易問題用雙邊匯率指標來進行考察，而考察中國貿易總額或貿易餘額的影響時則使用有效匯率指標；其次，國際貿易競爭是通過商品在國際間的相對價格競爭實現的，而名義匯率只是影響貿易品相對價格的因素之一，貿易品相對價格還將受到各國價格水平的影響，因此分析匯率變化的貿易效應時必須使用能反應貿易品相對價格的實際匯率指標。③不管是國內還是國外相關研究，在分別考慮匯率變動對進口或出口的影響或是對進口價格或出口價格的傳導時

都傾向於直接採用 IMF 的 IFS 數據庫中所提供的有效匯率指數來作為匯率的替代變量。有效匯率是經過貿易總額加權后的匯率指標，適合分析一國匯率變化對該國貿易總額或貿易余額的影響，而一國進口或出口的權重與貿易總額權重並不一致，甚至由於一國進口與出口的商品結構存在很大差異而導致各國進口和出口在該國總進口和總出口中各自的權重存在顯著差異。因此，本書認為，若要單獨考察匯率對進口或出口的個別影響，需要分別使用進口加權和出口加權的有效匯率。本書將其定義為進口有效匯率和出口有效匯率，而以貿易總額加權的匯率則稱為一般有效匯率。本節將對中國與各貿易夥伴國的進口貿易、出口貿易和進出口貿易總額分別進行權重計算，並依此為依據計算進口有效匯率、出口有效匯率和一般有效匯率的名義有效匯率和實際有效匯率，用以考察人民幣匯率變化對進口、出口和進出口總額或貿易余額的實際影響。

根據 2000 年以來至今中國主要貿易夥伴排名的基本情況，我們選擇了 14 個國家和地區的貨幣和與中國的雙邊進出口貿易額作為樣本，包括歐盟、美國、日本、英國、加拿大、俄羅斯、巴西、印度、印度尼西亞、馬來西亞、新加坡、韓國、中國香港和臺灣地區等。中國與這 14 個國家和地區的貿易總額占中國貿易總額的 80% 以上，在歐元啟用前，若不包括歐盟貿易，中國與其他 13 個國家和地區的貿易總額在中國貿易總額中的占比也超過了 70%。若單獨考慮與樣本國（地區）進口或出口在總進口或總出口中的占比，進口占比要低於出口占比，且在趨勢上還存在下降特徵，而出口占比的趨勢較為平穩，這說明中國進口來源地存在多元化趨勢，① 而出口市場則相對穩定。此節數據中，雙邊進出口貿易數據來自中國經濟統計數據庫中的海關月度數據庫，人民幣與各國和地區的名義匯率數據經 IFS 數據庫中單位特別提款權的各國貨幣額換算所得，其中因 IFS 臺灣地區數據缺失，所以人民幣與臺幣名義匯率和臺灣地區物價指數則源自中華經濟研究院資料庫②，其他價格指數來自 IFS 的 CPI 變動率和中經數據庫中的 CPI 指數。其中所有 CPI 皆以 2000 年為 100 並進行季度調整，測算出的各雙邊實際匯率也以 2000 年為基期將其指數化。除了歐盟對應的歐元匯率和歐盟進出口數據自 1999 年 1 月始取至 2008 年 7 月，其他國家和地區的其他變量數據皆為 1995 年 1 月～2008 年 7 月的月度數據。需特別註明的是，所有用於計算有效匯率的名義匯率和雙邊實際匯率都採用間接標

---

① 根據中國商務部統計資料，2005 年 9 月開始沙特阿拉伯、伊朗等中東國家先後進入中國前十位進口來源市場。

② 中華經濟研究院資料庫網址：http://sear.cier.edu.tw/index.htm。

價法。

3.3.1 人民幣進口有效匯率和出口有效匯率的測算及變化趨勢分析

根據國際貿易的比較優勢理論,一國傾向於進口其比較劣勢產品而出口其比較優勢產品,因此一國進口和出口的行業結構和商品結構必定存在很大差異,同樣也必定導致一國進口和出口的國別結構也存在較大的差異。IMF採用貿易總額加權計算有效匯率的做法抹殺了本國從同一貿易夥伴國進口和對該貿易夥伴國出口二者在本國進口總額和出口總額中占比的差異,未能考慮進口和出口在比較優勢和國際競爭能力上的根本差別。本節的進口有效匯率和出口有效匯率就是分別採用一國與各貿易夥伴間的進口和出口分別在該國總進口和總出口中的占比為權重計算出來的貿易加權匯率。經測算,中國進口有效匯率和出口有效匯率的名義有效匯率和實際有效匯率的變化趨勢見圖3-7。在圖3-7中,圖(a)表示名義有效匯率中進口加權匯率[$NEER(IM)$]和出口加權匯率[$NEER(EX)$]的比較;圖(b)表示實際有效匯率中進口加權匯率[$REER(IM)$]和出口加權匯率[$REER(EX)$]的比較;圖(c)表示出口加權有效匯率的實際匯率和名義匯率的比較;圖(d)表示進口加權有效匯率的實際匯率和名義匯率的比較。

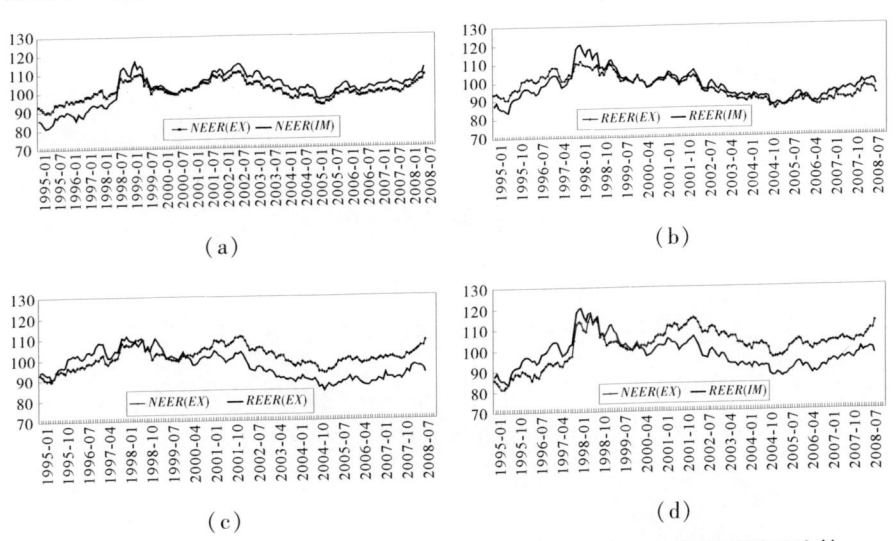

圖3-7 $NEER(IM)$、$REER(IM)$、$NEER(EX)$和$REER(EX)$變化趨勢及比較

根據圖3-7的比較和分析,至少可以得出以下幾點結論:①根據圖(a)和(b),我們可以看出,不管是名義有效匯率還是實際有效匯率,以進口加

權的有效匯率波動都要大於以出口加權有效匯率的波動。在本部分的測算過程中發現，與各國和地區雙邊貿易的進口和出口占比中，幾乎與所有貿易夥伴的進口占比的波動都要大於與其出口占比的波動（僅中國香港除外），其中，波動差異最大的數俄羅斯、巴西、印度、韓國、臺灣、印尼、馬來西亞等新興市場國家和地區，而歐美、日本和新加坡等傳統核心貿易夥伴則差異相對較小。這說明相對於較穩定出口市場結構而言，中國進口來源市場結構的穩定性較差，在新的國際競爭形勢下，近幾年來中國從新興市場進口的增長使得進口市場面臨的不確定性和風險相對較大。②根據圖（a）和（b），在 1997 年 11 月之前，不管是名義有效匯率還是實際有效匯率，其出口加權匯率指數都高於進口加權匯率指數，而在此之後，則剛好相反，進口有效匯率指數始終高於出口有效匯率指數。這是因為在樣本期初，人民幣兌英鎊、美元和港幣等主要貿易貨幣的匯率指數較高，而與這些貨幣所對應貿易夥伴的出口占比高於與其進口的占比；與其他各國和地區貨幣的匯率指數相對較低，同時這些國家和地區所對應的雙邊出口貿易占比又低於進口占比，故與高匯率指數國家的出口占比大於進口占比導致出口加權的有效匯率指數高於進口加權的有效匯率指數。①1997 年到 1998 年東南亞金融危機期間，各國匯率指數的高低發生大幅度調整，人民幣對那些進口占比較高國家的貨幣普遍出現升值趨勢；同時，人民幣相對升值使得中國與這部分國家和地區的進口進一步增加，而出口則有所下降，造成此后進口有效匯率指數始終高於出口有效匯率指數。③根據圖（c）和（d），不管是進口有效匯率還是出口有效匯率，各自實際有效匯率和名義有效匯率的變化關係與 3.2 中所介紹的雙邊實際匯率與雙邊名義匯率之間的變化關係類似，匯率名義指數與實際指數的差別皆因價格指數的國別差異引起，與雙邊匯率唯一不同的是，有效匯率名義指數與實際指數的差別體現了多國價格指數的綜合差異。

3.3.2　人民幣一般有效匯率指數的測算及其適用性分析

在國內外諸多有關匯率變化的貿易效應研究文獻中，在使用有效匯率指數時一般都直接採用 IMF 的有效匯率指數數據。最新 IMF 中實際有效匯率指數

---

① $\alpha_j^{ex} > \alpha_j^{im}$，當間接標價法下以 2000 年為基期的實際匯率指數 e_j 不變時，$\sum \alpha_j^{ex} e_j > \sum \alpha_j^{im} e_j$。

的計算是根據原有16個工業國①和新增的澳大利亞、新西蘭、希臘和葡萄牙四國總共20國的貿易總額加權平均調整后所得，而名義有效匯率指數則在原有16個工業國的基礎上新增了希臘后進行貿易總額加權平均后得到的。這些貿易權重國的選取基本上涵括了絕大多數發達工業國家，從世界經濟整體考慮具有一定的合理性。但就某一具體國家貨幣的有效匯率而言，在測算過程中統一使用與工業國的貿易權重並不能反應該國貿易的實際情況，在世界經濟格局日益變化的今天，新興市場國家在國際貿易中的作用越來越大，如中國、印度、俄羅斯和巴西以及東盟各主要國家等都未能被涵蓋其中，尤其是對於中國而言，雖然歐盟、美國和日本等發達國家仍是中國核心貿易夥伴國，但與新興市場國家的貿易在中國對外貿易中的影響越來越大。另外，IMF所提供有效匯率指數在使用各工業國貿易加權時，僅採用了工業製成品（SITC5-8）的貿易額作為計算權重的依據，將初級產品的貿易排除在外，這也不利於真實反應匯率變化對一國貿易總額的影響。基於以上描述，直接使用工業國貿易加權的IMF有效匯率數據不能真實地反應人民幣在中國對外貿易中發揮的作用，僅採用工業製成品貿易加權也不能完整地反應匯率對貿易總額的影響，因此，本書認為在分析人民幣匯率變動對中國貿易總額或貿易余額影響時，應當使用中國主要貿易夥伴國的貿易總額進行加權，先行測算人民幣的一般有效匯率，見圖3-8。

　　圖3-8（a）和圖3-8（b）分別表示經本書測算出的一般有效匯率與IMF有效匯率指數就名義有效匯率和實際有效匯率指數的對比圖。從圖3-8（a）可以看出，經由中國與14個主要貿易夥伴國雙邊貿易總額計算出的一般名義有效匯率指數水平略高於IMF提供的名義有效匯率指數水平，且二者的變化趨勢非常接近。這是因為IMF選擇的20個工業國中除了歐盟、美、日和加拿大外，其他各國與中國的雙邊貿易在中國對外貿易中的占比都非常小。但圖3-8（b）所表示的在本書中測算出的一般實際有效匯率指數與IMF所提供的實際有效匯率指數水平及其變化卻存在較大差異。在2000年5月前，一般實際有效匯率指數值高於IMF實際有效匯率指數值，之后則相反。該圖的特徵實際上可以進一步由圖3-8（c）和圖3-8（d）所反應出來的特徵進行解

---

① 根據IFS數據庫2009年5月的指標說明，最新實際有效匯率指數的貿易加權國除了包括原有的16個工業國外，新增了澳大利亞、新西蘭、希臘和葡萄牙四國。原有16國具體為：美國、加拿大、日本、奧地利、比利時、芬蘭、法國、德國、愛爾蘭、義大利、荷蘭、西班牙、丹麥、挪威、瑞士和英國。

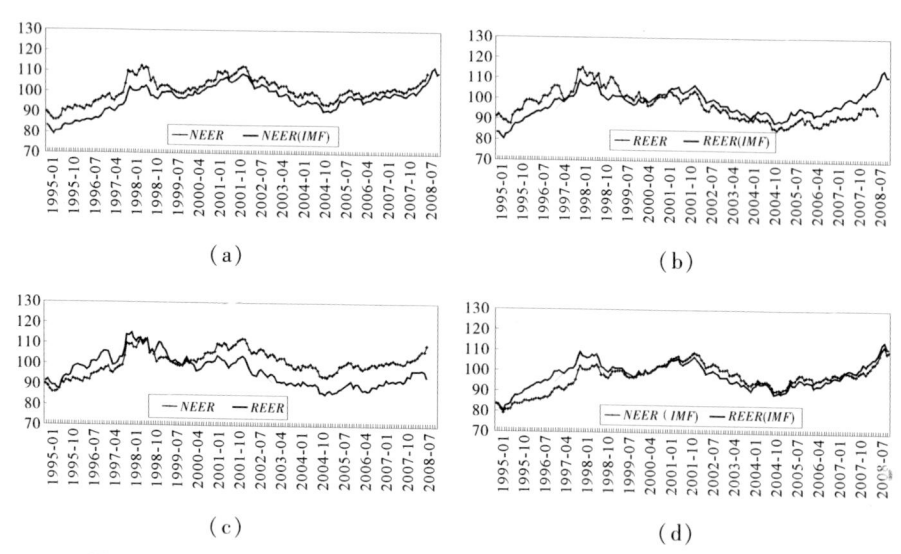

圖3-8　NEER、REER、NEER(IMF)、REER(IMF) 變動趨勢及其比較

釋。與IMF所提供的名義有效匯率與實際有效匯率指數較為接近相比照，以中國的14大貿易夥伴為參考對象、使用包括初級產品在內的貿易總額為權重所測算出來的有效匯率結果顯示，名義有效匯率與實際有效匯率的差別較大。這說明IMF所選取的20個工業國家各自的相對價格較為穩定，而中國及其主要貿易夥伴的相對價格的波動卻要大一些，這與中國的外貿國別結構有很大的關係，新興市場國家價格波動要大於成熟工業國家的價格波動；同時就貿易權重變量看，IMF採用各國工業製成品貿易作為權重，其波動要小於本書所採用的包括初級產品在內的所有貿易作為權重的波動。這是因為在國際市場上，由於初級產品供需價格彈性小，當初級產品價格發生波動，貿易額受價格變化的影響產生較大波動，而工業製成品由於供需價格彈性都相對較大，貿易數量能相對快速完全地吸收價格變化的影響，使得工業製成品的貿易額相對穩定。基於權重波動與價格指數波動兩方面的原因，使得本書測算出一般實際有效匯率指數與一般名義有效匯率指數差異較大，也因此而導致一般實際有效匯率與IMF實際有效匯率指數形成較大差異。

4 人民幣匯率的價格傳導：理論建模與估計檢驗

在研究匯率變化對貿易收支影響的匯率傳導環節時需要回答兩個問題：一是在中國對外貿易中匯率變化對貿易價格的傳導（包括總傳導和對不同行業或不同商品類別價格的個別傳導）的具體事實如何；二是對各匯率傳導事實特徵應該如何解釋。第一階段將對各種匯率傳導程度進行估算並通過動態建模方法分析匯率變化對各價格傳導程度的變化特徵，包括匯率對進口價格、出口價格的總傳導程度；對分行業、分商品類章的進口價格、出口價格的傳導程度等。第二階段將採用第一階段測算得出的各匯率傳導彈性為因變量，引入各種可獲得數據的宏觀變量和微觀變量或其代理變量對因變量的變化或差異進行因素分析。由於數據和方法掌握有限，本書實證部分將僅就第一階段進行研究，第二階段的研究留待以后作未來研究方向。

4.1 人民幣匯率變化對中國進出口價格傳導的文獻回顧

自 2005 年人民幣匯改以來，國內關於匯率傳導問題的研究也逐漸增加。畢玉江、朱鐘棣（2006）則運用協整與誤差修正模型對 1995—2005 年的月度數據進行分析，認為中國人民幣實際有效匯率對進口本幣總價格的傳導高達 1.9。陳六傅、劉厚俊（2007）用 VAR 模型分析了 1990—2005 年的月度數據，得出人民幣名義有效匯率指數對進口價格指數的傳導程度極低，僅為 0.008。許偉、傅雄廣（2008）運用一階差分單方程迴歸模型對 1995—2007 年的季度數據進行分析，認為人民幣名義有效匯率變化對總進口本幣價格指數的短期傳導程度為 0.26，長期傳導程度略高，約為 0.29。王晉斌和李南（2009）在研究人民幣升值對中國物價水平的傳導時著重研究了人民幣名義有效匯率變化對

中國進口本幣價格的傳導，通過一階差分單方程迴歸模型對 2001—2008 年的月度數據進行分析，認為中國總進口價格指數的匯率傳導程度較高，短期傳導程度為 0.75，該研究還對分類商品進口價格的匯率傳導進行了測算，得到匯率對基礎產品與原材料價格的短期傳導程度為 0.61，而對工業製成品價格的傳導程度為 0.95，且長短期匯率傳導程度差異較小，同時還通過分段迴歸得到匯改后（有管理的浮動匯率制度下）中國匯率對進口價格的傳導程度有上升趨勢的結論。從以上研究來看，人民幣匯率變動對進口價格總水平的傳導是不完全的，但關於具體傳導程度的大小各研究的結論存在很大差異。導致較大差異的主要原因可能有：①變量指標的計算差異。在陳六傅、劉厚俊（2007）的研究中，其進口價格指數的計算是用中國主要貿易夥伴國出口價格指數的加權平均值來近似計算的，雖然是以中國從各國進口額占所選國家全部出口值的比重作權重，但就各國出口價格指數而言，其出口並不都是以對中國的出口為主體，因此各國出口價格指數並不能真實反應中國自各國進口的價格指數的大小，且該指數的計算並非以人民幣價格為基礎，從而導致該研究結論偏差較大。而畢玉江、朱鐘棣（2006）的研究中雖使用了海關統計的進口商品量值數據計算了各類別商品的價格並依此而構建進口價格指數，但並未在文章中說明該價格指數是以人民幣計價為基礎的。由於海關統計月度庫中的進口額是以美元計價，故若未換算為人民幣價格，則也可能導致較大的結論偏差。②樣本期間的差異。許偉、傅雄廣（2008）與王晉斌和李南（2009）的研究中採用的計量方法與模型設定等都基本相同，但因為樣本期間的差異形成了二者結論的較大差別，另外二者選取的數據頻率（分別用季度數據和月度數據）也將對研究結論產生一定的影響。

　　國外相關研究中以匯率對進口價格傳導研究為主，而匯率對出口價格傳導的相關研究相對較少，這主要存在兩個方面的原因：一是從匯率傳導環節上來看，對進口價格的傳導是匯率對各類價格傳導的起點，這對加工貿易占比較大或進口在國內消費中占比較大的一國經濟來說最為典型；二是從一國貨幣的國際化程度來看，發達國家貨幣的國際化程度高，以美國為例，其進出口基本上都以美元結算，加上一國的出口皆為其比較優勢產品，故往往假定進出口價格皆遵循出口商定價原則，在一國出口的世界需求相對穩定情況下，美元匯率的變化對美國出口的美元利潤影響微弱，而一國進口往往為其比較劣勢產品，進口需求較小，若美元貶值，則需支付更多美元才能實現等量進口，美元的升貶值直接影響到美國的進口支付。

　　中國長期以來的開放經濟發展導向使得國內研究者們都比較關注出口問題，因此在國內關於匯率變化對出口價格傳導的研究也有不少。目前國內已有的相關研究大致可以分為三類：①細分商品類別（多行業）中匯率的出口人

民幣價格傳導分析。該部分的研究以陳學彬等（2007）和畢玉江、朱鐘棣（2007）為代表，二者皆得出不同商品類別的出口價格受人民幣匯率變化的影響存在較大差異。②單一行業中匯率的出口價格傳導分析。鞠榮華、李小雲（2006），谷任、吳海斌（2006）和馬宇（2007）分別就人民幣匯率對中國農產品出口、紡織品出口和家電行業出口等人民幣價格傳導進行了實證分析，認為在人民幣升值期間，中國農產品和紡織品的出口商吸收了大部分匯率變化的影響，這兩個行業中人民幣匯率對出口價格的傳導程度較低，而中國家電行業的出口卻剛好相反，人民幣匯率對海外市場出口的價格傳導程度高達90%。③雙邊市場上人民幣匯率變化對出口外幣價格（貿易夥伴國的進口本幣價格）的傳導分析。杜曉蓉（2006）和馬紅霞、張朋（2008）分別就中國對美國市場和歐洲市場的出口價格進行了匯率傳導分析，並得出人民幣升值對中美和中歐的貿易順差的調節作用甚微的結論。

4.2 人民幣匯率變化對中國進出口總價格與分類價格的傳導

4.2.1 人民幣匯率變化對中國進口總價格與分類價格的傳導

4.2.1.1 人民幣進口價格總指數和分商品類別進口價格指數的測算及其變化描述

本書在人民幣進口價格總指數的編製過程中使用了由海關月度數據庫提供的78類①進口商品量值自1995年1月到2008年8月的數據。先計算各類商品的單位美元價格，經匯率換算為人民幣進口價格，並以2000年為100（2000

---

① 78類進口商品分別為：ABS樹脂、成品油、初級形狀的聚苯乙烯、初級形狀的聚丙烯、初級形狀的聚乙烯、初級形狀的聚酯、初級形狀的塑料、電動機及發電機、電視收音機及無線電訊設備的零附件、電線和電纜、對苯二甲酸、二醋酸纖維絲束、二極管及類似半導體器件、閥門、紡織紗線生產及預處理機器、紡織用合成纖維、肥料、廢銅、鋼材、鋼坯及粗鍛件、鋼鐵板材、鋼鐵棒材、鋼鐵管材及空心異形材、鋼鐵或鋁製結構體及其部件、鉻礦砂、航空器零件、合成纖維長絲機織物、合成纖維紗線、合成橡膠（包括膠乳）、合成有機染料、活塞式內燃機的零件、己內酰胺、角鋼及型鋼、金屬加工機床、鋸材、鋁材、氯化鉀、煤、錳礦砂、棉機織物、牛皮革及馬皮革、牛皮紙、汽車和汽車底盤、人造纖維短纖、紗線織物等後整理機器、食糖、食用植物油（含棕櫚油）、數字式中央處理部件、數字式自動數據處理設備、四輪驅動輕型越野車（包括整套散件）、飼料用魚粉、塑料製品、鈦白粉、天然橡膠（包括膠乳）、鐵礦砂及其精礦、銅材、銅礦砂及其精礦、塗覆或浸漬塑料的織物、未鍛造的鋁（包括鋁合金）、紙漿、制冷設備用壓縮機、專用汽車、自動數據處理設備的零件、自動數據處理設備及其部件、鑽石、未鍛造的銅（包括銅合金）、小轎車（包括整套散件）、羊毛、氧化鋁、液泵及液體提升機、醫藥品、乙二醇、印刷品、原木、原油、針織機及縫編機、紙及紙板（未切成形的）等。

年12個月進口價格的簡單平均值）將各類商品進口價格指數化，最后使用各類商品進口額在所有78類商品進口額中所占的比例為權重對所有類別商品進口價格指數進行加權平均得到人民幣進口價格總指數。

　　從本書編製的進口價格總指數來看，自1995年以來進口商品物價指數的變化大致可以分為兩個階段，第一階段為1995年到2003年，進口價格總指數基本穩定，在其期中略有降低，第二階段為2004年到樣本期末，進口價格總指數一直保持明顯上升趨勢，且上升速度較快，幅度較大，從2004年1月的111上升到2008年8月的204，累計升幅達到83.78%。其中，初級產品①進口價格指數的變化趨勢與進口價格總指數的變化趨勢基本相同，只是在第二階段上升得更快，幅度更高，從2004年1月的87上升到2008年8月的217.4，累計上漲幅度高達150%。而工業製成品②進口價格指數在第二階段的變化中，自2006年年底出現了下降的變化，一直到樣本期末都維持在降低后的水平上。值得說明的是，在工業製成品中，不同的工業製成品商品類別其進口價格指數的變化趨勢也存在很大差異（見圖4-1、圖4-2、圖4-3）。本書在52類工業製成品中選取43類進口商品（總進口額占到工業製成品進口額的85%以上），構建了五類製成品的進口價格指數，分別是電子類商品、機械運輸類、鋼材成品類、醫藥化工類和輕紡類進口商品③。其中，電子類和機械運輸類進

---

① 這裡的初級產品採用聯合國《國際貿易標準分類》第三次修訂本［SITC(Rev.3)］的分類結構及編碼排列0~4類（食品和食用活物、飲料及菸、非食用原料、礦物燃料和潤滑油、動植物油脂）的商品，在本書前面選擇的78類進口商品中，有26類進口商品屬於初級產品。這26類產品主要有：ABS樹脂、成品油、初級形狀的聚苯乙烯、初級形狀的聚丙烯、初級形狀的聚乙烯、初級形狀的聚酯、初級形狀的塑料、肥料、鋼材、鉻礦砂、鋸材、鋁材、煤、錳礦砂、食糖、食用植物油（含棕櫚油）、飼料用魚粉、鈦白粉、鐵礦砂及其精礦、銅材、銅礦砂及其精礦、未鍛造的鋁（包括鋁合金）、未鍛造的銅（包括銅合金）、羊毛、原木、原油等。

② 工業製成品為STIC中5~9類［化學（成）品及相關產品、按原料分類的製成品（輕紡、橡膠、礦冶）、機械運輸、雜項、未分類其他］的商品，在本書已選78類進口商品中，除上述26種進口商品為初級產品外，其他52種進口商品皆為工業製成品。

③ 電子進口商品有7類：電視收音機及無線電訊設備的零附件、電線和電纜、二極管及類似半導體器件、數字式中央處理部件、數字式自動數據處理設備、自動數據處理設備的零件、自動數據處理設備及其部件；
機械運輸進口商品有10類：電動機及發電機、航空器零件、活塞式內燃機的零件、金屬加工機床、汽車和汽車底盤、四輪驅動輕型越野車（包括整套散件）、制冷設備用壓縮機、專用汽車、小轎車（包括整套散件）、液泵及液體提升機；
鋼材成品進口商品有6類：鋼坯及粗鍛件、鋼鐵板material、鋼鐵棒材、鋼鐵管材及空心異形材、鋼鋁或鋁製結構體及其部件、角鋼及型鋼；
醫藥化工進口商品有10類：對苯二甲酸、二醋酸纖維絲束、合成橡膠（包括膠乳）、合成有機染料、己內酰胺、氯化鉀、塑料製品、天然橡膠（包括膠乳）、醫藥品、乙二醇；
輕紡進口商品有10類：紡織紗線生產及預處理機器、紡織用合成纖維、合成纖維長絲機織物、合成纖維紗線、棉機織物、牛皮革及馬皮革、人造纖維短纖、紗線織物等後整理機器、塗覆或浸漬塑料的織物、針織機及縫編機。

口價格指數的變化趨勢較為接近，在 2006 年之前表現為上升趨勢，而之后二者進口價格指數都呈現下行趨勢，其中電子類進口價格指數的下降幅度更大。鋼材成品和醫藥化工進口商品的進口價格則都始終保持上升趨勢，且與總價格指數類似，自 2004 年后進口價格上漲速度加快，幅度加大。輕紡類進口商品的進口價格則表現為緩慢增長，波幅較小。

圖 4-1　人民幣進口價格總指數變動趨勢

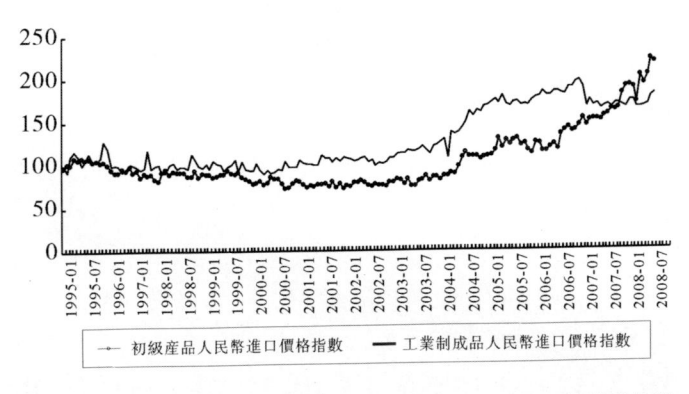

圖 4-2　初級產品與工業製成品的人民幣進口價格指數變動趨勢

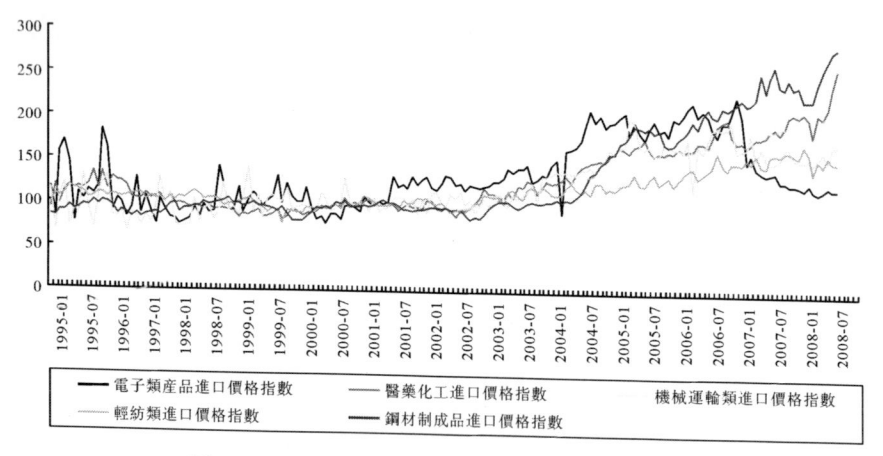

图4-3 製成品內部分類進口價格指數變動趨勢

4.2.1.2 人民幣匯率對進口價格傳導的理論建模

關於匯率傳導問題的研究除了少數研究採用簡單的宏觀數據使用非結構性模型進行分析以外，絕大多數都是從廠商利潤最大化角度出發，考慮微觀市場結構特徵、一價定律是否成立和因市定價等因素的影響。根據坎帕和戈德伯格（2005）的研究，外國出口商的利潤最大化基本模型形式如下：

$$\underset{q}{Max}\pi = p_x q - c(q) \qquad (4-1)$$

實現利潤最大化目標的一階條件為：

$$p_x = mc_x \cdot mkup_x \qquad (4-2)$$

以進口國作為本國，一國進口本幣價格可以通過其貿易夥伴國的出口價格轉換所得，則有：

$$p_m = e \cdot p_x = e \cdot mc_x \cdot mkup_x \qquad (4-3)$$

式中，π為出口商利潤（以出口國貨幣表示），p_x為以出口國貨幣表示的出口價格，q為貿易量，$c(q)$為出口國貨幣表示的出口成本，p_m為進口國貨幣表示的進口價格，e為單位出口國貨幣的進口國貨幣價格（即以進口國為本國的間接標價法匯率），mc_x為出口商品的邊際成本（以出口國貨幣表示），$mkup_x$為出口成本的加成（以出口國貨幣表示）。其中本書假定出口商的邊際成本隨著出口國的勞動力成本和進口國收入的上升而上升，即有：

$$mc_x = y_m^{\beta_1} w_x^{\beta_2} \quad \text{（其中} \beta_1 > 0, \beta_2 > 0 \text{）} \qquad (4-4)$$

另外，假定出口商的成本加成受國際市場競爭程度和宏觀經濟指標變化的影響，市場競爭程度可以用進口國國內替代品價格 $p_s^{\beta_3}$ 來反應，與匯率相關的加成部分 e^φ 反應國際貿易市場上不同定價方式的影響。具體可表示為：

$$mkup_x = \varphi e^\varphi p_s^{\beta_3} \qquad (4-5)$$

式中 $\varphi > 1$，這表示出口產品由於多種因素（如產品差異、運輸成本等）的影響與競爭產品之間存在不完全替代關係，其值越大，替代程度越低，成本加成越高，$\varphi = 0$ 則表示出口產品與競爭產品之間完全替代，此時出口市場上的成本加成為 0；$\beta_3 > 0$，表示進口國進口替代品的價格上升，則出口商的加成可以相應提高；$\varphi \in [-1, 0]$，若 $\varphi = 0$，則表示出口產品以生產地貨幣定價，出口商利潤（成本加成）不受匯率變化的影響，匯率變化的影響完全由進口方承擔，匯率對進口國貨幣價格實現完全傳導，若 $\varphi = -1$，則表示出口產品以銷售地貨幣定價，為維持出口目標市場價格的穩定，出口商方面將承擔所有匯率變化的影響，匯率變化對進口本幣價格的傳導彈性為 0。進口國匯率升值時（e 下降），出口若按進口國貨幣定價，出口商通過提高加成吸收匯率變化的影響，反之，若進口國匯率貶值，出口商則通過降低成本加成來消化匯率變化的影響。φ 的大小決定了匯率變化對貿易價格的影響程度，$|\varphi|$ 越大，匯率傳導越不完全。

另外，考慮到匯率波動（Exchange Rate Volatilily）的影響，根據國際貿易傳統理論，匯率波動增加國際貿易活動中的風險，以利潤最大化為目標的風險厭惡廠商將增加其成本加成（胡珀和科爾哈根，1978）。因此，匯率波動的大小也將影響出口商的成本加成的大小：

$$mkup_x = \varphi e^\varphi p_s^{\beta_3} v^{\beta_4} \qquad (4-6)$$

最終進口價格決定的理論模型可以表示為：

$$p_m = e \cdot mc_x \cdot mkup_x = \varphi \cdot y_m^{\beta_1} \cdot w_x^{\beta_2} \cdot p_s^{\beta_3} \cdot v^{\beta_4} \cdot e^{1+\varphi} \qquad (4-7)$$

等式兩邊取對數，則有：

$$\ln p_m = \ln \varphi + \beta_1 \ln y_m + \beta_2 \ln w_x + \beta_3 \ln p_s + \beta_4 \ln v + (1+\varphi) \ln e \qquad (4-8)$$

令 $\alpha = \ln \varphi$，$\beta_5 = 1 + \varphi$，β_5 表示進口價格對匯率變化的彈性，也即一國匯率變化對該國進口價格的傳導程度。進口價格的決定最終可以表示為：

$$\ln p_m = \alpha + \beta_1 \ln y_m + \beta_2 \ln w_x + \beta_3 \ln p_s + \beta_4 \ln v + \beta_5 \ln e \qquad (4-9)$$

4.2.1.3 計量模型、變量選擇及樣本數據說明

4.2.1.3.1 計量模型的設定

根據上述的理論模型可知，影響一國進口價格的因素較多，根據變量指標和數據的可得性，一般採用不同程度的簡化處理，納特（1993）、帕森斯和佐藤（2005）等就只用匯率變化這一單一變量來解釋進口價格和 CPI 的波動，採用了高度簡化的計量模型來研究匯率變化的價格傳導程度。本書除了運用單一

變量模型進行迴歸,還逐一對包含匯率變化的多變量的不同組合計量模型分別進行迴歸,通過不同模型結論的比較,有效識別匯率變化因素對進口價格的影響或傳導程度。

另外,自 1995 年到 2008 年期間,由於中國對外貿易發展過程中存在兩次大的制度變化,一是樣本期內 2001 年 12 月中國加入 WTO,二是 2005 年 7 月人民幣匯率制度改革,從盯住美元的固定匯率制度轉向盯住一攬子主要國際貨幣的有管理的浮動匯率制度,人民幣對美元名義匯率開始升值,本書在模型中加入了與之對應的兩個虛擬變量 $dwto$ 和 der 以考察兩次制度變化的影響。

本書在對進口價格總指數的匯率傳導進行分析的同時,還將對分類別進口商品價格指數的匯率傳導進行實證分析,主要分析人民幣匯率變化對中國初級產品進口價格與工業製成品進口價格的傳導之間、人民幣匯率變化對製成品內部五種進口商品類別的進口價格的傳導之間進行比較分析,用以解釋不同類別商品對匯率進口價格傳導的影響差異。進行分商品類別分析時,模型因變量為各商品類別的進口價格指數,自變量中國內收入、匯率及匯率的波動、制度變量等宏觀變量保持不變,而出口商生產成本變量和國內競爭品價格變量改為對應各類別商品的出口商生產成本和國內競爭價格。

4.2.1.3.2 變量選擇及數據說明

被解釋變量(進口人民幣價格):進口價格變量用本書已測算的人民幣進口價格總指數來表示,具體測算方法同前所述。在進行分商品類別分析時,被解釋變量分別採用人民幣初級產品進口價格指數、人民幣工業製成品進口價格指數、五類製成品人民幣進口價格指數等。

解釋變量 1(匯率):該部分匯率變量採用第三章已測算的進口加權的實際有效匯率指數。原因有三:首先,考慮到本書是分析匯率變化對價格總指數的影響,而這個總指數的測算包含了與主要貿易夥伴國之間的貿易往來,因此,本書的匯率變量採用貿易加權后的有效匯率指數;其次,由於實際有效匯率指數是名義匯率變動引致國際貿易變動和國內價格指數變動后的綜合結果,因此使用名義有效匯率變動作為分析起點;最后,因為只考慮對進口貿易價格的影響,而一國進口商品與出口商品之間由於其比較優勢的差異而導致其價格有較大差異,為了更準確地反應匯率變化對進口價格的影響,故而進口加權的名義有效匯率指數更能反應這二者之間的關係。

解釋變量 2(國內收入):中國 GDP 只有季度數據,而本書採用的數據頻率為月度數據,為了滿足這一要求,考慮到消費品零售總額與 GDP 之間存在顯著的高度相關,本書採用社會消費品零售總額為國內收入的替代變量,並採

用以 2000 為基期的定基消費者物價指數將消費品零售總額的名義值換算為實際值。數據來源為中國經濟統計數據庫。

解釋變量 3（出口成本）：採用與進口有效匯率計算過程中所使用的十四個貿易夥伴國相同的進口貿易加權來計算世界各地區出口到中國的生產成本指數，因數據所限，本書各國或地區生產成本變量分別以出口單位值或生產者價格指數①替代。數據來源為 IMF 的 IFS 數據庫和中經數據庫，臺灣地區的數據來源於中華經濟研究院資料庫。

解釋變量 4（國內進口替代品價格）：該變量表示國內同類替代品的競爭價格，國外研究中一般用一國單位勞動價格或生產者價格指數來表示，由於中國這兩個指標或是月度數據缺乏，或是只有上期同比指數無法取得月度定基指數數據，因此選擇用與其相關度較高的可測算出的定基消費者價格指數（基期統一以 2000 年為 100）進行替代。

解釋變量 5（匯率波動）：在實證研究中，測量匯率波動的方法有很多，如用實際匯率年度變化（德格勞威和維爾費耶，1988）、12 個月實際匯率變化率的標準差（庫馬爾，1992）、實際匯率 ARIMA 過程的殘差平方和（阿瑟雷和皮爾，1991）、移動樣本標準差係數或變異係數（標準差/平均值）等來表示匯率波動。本書參照易行健（2007）測度匯率波動性的方法，即採用月度數據 12 期滯后的名義有效匯率的變異係數表示匯率波動性。

解釋變量 6（加入 WTO 的虛擬變量）：反應中國加入 WTO 這一事件可能產生的結構性影響，對 2002 年 1 月和之后的樣本有 $dwto = 1$，對之前的樣本有 $dwto = 0$。

解釋變量 7（2005 年 7 月匯率制度改革的虛擬變量）：反應人民幣匯率改革這一事件可能產生的結構性影響，2005 年 7 月和之后的樣本有 $der = 1$，對之前的樣本則有 $der = 0$。

除了反應制度變化的虛擬變量外，進入模型的各其他指數變量皆為原始變量的對數。匯率波動變量由於本身就表示波動率，因此也直接進入模型而不做對數處理。所有序列數據皆經過季節調整。各變量的迴歸係數皆表示進口價格對各變量的變化彈性。

4.2.1.4 實證檢驗與統計推斷

這一部分的實證檢驗包括三個方面：一是完整樣本期內（1995 年 1 月～

---

① 馬來西亞、印度尼西亞、印度、俄羅斯的出口成本用生產者價格指數替代，臺灣地區出口成本用消費者價格指數替代，其他各國或地區出口成本用出口單位值表示。所有指數皆以 2000 年等於 100。

2008年8月）對中國各類進口價格指數決定模型進行估計，以考察人民幣匯率變化對進口價格的長期均衡影響；二是以加入WTO和2005年兩個不同制度變化界點進行三次分段迴歸，考察不同經濟特徵階段內人民幣匯率變化對進口價格的影響差異；三是對各進口價格指數模型進行滾動迴歸，以考察人民幣匯率變化對進口價格傳導程度本身的變化趨勢和波動情況。

4.2.1.4.1 在完整樣本期內對中國各類進口價格指數的OLS估計

根據協整檢驗的步驟，首先對模型中各時間序列進行單位根檢驗，以判斷各時間序列的平穩性。本書運用Eviews 6.0軟件分別對所有方程中各變量的水平值與一階差分值進行ADF單位根檢驗，其檢驗過程中根據AIC準則（AIC值最小原則）來選擇滯后項。關於所有進口價格指數模型中各實際變量序列平穩性的檢驗結果見表4-1。

表4-1　各序列水平值與一階差分值的ADF單位根檢驗結果

Vairable	5%臨界值	水平值 t 統計量	一階差分 t 統計量	Vairable	5%臨界值	水平值 t 統計量	一階差分 t 統計量
Lnpm	-2.879,3	1.404,8	-15.870,3	Lnpm 2	-2.879,3	-0.550,6	-13.584,0
Lnpm 1	-2.879,3	1.997,3	-17.243,8	Lnpm 21	-2.879,3	-2.418,7	-13.608,6
Lnneer(im)	-2.879,3	-2.140,9	-10.876,7	Lnpm 22	-2.879,3	1.086,6	-17.563,1
lny	-2.879,3	0.970,2	-3.203,2 *	Lnpm 23	-2.879,3	-2.360,0	-11.867,1
lnxc	-2.879,3	2.483,3	-6.051,6	Lnpm 24	-2.879,3	-0.455,6	-15.545,4
lnps	-2.879,3	-1.556,5	-6.540,2	Lnpm 25	-2.879,3	0.866,0	-14.234,4
v	-2.879,3	-2.564,8	-11.874,2				

註：以上所有取對數變量數據皆經過季節調整，*表示在5%水平下顯著，其余未標註星號各系數皆為在1%水平下顯著。

根據以上檢驗結果可以發現，包括匯率波動變量在內的所有變量其水平值序列都不能拒絕單位根假設，水平值皆為非平穩序列，而所有變量的一階差分值都拒絕單位根假設，一階差分皆為平穩序列，即各序列皆為I（1），因此所有變量都滿足構造協整檢驗的必要條件。根據多變量模型的分析要求，本書將採用恩格爾—格蘭杰（Engle-Granger）兩步法來檢驗進口名義有效匯率與各

類進口價格指數之間的協整關係，考察二者之間的長期均衡影響。

本書首先採用逐步迴歸的方法對各類進口價格總指數的決定方程進行估計，共估計了 8 個進口價格指數方程，並檢驗每一變量的顯著程度與各個方程的擬合優度，以選擇最適合的解釋變量。各進口價格指數的 OLS 迴歸結果見表 4-2。

表 4-2 各進口價格指數模型 OLS 迴歸的估計結果及各模型殘差的單位根檢驗

	M_1	M_2	M_3	M_4	M_5	M_6	M_7	M_8
Dep. var.	Lnpm 0	Lnpm 1	Lnpm 2	Lnpm 21	Lnpm 22	Lnpm 23	Lnpm 24	Lnpm 25
$lneer$	-0.361,6 (-2.656)	-1.22 (-11.89)	-1.150,4 (-12.26)	-0.624,5 (-2.929)	-1.214,8 (-11.44)	-0.756,9 (-5.326)	-0.552 (-5.202)	-0.396 (-2.253)
lny	0.250,9 (4.686,8)	0.288,0 (8.222)	0.621,9 (30.46)	0.159,5 (2.205)	0.568,1 (17.98)	0.591,6 (22.76)	0.193,3 (4.268)	0.444,5 (10.956)
$lnxc$	1.130,6 (7.311,6)				0.736,6 (7.042)		0.252,5 (2.088)	0.951,2 (4.650)
$lnps$	0.455,4 (2.359,9)	2.497,9 (11.35)					0.464,5 (3.109)	1.079,9 (3.824)
v	0.187,2 (2.915,6)	0.597,1 (7.846)			0.284,6 (4.891)		0.183,7 (3.527)	
$dwto$	0.021,1* (2.138,8)			0.315,7 (5.336)			0.023,4 (2.790)	
der		0.061,2 (4.501)					0.037,5 (4.382)	0.053,8 (3.539)
$\bar{R}^2$	0.938,2	0.895,8	0.881,7	0.538,4	0.952,9	0.768,2	0.911,5	0.937,9
$F-stat.$	413.490	281.283	406.019	64.362	824.86	271.236	240.93	493.09
$D-W$	0.369,5	0.400,6	0.407,5	0.462,0	0.863,7	1.350,2	0.764,2	0.231,6
Resid ADF test	-0.185,0 (-4.052) [2.246]	-0.164* (-3.345) [1.956]	-0.147* (-3.022) [2.039]	-0.228,1 (-4.490) [2.199]	-0.441,2 (-0.677) [2.069]	-0.520,8 (-5.891) [1.993]	-0.299,8 (-4.356) [2.108]	-0.115,9 (-3.147) [2.066]

註：圓括號內表示 t 統計量，方括號內表示模型殘差單位根檢驗的 $D-W$ 值，其餘為各變量參數係數值和相關統計量的值，*表示在 5% 水平下顯著，其餘未標註星號各係數皆為在 1% 水平下顯著，表格空白欄表示 10% 水平下此變量在模型中仍不顯著。8 個模型中，各模型因變量依次表示總進口指數（PM 0）、初級產品進口指數（PM 1）、工業製成品進口指數（PM 2）、電子類製成品進口指數（PM 21）、醫藥化工製成品進口指數（PM 22）、機械運輸類製成品進口指數（PM 23）、輕紡類製成品進口指數（PM 24）、鋼材製成品進口指數（PM 25）等。此五類製成品進口額占工業製成品進口額的 80% 以上。

從迴歸結果表可以看出，各模型擬合較好，各變量系數符號與經濟理論相符，但 $D-W$ 值低說明每個模型內部變量之間都存在不同程度共線性，基於模型中所有變量序列皆為一階單整序列，故可採用 Engel–Grange 兩步法對各模型進行 OLS 估計之後進一步對模型殘差進行平穩性檢驗。各模型殘差的 ADF 單位根檢驗表明，各模型殘差序列的一階滯后項系數皆顯著不等於 0，因此各模型殘差序列平穩，原各模型的設定為合理設定，各模型內部變量之間存在協整關係，模型中各變量系數皆表示長期均衡條件下的彈性系數。根據檢驗結果，本書可以得出如下基本結論：

(1) 從匯率對價格的傳導程度（彈性）結果來看，在所有模型中人民幣名義有效匯率對中國各類進口價格指數都存在顯著影響，其二者呈負相關關係，也就是說隨著人民幣匯率的上升，中國各類進口本幣價格都將下降，這實際上反應了中國進口商品市場上採用美元或其他外幣定價的基本特徵。從工業製成品進口價格的匯率總傳導程度來看，與發達國家匯率傳導水平相比，人民幣匯率的進口傳導程度相對偏高，這可能與中國尚處於發展中國家的經濟發展階段有關。[1] 同時，人民幣匯率變化對中國初級產品進口價格與對工業製成品進口價格的傳導程度二者較為相近，這與已有對發達工業國家的研究中認為匯率變化對工業製成品進口價格的傳導要大於對初級產品進口價格的傳導結論有較大差異。而在各進口商品類別之間，人民幣匯率變化的傳導程度存在較大差異，人民幣匯率變化對醫藥化工製成品進口價格的傳導程度最高，超過 1，其次是機械運輸類、電子類和輕紡類進口價格，傳導程度最低的是鋼材類成品的進口價格，僅 0.39。就製成品內部的進口商品傳導程度的排序與各類別加工程度和產品生產的複雜程度來看，其結論與已有文獻的結論基本一致，加工程度高且生產過程複雜的產品其進口價格的匯率傳導程度要更高一些。

(2) 就進口價格的收入彈性而言，收入變化對所有類別的進口價格指數的影響皆顯著為正，也即收入增加將提高各類進口的本幣價格。在分類商品中，製成品的收入彈性要大於初級產品的收入彈性，這是因為初級產品所涉及的商品類別皆為社會生產和人民生活的必需品，其需求彈性小，即使收入發生變化，其價格也相對穩定。在製成品內部，其進口價格的收入彈性也各有不同，收入彈性最大的為機械類進口價格和醫藥化工類進口價格，二者收入彈性

---

[1] 文德伯格·耐特（1997）的實證分析得出匯率貶值對 OECD 國家工業製成品進口價格的傳遞系數約為 0.5。杰弗里·弗蘭克爾、大衛·帕斯利、魏尚進（2005）在研究中指出，由於一國內部經濟發展階段、市場開放程度的差異，發展中國家的匯率傳導程度往往要高於發達國家的匯率傳導程度，其匯率傳導速度也快於發達國家。

皆達到 0.5 以上，其次是鋼材類進口價格，收入彈性最小的是輕紡類產品和電子類產品的進口價格，彈性水平不足 0.2。收入彈性在製成品進口內部的這一排序同樣反應了五類製成品在國民經濟和人民生活中需求彈性的現實情況，同時，通過對比五類商品的生產過程中勞動密集程度和資本密集程度可以發現，勞動密集程度越高的行業，其進口商品價格的收入彈性就越小，反之則越大。

（3）就匯率波動幅度對各類進口價格的影響來看，匯率波動對總進口價格、初級產品進口價格和製成品中醫藥化工類產品進口價格與輕紡類產品進口價格存在顯著影響，且隨著匯率波幅的上升，進口價格也上升。這說明，匯率波動幅度的增大將增加出口的匯率風險，出口廠商將要求更高的成本加成提高其價格以獲得其風險溢價。匯率波動對進口價格的影響最大的是對初級產品進口價格的影響，影響系數達 0.6，這是因為初級產品的進口需求相對穩定，出口廠商加價並不會影響其市場份額，所以匯率波動風險的大部分由初級產品的進口方承擔。

（4）從各模型中的虛擬變量影響來看，工業製成品進口中電子類進口和輕紡類進口兩類價格顯著受到中國加入 WTO 這一制度變化的影響，另外，初級產品進口和工業製成品中的輕紡類進口與鋼材類進口三種進口價格皆顯著受到 2005 年 7 月人民幣匯率制度改革這一制度變化的影響。在所有虛擬變量影響顯著的系數當中，絕大部分的變量系數非常小，也即制度變化對各進口價格的影響程度有限，僅加入 WTO 對中國電子產品進口價格的影響較大，加入 WTO 后，電子類商品的進口本幣價格上升 30%。這是因為，加入 WTO 之後，中國為了兌現世貿承諾，大幅調低了電子類產品的進口關稅，在中國市場有增無減的需求態勢下，外國出口商為提高其利潤主動提價的行為相當普遍，造成了中國入世後進口的本幣到岸價格上漲。這也說明國內電子行業在技術創新、品牌建設和核心競爭力方面與外國廠商仍存在很大的差距。

（5）基於中國輕紡行業在對外貿易歷史中的重要地位和在促進國內就業方面所起到的重要作用，本書有必要對輕紡類產品進口價格模型進行進一步說明。從計量報告結果來看，在所有進口價格的決定模型中，僅輕紡類進口價格模型中所有變量的參數系數都顯著。這說明中國輕紡類商品的進口價格受到包括宏觀和微觀、國際和國內、實際變量和制度變化等諸多方面因素的影響，進口價格的不確定性非常大。這不利於該行業的成本控製，對該行業的出口和綜合發展也造成更多的不確定性。其根本原因與中國輕紡行業的國際競爭能力低下有關，因此，有必要從政府、企業和行業協會等多方面為該行業提供政策支持，增加研發投入和打造國際市場平臺，為其創造良好的發展環境。

4.2.1.4.2 對各進口價格指數決定模型的分段迴歸

分段迴歸的目的是考察各制度變化的不同經濟發展階段內，匯率變化對各類進口價格傳導程度的差異特徵。由於以匯改為界點的分段迴歸匯率對各進口價格的影響大部分都不顯著，故本書主要對以 WTO 為界點的分段迴歸結果進行報告，具體見表4-3。

表4-3 以加入 WTO 為界各進口價格指數模型分段迴歸的估計結果

1995年1月~ 2001年12月	M_1	M_2	M_3	M_4	M_5	M_6	M_7	M_8
Dep. var.	lnpm	Lnpm 1	Lnpm 2	Lnpm 21	Lnpm 22	Lnpm 23	Lnpm 24	Lnpm 25
lnneer	0.238,8* (2.078,6)	0.372,0 (2.752)	0.332,1 (2.123,1)	0.810,5 (1.791,6)		1.460,6 (3.937,4)		0.965,8 (6.269,8)
lny	0.110,8 (2.743,5)	-0.486,9 (-10.24)	0.154,5 (2.810,7)	0.522,7 (3.194,4)	0.348,5 (5.957,3)	2.248,5 (3.030,8)	0.151,2 (3.211,6)	
lnxc	1.132,2 (5.459,3)	0.671,9 (2.752)	1.063,5 (3.765,4)	2.136,4 (2.554,6)	2.702,1 (12.310)		1.087,7 (6.149)	1.699,3 (5.129)
lnps					0.997,5 (4.203,6)		0.843,9 (4.413)	0.527* (2.397)
v	0.230,8 (5.537,5)	0.150,7 (3.071)	0.284,8 (5.016,7)	0.874,8 (5.119,9)	0.305,6 (5.029,2)		0.310,2 (6.335)	
$\bar{R}^2$	0.599,4	0.865,5	0.391,6	0.312,9	0.780,6	0.161,7	0.602,7	0.331,5
F-stat.	32.052,0	134.607	14.354	10.454	74.839	9.006,3	32.477	14.721,5
D-W	0.942,5	1.125,1	1.505,3	1.181,1	1.816,3	2.047,1	0.847,7	0.711,0

2002年1月~ 2008年8月	M_1	M_2	M_3	M_4	M_5	M_6	M_7	M_8
Dep. var.	lnpm	Lnpm 1	Lnpm 2	Lnpm 21	Lnpm 22	Lnpm 23	Lnpm 24	Lnpm 25
lnneer	-0.917,7 (-6.419,8)	-0.633,6 (-3.784)	-2.387,9 (-12.575)	-4.058,3 (-10.79)	-1.340,8 (-10.167)	-2.650,4 (-11.62)	-0.573,0 (-4.337)	-2.391,7 (-9.330)
lny	0.548,8 (6.587,3)	0.472,3 (5.495,2)	0.560,7 (18.526)		0.334,7 (4.354)	0.473,8 (13.034)	0.542,9 (25.778)	1.371,8 (41.036)
lnxc	1.275,6 (6.856,2)				1.098,8 (6.401,4)			
lnps		3.039,9 (8.039)		-2.100,0 (-4.841,3)				
v								0.668,4 (4.452,6)
$\bar{R}^2$	0.973,8	0.865,5	0.889,1	0.614,4	0.961,9	0.831,5	0.906,8	0.963,3
F-stat.	939.873	134.607	317.848	42.964,4	666.68	195.607	385.316	692.467
D-W	0.564,8	1.125,1	1.505,3	0.624,3	1.139,1	1.443,8	1.145,7	0.741,1

註：對分段迴歸各模型的殘差進行 ADF 單位根檢驗之后得出所有模型殘差皆為穩定序列。

從分段迴歸結果可以看出，在加入 WTO 前後兩個階段內各類進口價格決定模型中匯率變化的影響與其他變量對進口價格的影響較全樣本期內存在很大的差異，且兩階段之間的各變量影響也存在較大差異。其中得出了兩個有趣的結論：一是匯率變化的影響。在加入 WTO 之前，人民幣進口有效匯率與所有進口價格指數的變化方向相同，二者呈正相關關係（在 M_5 和 M_7 中不顯著除外）；而在加入 WTO 之後，二者的變化方向相反，呈負相關關係。二是匯率波動幅度的影響。在加入 WTO 之前，匯率波動對進口價格指數影響顯著（僅 M_6 和 M_8 除外），而在加入 WTO 之後的階段內匯率波動對進口價格指數的影響不顯著（僅 M_8 除外）。

關於匯率變化及其波動對進口價格的階段性影響，可以用匯率預期效應來解釋。所謂匯率預期效應，就是指當期匯率的變化通過對匯率預期的影響進而影響進口價格。因此有必要首先對當期匯率變化與匯率預期之間的關係和匯率預期與進口價格之間的關係進行分析。

在樣本區間內中國匯率制度採用的是盯住美元政策，當其他貨幣相對於美元貶值時，也即相對於人民幣貶值，因此人民幣有效匯率指數將隨之上升，這將給人民幣帶來貶值壓力，進而人民幣的貶值壓力將導致人民幣的貶值預期，這正是中國加入 WTO 之前的情況，且此期間人民幣預期貶值率呈現下降趨勢（易行健，2006）。當存在人民幣貶值預期時，外國出口商傾向於用其出口生產地貨幣定價或以國際硬通貨定價，隨著貶值預期的降低，出口商的定價將由完全地採用國際硬通貨定價逐步轉變為部分考慮人民幣定價。同時，由於匯率波動幅度的變化也將導致其對進口價格影響的顯著程度，在波幅較大且突破一定臨界水平時，出口商在對其出口進行定價時會要求更高的成本加成以補償其匯率風險，從而將促使進口價格上升，而匯率波幅保持在一定臨界水平以下呈小幅波動時，出口商將不對原有價格進行調整。在 WTO 之前的樣本區間，人民幣進口加權有效匯率波幅較大，突破出口廠商成本加成的風險臨界點，對外幣價格進行加成定價，故在此階段，匯率波動對進口人民幣價格指數存在顯著正影響，同時，因為國際金融市場對人民幣貶值預期的降低，人民幣匯率水平的變化對進口人民幣價格指數的影響也為正。

根據 NDF（Non-deliverable Forwards，非交割遠期外匯交易）數據計算出

的匯率預期升貶值率表明，① 在加入 WTO 之后，由於美元相對於其他貨幣貶值，人民幣有效匯率指數隨之下降，人民幣升值壓力加大，國際金融市場對人民幣存在普遍的升值預期，且該預期升值率呈增長趨勢。當存在人民幣升值預期時，在採用產地貨幣定價原則下，出口商將主動提高其外幣表示的出口價格，以規避其以出口地貨幣表示的利潤可能遭受的匯率風險，這將導致當期人民幣進口價格的相應上升。② 另外考慮到匯率升貶值變化對進口價格影響的不對稱性，對以出口國貨幣定價的外國出口商而言，人民幣升值將導致其利潤下降，而人民幣貶值將導致其利潤上升，根據風險規避經濟人假定，出口商對升值預期所作的價格調整應大於貶值預期下的價格調整，因此升值預期下進口的本幣價格指數上升且上升幅度隨預期升值率的提高而加大。在此階段內，由於人民幣進口有效匯率指數相對穩定，其波動幅度低於出口廠商調整定價的臨界水平，故匯率波動對人民幣進口有效匯率指數的影響並不顯著。

4.2.2 人民幣匯率變化對中國出口總價格和分類價格的傳導

4.2.2.1 人民幣出口價格總指數和分商品類別出口價格指數及其變化描述

本書在人民幣出口價格總指數的編製過程中使用了由海關月度數據庫提供的 134 類③出口商品量值在 1995 年 1 月到 2008 年 8 月的數據。先計算各類商品的單位美元價格，經匯率換算為人民幣出口價格，之後採用 CPI 指數④（2000 年為基期）對原有人民幣出口價格進行調整，以剔除通脹影響，再以 2000 年為 100（2000 年 12 個月進口價格的簡單平均值）將各類商品出口價格指數化，最后使用各類商品出口額在所有 134 類商品出口額中所占的比例為權重對所有類別商品出口價格指數進行加權平均得到人民幣出口價格總指數。和進口價格指數類似，本書對出口價格指數就商品類別進行了細分，首先將其分

---

① $ev = (ndf_t - ner_t)/ner_t$，人民幣匯率預期變化率（$ev$）等於非交割遠期匯率與當期名義匯率的差比上當期名義匯率。匯率預期變化率為正時表示貶值預期，而變化率為負時表示存在升值預期。

② $p_t^d = e_t p_t^f$，$p_t^f = g(e_f)$，$p_t^d = e_{tg}(e_f)$ 如果遠期匯率偏低（$e_f < e_t$，存在人民幣升值預期），則出口商提高其當期出口價格，從而導致當期人民幣進口價格上升，該上升幅度與預期升值率的大小成正比。而當 $e_f > e_t$，即存在人民幣貶值預期時，以出口地貨幣定價的出口商是獲益方，並不會因升值預期本身而對其外幣價格作下調整，此時的價格調整只與匯率波動有關。

③ 參看本書附錄標註 [1]。

④ CPI 數據通過使用中國經濟統計數據庫中的宏觀月度庫 CPI 環比增長率數據和 IMF 網站中 IFS 所提供的 CPI 同比增長率等原始數據計算整理所得。

為初級產品的出口（共44種商品）和工業製成品（共90種商品）的出口①計算各自的出口價格指數；其次進一步對工業製成品進行二級分類，將其分為電子類、機械運輸類、輕紡類、基礎材料類和雜項②共五類出口商品並分別計算各類出口價格指數。各計算結果見圖4-4、圖4-5。

圖4-4　人民幣出口價格總指數變動趨勢

圖4-5　初級產品與工業製成品出口價格指數變動趨勢

根據圖4-4和圖4-5，人民幣出口價格總指數在樣本期內表現為兩個變化階段，一是從樣本期初到入世之前，在該段時期內人民幣出口價格總指數緩慢下降且波幅相對較小，二是自入世後到樣本期末呈現出上升趨勢，且自2004年以來人民幣出口價格指數的上升幅度加大，上升過程中的波動幅度也較大。結合初級產品出口價格指數與工業製成品出口價格指數對比圖可以看出，出口價格總指數與工業製成品出口價格指數的變化趨勢基本相同，這主要

---

① 參看本書附錄標註［2］。
② 參看本書附錄標註［3］。

是因為中國出口中工業製成品出口的占比較大（始終保持在70%以上，且該比例一直處於上升態勢），初級產品出口價格對出口價格總指數的影響較小。

就初級產品出口價格指數本身的變化來看，2002年7月以前也呈現出緩慢下降特徵，之後皆呈增長特徵，且在增長階段中出現了兩次大幅攀升，一是2003年10月~2004年6月，二是2007年8月~2008年8月，根據對初級產品出口的進一步分類處理，本書發現，這兩次價格指數的大幅攀升都是由焦炭、半焦炭出口價格的大幅攀升和其出口占比大幅提高所引起的。同時，初級產品出口中食品的出口占比逐年下降，而非食品類的初級產品出口占比則逐年上升，從1995年年初的43%增加到2008年的65%。

就工業製成品的分類出口價格指數來看，變化最大的是機械運輸類產品的出口價格，機械運輸類出口價格指數在1999年以前呈現大幅度波動特徵，最低價格指數為70，而最高價格指數高達540，而此后價格則表現為小幅波動並逐步走低。在機械運輸類商品的出口中，船舶出口和集裝箱出口占比較大，而機械運輸類出口商品價格指數的此種變化主要是由於船舶出口價格所發生的變化引起，這與中國船舶出口企業改制、政府對船舶出口的政策變化和國際船舶市場的調整緊密相關。中國船舶工業集團公司（英文簡稱CSSC，簡稱中船集團公司）在1999年7月成立是中國船舶出口企業改制的標誌性事件。此前，中國船舶出口價格基本採用政策價格或計劃價格，價格波動異常。此后，船舶出口價格基本以市場價格為基礎，但由於國家對船舶出口的政策支持，如出口退稅政策的實施等使得中國船舶出口價格在基本穩定的同時長期低於其真實市場價格，[①] 另外，近年來國際船舶出口市場的激烈競爭也使得中國船舶出口價格逐年下降。但由於機械運輸類出口在工業製成品出口中的占比較小（在工業製成品的五大分類中占比最小，樣本期內最高占比僅16%，最低時為4%），故其價格指數的大幅變化對整個工業製成品價格指數的影響相對較小。出口占比較大的商品類別主要是電子類和輕紡類以及進入2004年以後出口的基礎材料類等，從樣本期內平均占比來看，電子類產品的出口占比最大，因此電子類產品的出口價格指數的變化對工業製成品出口價格指數的影響最大，進入2004年以後由於基礎材料類出口占比的大幅提高，超過電子類產品的出口占比，因此此階段基礎材料出口價格指數的上升對工業製成品價格指數的上升起到了決定作用。具體見圖4-6。

---

① 2000年歐盟船舶市場報告中指出，中國出口船舶的成交價低於按其成本模型計算的「正常價」8%至22.8%。

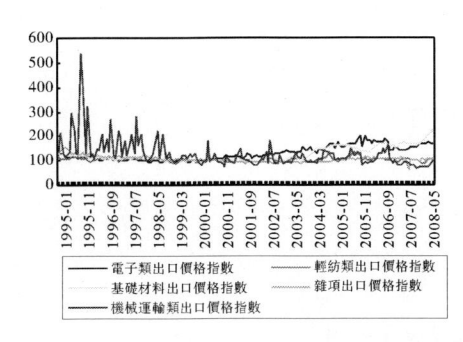

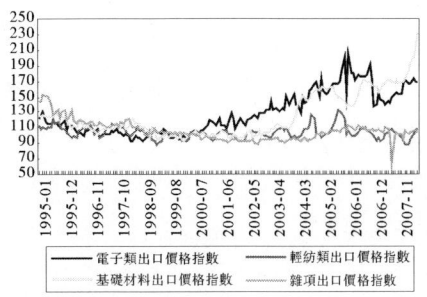

圖4-6 工業製成品內部分類出口價格指數變動趨勢

4.2.2.2 人民幣匯率對出口價格傳導的理論建模

與匯率對進口價格傳導的分析一致，同樣根據坎帕和戈德伯格（2005）的研究，有國內出口商的利潤最大化基本模型形式如下：

$$\underset{q}{Max}\pi = p_x q - c(q) \quad (4-10)$$

實現利潤最大化目標的一階條件為：$p_x = mc_x \cdot mkup_x$，其中所有變量皆以本幣（人民幣）表示。與匯率的進口價格傳導的理論模型相一致，出口邊際成本和成本加成模型分別可以表示為：

$$mc_x = y_w^{\beta_1} w_w^{\beta_2} \quad (\text{其中} \beta_1 > 0, \beta_2 > 0) \quad (4-11)$$

$$mkup_x = \varphi e^{\varphi} p_w^{\beta_3} v^{\beta_4} \quad (4-12)$$

式中 y_w 表示外國收入，w_w 為外國勞動力成本，p_w 為外國競爭品價格。與匯率的進口價格傳導理論中的成本加成模型不相同的是，由於此處本國假設為出口國（上述進口價格傳導部分的本國假設為進口國），本國匯率 e 的意義發生改變，故對出口商成本加成受本國匯率影響因子的解釋應發生改變，$\varphi \in [0,1]$，當 $\varphi = 0$ 時，表示以本幣表示的出口成本加成乃至本幣價格不受本國匯率變化的影響，無論匯率升貶值，出口收入中的本幣加成都不發生變化，出口價格以生產地貨幣定價，匯率變化所帶來的影響全部由進口方承擔，也即匯率對出口外幣價格完全傳導；當 $\varphi = 1$ 時，表示在銷售地貨幣定價原則下，出口國本幣升值（e 下降）時，出口本幣價格下降，以穩定國外銷售市場上的出口外幣價格，從而穩定國外銷售市場，也即在售地貨幣定價條件下，出口國匯率變化的影響皆由出口國本身承擔，匯率對出口外幣價格的傳導為0。φ 的大小決定了匯率對貿易價格的影響程度，其值越大，則匯率變化被國內出口商吸收越多，而對出口外幣價格的傳導越不完全。其他未作解釋的變量和參數意義與進口價格傳導模型中的解釋相同。

$$p_x = mc_x \cdot mkup_x = \varphi \cdot y_m^{\beta_1} \cdot w_x^{\beta_2} \cdot p_s^{\beta_3} \cdot v^{\beta_4} \cdot e^{\varphi} \quad (4-13)$$

等式兩邊取對數得：

$$\ln p_x = \ln\varphi + \beta_1 \ln y_m + \beta_2 \ln w_x + \beta_3 \ln p_s + \beta_4 \ln v + \varphi \ln e \qquad (4-14)$$

令 $\alpha = \ln\varphi$，$\beta_5 = \varphi$，β_5 表示出口人民幣價格對匯率變化的彈性，也即人民幣匯率變化對中國出口人民幣價格的傳導程度，與之相對應，人民幣匯率變化對中國出口的外幣價格的傳導程度則為 $1-\varphi$。出口人民幣價格的決定模型最終可以表示為：

$$\ln p_x = \alpha + \beta_1 \ln y_m + \beta_2 \ln w_x + \beta_3 \ln p_s + \beta_4 \ln v + \beta_5 \ln e \qquad (4-15)$$

4.2.2.3　計量模型、變量選擇及樣本數據說明

4.2.2.3.1　計量模型的設定

根據上述的理論模型可知，影響一國出口外幣價格的因素較多，根據變量指標和數據的可得性，一般採用不同程度的簡化處理。本書除了運用單一變量模型進行迴歸，還逐一對包含匯率變化的多變量的不同組合計量模型分別進行迴歸，通過不同模型結論的比較，有效識別匯率變化因素對出口外幣價格的影響或傳導程度。

與匯率對進口價格傳導的模型一樣，匯率對出口價格傳導的計量模型中也考慮 2001 年年底中國加入 WTO 和 2005 年 7 月人民幣匯率制度改革兩個虛擬變量 dwto 和 der 以考察兩次制度變化的影響。

本書在對出口價格總指數的匯率傳導進行分析的同時，還將對分類別出口商品價格指數的匯率傳導進行實證分析，主要分析人民幣匯率變化對中國初級產品出口價格與工業製成品出口價格的傳導之間、人民幣匯率變化對製成品內部五種出口商品類別的出口價格的傳導之間進行比較分析，用以解釋不同類別商品對匯率出口價格傳導的影響差異。進行分商品類別分析時，模型因變量為各商品類別的出口（外幣）價格指數，自變量中外國收入、匯率及匯率的波動、制度變量等宏觀變量保持不變，而出口商生產成本變量和國際競爭品價格變量發生相應變化改為對應的各類別商品的出口商生產成本和國際競爭價格。

4.2.2.3.2　變量選擇及數據說明

被解釋變量（出口人民幣價格）：出口人民幣價格變量用本書已測算的人民幣出口價格總指數來表示，具體測算方法同前所述。在進行分商品類別分析時，被解釋變量分別採用人民幣初級產品出口價格指數、人民幣工業製成品出口價格指數、五類製成品人民幣出口價格指數等。

解釋變量 1（匯率）：該部分匯率變量採用第三章已測算的出口加權的名義有效匯率指數。原因有三：首先，考慮到本書是分析匯率變化對價格總指數的影響，而這個總指數的測算包含了與主要貿易夥伴國之間的貿易往來，因

此，本書的匯率變量採用貿易加權后的有效匯率指數；其次，由於實際有效匯率已是名義匯率變動引致國際貿易變化和國內經濟變量變化后的綜合結果，因此需要採用名義有效匯率作為分析起點；最后，因為只考慮對出口貿易價格的影響，而一國進口商品與出口商品之間由於其比較優勢的差異而導致其價格有較大差異，為了更準確地反應匯率變化對出口價格的影響，故而出口加權的名義有效匯率指數更能反應這二者之間的關係。

解釋變量 2（外國收入）：在本書的研究中，這裡的外國收入實際上等同於除中國以外的世界需求水平，由於數據可得性，本書採用世界工業生產指數中的發達國家工業生產指數，數據來源為 IMF 的 IFS 數據庫。

解釋變量 3（國內出口成本）：奧利弗（2002）、馬拉齊（2005）以及國內陳學彬等（2007）和畢玉江、朱鐘棣（2007）皆使用出口國的消費價格指數（CPI）和生產價格指數（PPI）作為國內出口成本的替代變量。本書也借鑑這一做法，根據數據的可得性，使用消費者價格指數 CPI 來替代國內出口成本變量。在分商品類別的模型中則採用相對應的分商品類別或分行業消費價格指數，數據來源於中經數據庫和 IFS 數據庫。

解釋變量 4（世界競爭價格）：由於中國商品出口結構與亞洲其他國家的出口結構類似，可採用亞洲國家的出口價格指數作為世界市場競爭價格的替代變量，但由於該數據在 IFS 數據庫中只提供到 2006 年年底，與本書所需樣本存在差異，另考慮到世界出口價格指數與發展中亞洲的出口價格指數相關度很高（二者相關係數為 91.63%），故直接採用世界出口價格指數來替代中國出口所面臨的世界競爭價格變量。數據來源為 IFS 數據庫。

解釋變量 5（匯率波動）：與匯率對進口價格傳導的模型中一致，此處同樣參照易行健（2007）測算匯率波動性的方法，即採用月度數據 12 期滯后的名義有效匯率的變異係數表示匯率波動性。

解釋變量 6（加入 WTO 的虛擬變量）：反應中國加入 WTO 這一事件可能產生的結構性影響，對 2002 年 1 月和之后的樣本有 $dwto=1$，對之前的樣本有 $dwto=0$。

解釋變量 7（2005 年 7 月匯率制度改革的虛擬變量）：反應人民幣匯率改革這一事件可能產生的結構性影響，2005 年 7 月和之后的樣本有 $der=1$，對之前的樣本則有 $der=0$。

除了反應制度變化的虛擬變量外，進入模型的各其他指數變量皆為原始變量的對數。匯率波動變量由於本身就表示波動率，因此也直接進入模型不做對數處理。所有序列數據皆經過季節調整。各變量的迴歸係數皆表示出口人民幣

價格對各變量的變化彈性。

4.2.2.4 實證檢驗與統計推斷

這一部分的實證檢驗同樣也包括三個方面：一是完整樣本期內 1995 年 1 月~2008 年 8 月對中國各類出口價格指數決定模型進行估計，以考察人民幣匯率變化對出口價格的長期均衡影響；二是以加入 WTO 和 2005 年兩個不同制度變化界點進行三次分段迴歸，考察不同經濟特徵階段內人民幣匯率變化對進口價格的影響差異；三是對各出口價格指數模型進行滾動迴歸，以考察人民幣匯率變化對出口價格傳導程度本身的變化趨勢和波動情況。

4.2.2.4.1 在完整樣本期內對中國各類出口價格指數的 OLS 估計

根據協整檢驗的步驟，首先對模型中各時間序列進行單位根檢驗，以判斷各時間序列的平穩性。本書運用 Eviews 6.0 軟件分別對所有方程中各變量的水平值與一階差分值進行 ADF 單位根檢驗，其檢驗過程中根據 AIC 準則（AIC 值最小原則）來選擇滯后項。關於所有出口價格指數模型中各實際變量序列平穩性的檢驗結果報告見表 4-4。

表 4-4　出口模型變量序列水平值與一階差分值的 ADF 單位根檢驗結果

Vairable	5%臨界值	水平值 t 統計量	一階差分 t 統計量	Vairable	5%臨界值	水平值 t 統計量	一階差分 t 統計量
$Lnpx$	-2.879,3	-0.058,2	-19.510,6	$Lnpx\,2$	-2.879,3	-0.622,6	-14.137,3
$Lnpx\,1$	-2.879,2	-0.161,9	-12.568,2	$Lnpx\,21$	-2.879,2	-0.479,3	-17.933,8
$Lnneer(ex)$	-2.879,2	-1.898,2	-12.200,4	$Lnpx\,22$	-2.879,2	-4.462,0	
$lnwpx$	-2.879,4	1.863,3	-9.616,2	$Lnpx\,23$	-2.879,2	1.085,8	-12.997,8
$lnwip$	-2.879,5	-1.328,5	-5.643,3	$Lnpx\,24$	-2.879,4	-2.693,7*	-16.627,1
$lnpxc$	-2.879,3	0.328,1	-5.819,9	$Lnpx\,25$	-3.438,3	-2.647,5*	-11.666,7
v	-2.879,2	-2.769,2*	-11.855,2				

註：以上所有取對數變量數據皆經過季節調整，*表示在 10% 水平下顯著，** 表示在 5% 水平下顯著，其余未標註星號各系數皆表示在 1% 水平下顯著。

根據以上檢驗結果可以發現，包括匯率波動變量在內的所有變量其水平值序列都不能拒絕單位根假設，水平值皆為非平穩序列，而所有變量的一階差分值都拒絕單位根假設，一階差分皆為平穩序列，即各序列皆為 I(1)，因此所有變量都滿足構造協整檢驗的必要條件。根據多變量模型的分析要求，本書將採用 Engle-Granger 兩步法來檢驗出口名義有效匯率與各類進口價格指數之間的協整關係，考察二者之間的長期均衡影響。

本書首先採用逐步迴歸的方法對各類出口價格總指數的決定方程進行估計，共估計了 8 個出口價格指數方程，並檢驗每一變量的顯著程度與各個方程的擬合優度，以選擇最適合的解釋變量。各出口價格指數的 OLS 迴歸結果見表 4-5。

表 4-5　各出口價格指數模型 OLS 迴歸的估計結果及各模型殘差的單位根檢驗

Dep. var.	M_1 Lnpx 0	M_2 Lnpx 1	M_3 Lnpx 2	M_4 Lnpx 21	M_5 Lnpx 22	M_6 Lnpx 23	M_7 Lnpx 24	M_8 Lnpx 25
$lnneer$	-0.667,7 (-6.193)	-1.225 (-3.884)	-0.621,2 (-5.557)	-1.198,3 (-8.872)	-0.346,2 (-4.382)	-1.067,9 (-5.534)	-1.247,7 (-3.508)	-0.275,1* (-1.688)
$lnwpx$	0.557,7 (9.717)	0.868,0 (5.323)	0.419,3 (7.046)			0.623,5 (4.958)		0.507,3 (4.713)
$lnwip$				0.590,2 (3.841)	-0.418,6 (-4.657)	0.672,5 (5.047,9)	-3.002,9 (-9.552)	-0.932 (-7.103)
$lnpxc$		1.069,0 (2.656)				1.090,5 (3.955,2)	0.927** (2.154,6)	-0.916 (-3.826)
v	1.202,3 (7.848)	1.861,0 (6.002)	1.102,2 (6.938)	1.471,7 (6.569)	0.297,4** (2.269,1)	2.059,6 (10.158)		
$dwto$	0.058,0 (6.049)	0.063,4 (3.798)	0.054,8 (5.512)	0.208,3 (11.743)	0.024,9** (2.401,9)	0.045,9 (3.302,9)		-0.079 (-5.821)
der	0.087,9 (4.809)	0.063,4 (3.798)	0.109,8 (5.792)	0.167,0 (8.546)	0.042,8 (3.744)	0.048,1** (2.108)		0.133 (6.157)
$\bar{R}^2$	0.871,2	0.824,4	0.838,0	0.879,8	0.341,3	0.928,0	0.496,3	0.772,6
$F-stat.$	221.43	154.09	169.67	239.57	17.90	305.48	54.53	93.28
$D-W$	0.910,7	0.454,7	1.109,1	0.662,6	0.623,6	0.597,7	1.828,5	1.415,1
Resid ADF test	-0.356,2 (-4.712) [2.043]	-0.224,6 (-4.419) [1.890]	-0.439,4 (-5.278) [2.048]	-0.332,0 (-5.652) [2.198]	-0.312,2 (-5.461) [2.232]	-0.309,1 (-5.497) [1.908]	-0.679,0 (-5.484) [2.016]	-0.709 (-9.434) [2.079]

註：圓括號內表示 t 統計量，方括號內表示模型殘差單位根檢驗的 $D-W$ 值，其餘為各變量參數係數值和相關統計量的值，*表示在 10% 水平下顯著，**表示在 5% 水平下顯著，其餘未標註星號各係數皆為在 1% 水平下顯著，表格空白欄表示 10% 水平下此變量在模型中仍不顯著。8 個模型中，各模型因變量依次表示總出口價格指數（PX 0）、初級產品出口價格指數（PX 1）、工業製成品出口價格指數（PX 2）、電子類製成品出口價格指數（PX 21）、輕紡類製成品出口價格指數（PX 22）、基礎材料類製成品出口價格指數（PX 23）、機械運輸類製成品出口價格指數（PX 24）、雜項類出口價格指數（PX 25）等。

從迴歸結果表可以看出，各模型擬合較好，各變量係數符號與經濟理論基本相符，但 $D-W$ 值低說明每個模型內部變量之間都存在不同程度的共線性，基於模型中所有變量序列皆為一階單整序列，故可採用 Engel-Grange 兩步法

4　人民幣匯率的價格傳導：理論建模與估計檢驗 | 77

對各模型進行 OLS 估計之后進一步對模型殘差進行平穩性檢驗。各模型殘差的 ADF 單位根檢驗表明，各模型殘差序列的一階滯后項系數皆顯著不等於 0，因此各模型殘差序列平穩，各模型的原始設定為合理設定，各模型內部變量之間存在協整關係，模型中各變量系數皆表示長期均衡條件下的彈性系數。根據檢驗結果，本書可以得出如下基本結論：

（1）在所有模型當中，出口加權的人民幣名義有效匯率長期內對人民幣出口價格指數存在顯著負影響，即人民幣升值將導致各類出口的人民幣價格指數下降，這反應出在中國出口皆以外幣定價的情況下，為了保障海外市場份額，國內出口商在面臨人民幣匯率升值時採取因市定價，主動降低出口的人民幣價格，自主吸收一部分因匯率上升帶來的影響。根據計量模型所得出的系數來看，出口價格總指數模型中的對應系數為 -0.667,6，表示當人民幣升值 1 個百分點，則國內出口商需承擔 0.667,6 個百分點的損失，人民幣匯率升值對出口外幣價格的傳導僅為 0.332,4。初級產品和工業製成品的出口相比較，匯率對初級產品的出口本幣價格影響更大，對初級產品出口國際市場的價格傳導存在逆傳導現象（其本幣價格傳導系數絕對值超過 1），這說明中國初級產品的出口競爭力很弱，升值會直接造成初級產品出口商的損失。在製成品內部，電子類、基礎材料類和機械運輸類出口也面臨與初級產品出口類似的問題，電子和機械運輸是近年來中國發展最快的出口行業，基礎材料的出口與初級產品的出口緊密聯繫，因此就出口目標市場的成熟度和競爭力來看，都存在弱勢，人民幣升值將給這三個製成品部門造成較大的影響。由於輕紡類和雜項類這兩類製成品是中國傳統的勞動密集型出口產品，而且加工貿易比重較大，出口市場成熟穩定，故升值對這兩個部門出口本幣價格影響較小，大部分升值的影響都傳導至目標市場的進口價格。

（2）世界競爭價格指數對中國各類出口本幣價格指數存在正影響，除了對電子、輕紡和機械運輸類的出口價格指數的影響不顯著外，其他皆為顯著。從計量結果可以看出，各系數皆小於 1，這說明中國出口價格上升的幅度要小於世界出口價格的上升幅度，這從一定程度上也說明了中國出口產品在世界市場上的壟斷程度較低，競爭力尚有待進一步提高。

（3）世界收入對中國出口價格的影響在製成品分類商品的出口模型中影響顯著。其中，世界收入對電子類和基礎材料類出口價格存在顯著正影響，隨著世界收入的增長，這兩類商品的出口需求不斷增加，引致出口價格上升。而輕紡類、機械運輸類和雜項類的出口價格卻隨世界收入的增長而降低，這可能存在兩個方面的原因：一方面，從行業發展現狀上來看，這說明中國輕紡類、

機械運輸類和雜項類出口產品在國際市場上的競爭力較差,世界收入增長越快,國際市場對中國出口的這些商品需求越少,從而導致出口價格下降,其中尤其以機械運輸類出口產品最為突出,這可能需要從產品質量、營銷手段、品牌創新等一系列方面來進行提升和調整;另一方面,從發展趨勢來看,也可能是因為世界收入增長在需求擴張的情況下推動了產品的創新發展,間接導致了成本的節約,從而使得出口產品價格下降。具體哪方面的因素影響較大,還有待進一步研究。

(4) 出口成本對中國出口價格指數中初級產品、基礎材料類製成品和機械運輸類製成品的出口價格指數的影響顯著為正,而對其他各類出口價格指數的影響並不顯著。這說明中國初級產品、基礎材料類製成品和機械運輸類製成品的出口價格中成本加成比例較低,而其他製成品行業的出口價格中成本加成比例相對較高,因此出口成本的變動只對前三種出口價格形成顯著影響,而對其他出口價格的影響不明顯。

(5) 匯率波動對中國出口價格指數存在顯著正影響。受影響程度最大的是基礎材料製成品和初級產品的出口,價格彈性系數分別高達 2 和 1.8,受影響程度最小的是輕紡類製成品的出口,價格彈性系數不足 0.3,對其他出口價格指數的彈性皆為 1~1.5 之間。這再一次說明中國輕紡類出口作為傳統出口產品在市場成熟度上的優勢,出口價格受匯率波動影響非常小,而初級產品和基礎材料類則剛好相反,由於市場成熟度和競爭力不足而使其價格受匯率波動影響很大。

(6) 關於兩次制度變化的影響,從計量結果可以看出,2001 年年底加入 WTO 和 2005 年匯改使中國幾乎所有出口價格都有顯著上升(除加入 WTO 後的雜項出口價格下降外),但上升幅度都很小,僅電子類產品的出口價格上升幅度相對較大。這說明加入 WTO,對中國各類產品的出口至少產生了兩方面的影響:一是中國市場的進一步開放促使世界市場增加對中國產品的需求;二是開放的中國市場在國際競爭中逐步提高了自身產品的市場競爭能力。這兩方面都將促使中國產品的出口價格有所提升。另外,2005 年匯改後出口商在升值預期下為減少本幣利潤的下降,也對出口商品價格進行了普遍調整。

4.2.2.4.2 對各出口價格指數決定模型的分段迴歸

分段迴歸的目的是考察各制度變化的不同經濟發展階段內,匯率變化對各類出口價格傳導程度的差異特徵。具體見表 4-6、表 4-7。

表 4-6　以加入 WTO 為界各出口價格指數模型分段迴歸的估計結果

1995年1月~ 2001年12月	M_1	M_2	M_3	M_4	M_5	M_6	M_7	M_8
Dep. var.	*Lnpx*	*Lnpx* 1	*Lnpx* 2	*Lnpx* 21	*Lnpx* 22	*Lnpx* 23	*Lnpx* 24	*Lnpx* 25
lnneer	-0.309 * -1.929,7	-0.701,5 -3.841,4		-1.351,9 -6.585,8		0.799 ** 2.453,7	1.870 ** 2.037,6	
lnwpx	0.704,3 6.688,7	0.895,2 7.457,9	0.749,3 10.977	-1.151,1 -4.890,0		1.154,6 6.343,8	3.488,6 5.867,5	0.879,9 6.261,4
lnwip				-0.888,1 -3.008,5	-0.569,3 -7.510,5			-0.632,2 -3.004,4
lnpxc						-0.769 ** -2.204,3		-0.868,2 -5.395,0
v	1.165,8 7.552,4	1.436,2 8.162,9	0.983,0 5.399,6	1.271,3 5.814,0	0.355 ** 2.627,1	0.667 ** 2.472,2		
$\bar{R}^2$	0.814,7	0.871,6	0.683,0	0.559,7	0.522,8	0.812,2	0.431,9	0.872,5
F-stat.	117.241	181.022	87.249	25.103,8	44.363,7	85.419,8	30.788,3	182.451
D-W	1.507,2	0.890,4	1.611,3	0.603,3	0.688,0	1.113,1	2.242,7	0.588,2

2002年1月~ 2008年8月	M_1	M_2	M_3	M_4	M_5	M_6	M_7	M_8
lnneer	-1.212,1 -6.474,4	-2.335,8 -5.976,1	-0.792,5 -3.220,4	-1.623,6 -4.700,4	-1.087,7 -6.951,9	-1.335,3 -6.812,6	-1.981,8 -5.035,7	
lnwpx	0.822,6 6.589,9		1.119,9 4.395,3	1.244,2 3.478,7		1.180,0 15.009,1		0.942,0 4.244,0
lnwip	-1.447,3 -2.666,7	-2.961,1 -3.432,8	-0.954,8 -1.799,6	-2.111,4 -2.835,1	-2.071,4 -4.861,3			
lnpxc		5.260,6 8.093,2	-1.423,0 -2.034,6	-1.670,4 * -1.701,4	0.494,2 ** 2.096,3		-2.047,2 -4.945,0	-2.665,9 -4.588,3
v	1.161,4 3.793,7		1.269,8 4.462,8	1.069,7 2.678,3		1.974,4 5.791,7	1.401,2 * 1.903,7	0.885 ** 2.571,7
der	0.139,6 4.893,0	0.157,2 6.144,2	0.236,4 6.582,6	0.121,0 5.853,4	0.070,8 2.841,0	0.125 ** 2.347,3	0.139,8 5.810,7	
$\bar{R}^2$	0.848,9	0.769,0	0.859,2	0.781,3	0.448,4	0.924,5	0.419,2	0.486,1
F-stat.	83.118	82.448	74.245	43.463,4	15.241,7	222.634	13.532	17.736,5
D-W	0.928,8	0.472,2	1.194,2	1.107,9	1.217,3	0.530,3	1.851,8	2.054,0

註：以上所有模型殘差皆通過 ADF 單位根檢驗，拒絕單位根假設，同時，對各模型中的所有變量序列成組后運用 Johansen 檢驗得出的參數係數與兩步法結論較為一致，此處只報告兩步法的計量參數結論。

表4-7 以2005年匯改為界各出口價格指數模型分段迴歸的估計結果

1995年1月~ 2005年6月	M_1	M_2	M_3	M_4	M_5	M_6	M_7	M_8
$lnneer$				-0.948,1 -4.066,4	0.537,3 3.760,3		1.357,3 * 1.732,6	
$lnwpx$	1.167,1 22.961,9	1.876,2 18.296,1	0.851,9 17.370,1	0.257,6 * 1.709,5	0.690,0 7.747,4	1.447,4 20.825	1.968,8 3.837,3	0.752,1 14.385,8
$lnwip$	0.521,1 6.827,4	0.943,8 6.129,0		0.827,0 5.664,9		1.070,9 8.360,5	-1.926,9 -3.965,1	-0.760,9 -7.896,9
$lnpxc$				-0.488,9 -3.962,9	0.557,3 3.046,8			-0.751,2 -5.459,7
v	1.112,0 7.958,9	1.401,8 4.973,0	0.849,0 5.975,9	1.304,8 6.365,0		1.815,6 10.859,8		0.310 ** 2.462,9
$dwto$			0.056,0 6.413,1	0.190,8 11.950,9		0.024,8 1.889,1	-0.101,1 * -2.044,5	-0.092,2 -9.350,0
$\bar{R}^2$	0.829,2	0.743,3	0.767,6	0.833,4	0.502,9	0.872,2	0.481,7	0.902,5
$F-stat.$	203.351	121.703,7	138.603,4	126.084	43.152,3	171.651	30.039	232.482
$D-W$	1.214,1	0.478,9	1.506,8	0.714,0	1.015,0	0.742,2	2.272,8	0.669,1

2005年7月~ 2008年8月	M_1	M_2	M_3	M_4	M_5	M_6	M_7	M_8
$lnneer$	2.589,5 5.414,7	2.634,3 4.113,4	2.531,2 5.228,6		0.663,5 * 1.854,4	1.704,1 3.276,0	3.483,0 ** 2.674,7	1.838,5 * 1.972,0
$lnwpx$		0.718,0 2.903,0	0.705,1 * 1.771,9			1.444,8 3.457,3		1.462,1 * 1.952,2
$lnwip$		-1.501,3 * -1.976,2		-1.818,7 -3.322,4	-2.668,8 -8.029,1			
$lnpxc$	-0.781,0 -3.413,4		-2.540,2 -2.843,0			-1.925,2 ** -2.106,5	-4.566,7 -6.620,6	-4.702,5 -2.870,9
v	2.088,8 4.466,4	2.824,3 3.826,7	1.326,4 ** 2.431,9	2.442,0 2.910,6	-1.314,8 ** -2.446,9			
$\bar{R}^2$	0.748,4	0.908,7	0.681,6	0.356,5	0.662,4	0.832,5	0.638,8	0.259,1
$F-stat.$	37.690	93.086,5	20.804,2	11.249,6	25.195	62.192,1	33.717,3	5.313,7
$D-W$	1.594,3	1.075,8	1.786,9	1.145,6	1.265,5	0.473,4	1.113,5	2.498,8

註同上表。

4.2.3 人民幣匯率變化對中國進口和出口價格傳導的比較分析

在國際貿易活動中，各國出口產品在國際市場上的競爭力主要取決於國家間要素稟賦的相對水平和行業生產率的相對水平兩個方面。因此，一般而言，一國出口其相對競爭力強的產品，而進口其相對競爭力弱的產品。換句話說，

就是國家間各行業的相對比較優勢與競爭優勢（邁克爾·波特，2007）決定了一國出口的競爭力。根據比較優勢理論，一國的競爭力取決於勞動力、自然資源、金融資本等物質稟賦的投入。但世界經濟發展到今天，一國所提供的良好經營環境和合適的制度結合業界的專業化和集群化的影響也即所謂「競爭優勢」給一國帶來的財富已大大超過了比較優勢帶來的好處。對於中國外貿發展而言，在30多年的對外開放期間，伴隨著國際國內外貿形勢的變化和制度的變遷，進出口中的商品結構、貿易方式結構和進出口商品的市場競爭能力都有了很大的變化。這可以通過人民幣匯率變化對中國進口商品價格傳導和出口商品價格傳導的比較分析中得出的結論進行說明，詳見表4-8。

表4-8 人民幣匯率變化對中國進口與出口總價格的傳導和分類價格傳導的比較

匯率傳導		總價格	初級產品	製成品	電子	輕紡	機械運輸
1995年1月~2008年8月	進口	-0.361,6	-1.22	-1.150,4	-0.624	-0.552	-0.756,9
	出口	-0.667,7	-1.225	-0.621,2	-1.198,3	-0.346,2	-1.247,7
1995年1月~2001年12月	進口	0.238,8	0.372,0	0.332,1	0.810,5	-0.147,1	1.460,6
	出口	-0.309	-0.701,5	-0.134,9	-1.351,9	1.870	0.799
2002年1月~2008年8月	進口	-0.917,7	-0.633,6	-2.387,9	-4.058,3	-0.573,0	-2.650,4
	出口	-1.212,1	-2.335,8	-0.792,5	-1.623,6	-1.981,8	-1.335,3

註：表中分段是以2001年12月中國加入WTO為標準進行樣本期的劃分。由於以2005年7月中國匯率制度改革為分段標準的迴歸在進口模型中無顯著結論，故不對其進行比較。

通過對完整樣本期和分段樣本期內匯率變化對中國進出口總價格、初級產品價格、製成品價格、製成品內部電子行業、輕紡行業和機械運輸行業進出口商品價格的傳導進行比較分析，至少可以得到以下結論：

（1）在以產地貨幣定價的前提下，人民幣升值導致進口本幣價格下降，出口外幣價格上升，從以上匯率傳導結果來看，中國進口本幣價格僅下降了36%，對出口外幣價格的傳導也僅33.3%[①]，匯率變化的進出口傳導程度都低，這說明中國廠商在進口與出口市場上的議價能力都比較弱。匯率對出口本幣價格的傳導大於進口本幣價格的傳導，這說明人民幣升值對中國出口商的影響更大，國內出口商被迫吸收大部分人民幣升值的負面影響。

---

① 人民幣值，匯率對出口外幣價格完全傳導時，出口本幣價格不變，出口外幣價格上升幅度與人民幣升值幅度相同，但據表4-8，匯率對出口本幣價格的傳導為66.7%，則對出口外幣價格的傳導為33.3%。

（2）加入WTO后，匯率變化對所有進出口價格的傳導程度都大幅提高。這說明加入WTO后，若匯率變動，進出口廠商對進出口本幣價格的調整幅度加大。就進口而言，自2001年「9·11」事件以來全球經濟增長減緩，世界需求相對不足，而此期間中國作為發展速度最快的發展中國家其國內進口需求旺盛，因此中國進口商在進口市場上的議價能力相對提高，匯率變化對進口價格的傳導也由加入WTO之前的正傳導變化為負傳導，且具有相當高的傳導率。就出口而言，加入WTO后，中國大量降低關稅，出口退稅逐漸減少，加工貿易加速發展，國內出口商為搶占海外市場競爭激烈。這些都將導致人民幣實際有效匯率升值對出口價格的傳導程度提高。

4.3 人民幣匯率變化對不同方式貿易進出口價格的傳導估計

4.3.1 加工貿易問題的重要性和特殊性

加工貿易作為一種特殊的貿易方式，它有效地利用兩個市場、兩種資源，為一國國內就業和外貿發展起到了重要作用，為一國經濟增長與社會穩定做出了不可忽視的貢獻。長期以來，中國加工貿易在總貿易中的占比較大，且一直高於一般貿易，直到2007年4月這一特點才開始發生變化。[①] 由於加工貿易與一般貿易的決定機制存在差異，而傳統國際收支理論的分析皆以一般貿易為前提，因此中國貿易收支中的加工貿易特色使得人民幣匯率變化對貿易收支的影響與傳統國際收支理論的結論也相去甚遠。要分析人民幣升值對貿易收支的真實影響，首先要弄清楚人民幣升值對中國加工貿易進出口的影響，進而需要先弄清楚人民幣升值對加工貿易進出口價格的傳導程度如何。

任何形式的出口皆受世界需求的影響，但不同貿易方式下出口商品的價格決定卻因成本來源的差異而有所不同，加工貿易由於其「兩頭在外」的特殊貿易方式，其出口價格中由於其成本不同程度地來自進口，因此其出口價格在受到匯率直接影響的同時還必定因進口部分價格受匯率影響而受到匯率的間接

---

① 2007年4月，一般貿易的占比達到46%，首次超過加工貿易占比43%的水平，經過7個月的交替變化后，從2007年12月開始至今，一般貿易的占比始終高於加工貿易的占比，且二者差額有擴大趨勢，一般貿易占比從46%上升到2008年6月的49%，而與此同時加工貿易占比從43%下降到39%。註：數據來源於中國經濟統計數據庫。

影響。另外，加工貿易進口的決定機制與一般貿易進口的決定機制有著明顯的不同，一般貿易進口主要取決於國內需求的變化，而加工貿易進口卻以加工貿易出口為基礎，最終由世界需求決定。因此考察匯率變動對加工貿易進出口及其價格的影響對準確解釋人民幣匯率變動的貿易收支效應有著重要的意義。

國內外關於匯率變化對貿易收支影響的理論與實證文獻非常多，但就匯率變化對加工貿易影響進行分析的文獻卻非常缺乏，匯率變化對加工貿易進出口價格傳導的文獻更是沒有。迄今為止，國內相關文獻中僅陳治中（2005）就匯率變化對加工貿易行業中的外資企業利潤的影響進行了研究，國外文獻中王和約翰·沃雷（2007）也曾在研究人民幣升值對中國貿易的影響時在模型中引入加工貿易因素，但這些文章並沒有直接針對匯率變動如何影響加工貿易進出口額問題和加工貿易匯率價格傳導問題進行研究。

為了區分匯率變化對中國不同貿易方式的實際影響，本部分首先對中國加工貿易的變化趨勢和相關特點作描述性分析，然后利用中國海關統計數據庫中的分商品類別數據對加工貿易和一般貿易進行技術區分，估算中國加工貿易和一般貿易進出口價格指數，最后結合匯率指標和其他變量指標對加工貿易進出口價格指數的影響因素予以建模，以估計出中國匯率變化對加工貿易和一般貿易進出口價格的傳導程度並進行比較，為之后不同貿易方式的貿易收支分析提供分析基礎。

4.3.2 中國加工貿易進出口及其差額的描述性分析

中國加工貿易的出口、進口及差額都始終保持著增長趨勢，從增長的速度來看，可將其劃分為兩個階段：第一階段為1995年1月到2001年12月，該階段的加工貿易無論是出口、進口還是順差，其增長都較為平緩；第二階段為2002年1月到2008年6月，此階段內無論是加工貿易的出口、進口都呈現高速增長特徵，且加工貿易的出口增速大於進口增速，導致加工貿易順差急遽增加，同時此階段的進出口和順差的波動也更劇烈（見圖4-7）。

加工貿易特殊的「兩頭在外」特徵特徵決定了在正常情況下其出口始終大於進口，且進口量受出口量的直接影響，間接地由國際市場需求決定。加工貿易出口大於進口所形成的順差來源於國內加工環節的價值增值（國內勞動力成本、來自國內部分的原材料成本、國內加工過程中的創新活動等）和出口商品國際競爭力的相對提升所帶來的附加值。另外，關於上述兩階段增長差異可以解釋如下：早期中國勞動力比較優勢明顯，土地和能源等國內資源成本較低。同時，加工貿易准入門檻低，在全球產業轉移過程中承接了處於全球價值鏈最低端的最終產品組裝環節和低端零部件配套生產環節，勞動密集度高、

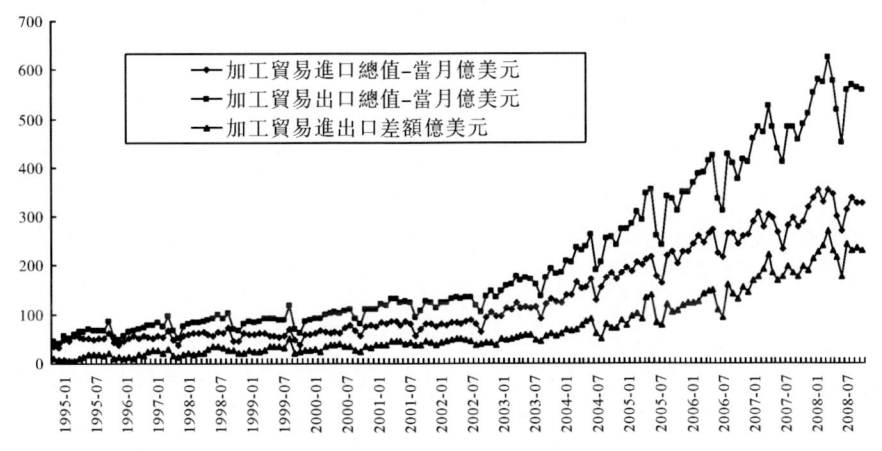

數據來源：中國經濟統計數據庫海關月度數據。

圖 4-7　中國加工貿易進出口及其差額變化趨勢

技術含量低，在技術、管理、品牌等方面嚴重缺乏，導致加工貿易出口附加值較低，出口產品國際競爭力低，貿易順差較小且增速緩慢。進入 21 世紀以來，中國國內勞動力、土地、能源等成本普遍上升。由於新的國際產業轉移和國內產業結構調整，中國加工貿易內部的產業構成也發生了變化，技術與資本密集型加工貿易占比逐漸提高，機電類和高新技術類產品的出口占比逐年提高。以 2007 年為例，僅機電類產品出口就占到總出口的 47％。另外加工貿易出口中民營企業出口占比也逐漸提高，加工貿易開始從以外商直接投資企業主導的單純加工向更多民營企業參與的自主研發和品牌創新延伸，產業鏈高端發展趨勢明顯，出口產品的國際競爭力提高，附加值大幅攀升。但與此同時，貿易順差的急速擴大和匯改后人民幣升值都增加了對外貿易的不確定性，使得加工貿易進出口的波動加劇。

4.3.3　加工貿易與一般貿易進出口價格指數的測算與趨勢分析

4.3.3.1　加工貿易商品類別的識別

要測算加工貿易的進出口價格指數首先必須有效識別加工貿易特徵顯著的行業或進出口商品類別，利用加工貿易「兩頭在外」的特點。本書借鑑了陳學彬等（2007）的識別方法，認為具有持續、穩定順差的製成品商品類別皆為顯著具有加工貿易特徵的商品類別。中國進出口統計中使用並公布的商品分類共有兩種，一種是《聯合國國際貿易標準分類（SITC）》，共分 10 類，下分 64 章，先按商品的不同加工程度、再按商品的不同用途分別歸類；另一種是《商品名稱和編碼協調制度（HS）》，共分 22 類，下分 98 章，先按商品的不同

基本原料、再按商品的不同加工程度分別歸類。按照 SITC 統計，有利於經濟分析，按照 HS 統計，則便於國際比較。① 考慮到本書研究的需要，主要是針對不同加工程度的商品進行區別並做相應的經濟分析，同時也與前後文保持一致，因此使用中國海關統計數據庫中 SITC 分類商品進出口額數據並對其進行整理，在總共 10 類商品分類中，0 類、2 類、3 類、5 類、6 類、7 類和 8 類中共有 18 章商品存在完全持續且穩定的順差。由於本書主要目的是將加工貿易與一般貿易進行對比，為了排除初級產品中一般貿易占比較大的影響，因此只選取製成品中加工貿易與一般貿易的商品類章。為簡單起見，本書將製成品類章中持續順差和偶有逆差的商品類別歸屬為加工貿易商品，具體列表和相應圖示見表 4-9、圖 4-8 和圖 4-9。

表 4-9　　　　　加工貿易和一般貿易的 SITC 商品類章歸屬

加工貿易與類加工貿易商品類章 （持續順差商品類章）	一般貿易商品類章 （持續逆差商品類章）
52 章_無機化學品	51 章_有機化學品
54 章_醫藥品	53 章_染料、鞣料及著色料
62 章_橡膠製品	56 章_制成肥料
66 章_非金屬礦物製品	57 章_初級形狀的塑料
69 章_金屬製品	58 章_非初級形狀的塑料
75 章_辦公用機械及自動數據處理設備	61 章_皮革、皮革製品及已鞣毛皮
81 章_活動房屋;衛生、水道、供熱及照明裝置	64 章_紙及紙板紙漿、紙及紙板製品
82 章_家具及其零件;褥墊及類似填充製品	68 章_有色金屬
83 章_旅行用品、手提包及類似品	71 章_動力機械及設備
84 章_服裝及衣著附件	
85 章_鞋靴	
89 章_雜項製品(章)	
55 章_精油、香料及盥洗、光潔製品	
63 章_軟木及木製品(家具除外)	
65 章_紡紗、織物、製成品及有關產品	
76 章_電信及聲音的錄制及重放裝置設備	
78 章_陸路車輛(包括氣墊式)	

---

① 摘錄於中國經濟統計數據庫海關月度庫的統計說明。

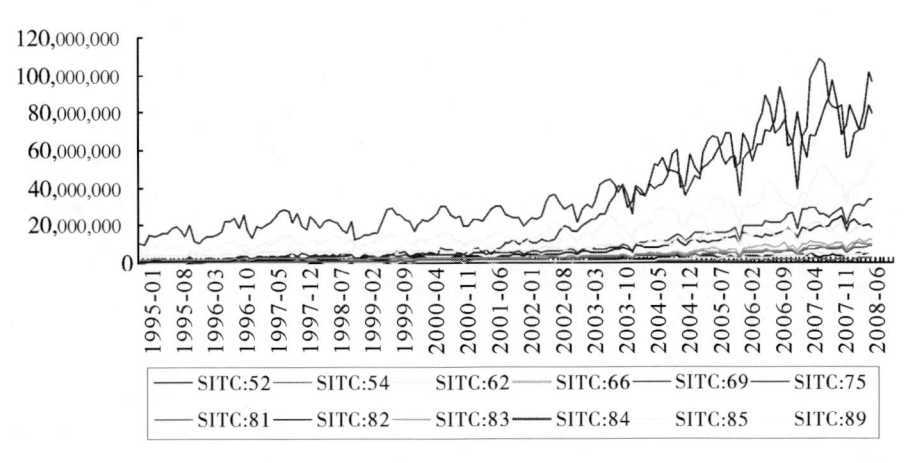

圖中原始數據為美元標價，本書利用同期美元平均名義匯率，以 2000 年為 100 的 CPI 指數得到人民幣不變價格進出口差額。

數據來源：中國經濟統計數據庫。

圖 4-8　貿易余額始終表現為順差的各類章貿易品貿易余額的變化趨勢

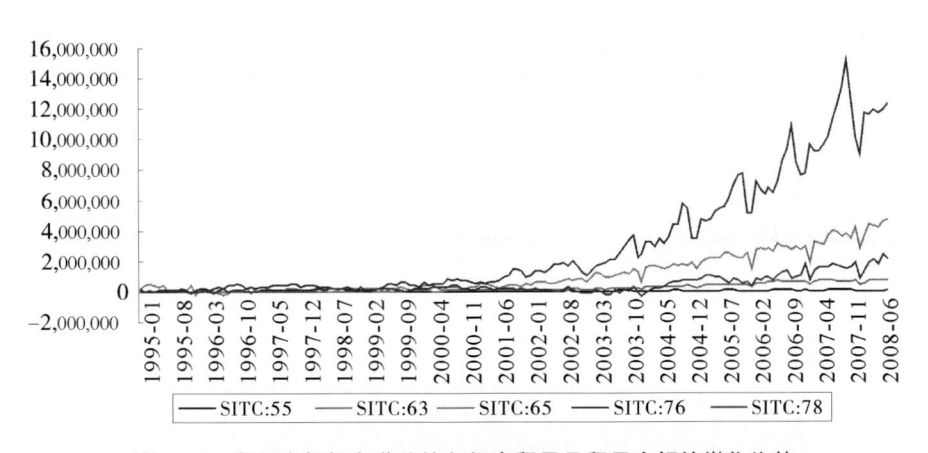

圖 4-9　貿易余額偶有逆差的各類章貿易品貿易余額的變化趨勢

4.3.3.2　加工貿易和一般貿易進出口價格指數的測算與數據處理

根據上述加工貿易特徵顯著的 17 種商品類章，由於無法直接取得對應商品類章的進出口量值數據，因此本書將海關數據庫所提供的同時具有量值數據的進口和出口商品類別分別進行處理，對應 17 種商品類章進行明細歸類（具體歸類見表 4-10），先求出各可歸屬商品類別的進口或出口本幣可比價格指數，而后根據其進口額或出口額在總的 23 種類章商品的總進口額或出口額中所占的比例為權重，計算出 17 類章商品進口價格指數和出口價格指數。為了

簡便起見，同時考慮到進出口總額中除加工貿易和一般貿易外的其他貿易占比極小，故在同時具有量值數據的製成品進出口商品類別中假定僅有加工貿易和一般貿易兩種貿易方式的進出口，則將製成品進出口商品類別中剔除加工貿易進出口商品類別后的剩余商品類別歸屬為一般貿易進出口商品類別。各可歸屬商品的進口或出口本幣可比價格指數的計算步驟為：以同時具有量值數據的進出口商品類別的價格原始數據即美元數據為基礎，本書先使用同期美元兌人民幣匯率將美元價格換算為本幣價格，而后根據以2000年為100的CPI定基指數將進出口本幣價格換算為以2000年為基期的可比價格。因此，最終的加工貿易和一般貿易進出口價格指數為以2000年為基期的本幣價格指數。根據以上數據整理，計算出中國加工貿易和一般貿易進出口本幣價格指數並作趨勢比較表4-10、圖4-10。

表4-10　具有完整進出口量值數據商品類別的貿易方式歸屬

加工貿易進口商品類別（33類）	加工貿易出口商品類別（32類）
ABS樹脂	彩色電視機（包括整套散件）
電視、收音機及無線電訊設備的零附件	餐桌、廚房及其他家用搪瓷器
對苯二甲酸	電扇
二醋酸纖維絲束	電視、收音機及無線電訊設備的零附件
二極管及類似半導體器件	電視機（包括整套散件）
紡織紗線生產及預處理機器	電子計算器（包括具有計算功能的袖珍數據記錄重現機）
紡織用合成纖維	黑白電視機（包括整套散件）
航空器零件	家用或裝飾用木製品
合成纖維長絲機織物	抗生素（制劑除外）
合成纖維紗線	口腔及牙齒清潔劑
合成橡膠（包括乳膠）	錄音機及收錄（放）音組合機（包括整套散件）
合成有機染料	毛紡機織物
活塞式內燃機的零件	裘皮服裝
己內酰胺	帽類
棉織物	美容化妝品及護膚品

表4-10(續)

加工貿易進口商品類別（33類）	加工貿易出口商品類別（32類）
牛皮革及馬皮革	棉機織物
汽車和汽車底盤	棉紗線
人造纖維短纖	皮革服裝
紗線織物等后整理機器	皮革手套
數字式中央處理部件	皮面鞋
數字式自動數據處理設備	普通縫紉機
四輪驅動輕型越野車（包括整套散件）	絲織物
天然橡膠（包括膠乳）	外底及鞋面均以橡膠或塑料制的鞋
塗覆或浸漬塑料的織物	橡膠或塑料底紡織材料為面的鞋
制冷設備用壓縮機	鞋
自動數據處理設備的零件	鞋靴零件；護腿及類似品
自動數據處理設備及其部件	亞麻及苧麻機織物
小轎車（包括整套散件）	揚聲器
羊毛	醫藥品
醫藥品	照相機
乙二醇	織物制手套
原木	織物制襪子
針織機及縫編機	

註：在以上被歸屬為加工貿易方式的進出口商品類別中，加工貿易進口33種商品，其進口總額在製成品進口（52項）總額中的平均占比達65%，占所有具有量值數據的進口商品（78項）總額的平均百分比約32%。加工貿易出口32種商品，其出口總額在製成品出口（90項）總額中的平均占比為52%，占所有具有量值數據的出口商品（134項）總額的平均百分比約為42%。由於並不是所有進出口商品皆提供完整量值數據，因此該進口和出口占比與進出口總額中43%的加工貿易進口占比和54%的加工貿易出口占比存在一定的差異，但基本進口和出口之間占比的比較結論基本相同，也就是加工貿易在總出口中的占比要大於加工貿易進口在總進口中的占比。在製成品出口90項商品中剔除加工貿易出口後其餘商品類別皆歸屬為一般貿易出口商品；在製成品進口52項商品中剔除加工貿易進口商品類別後其餘商品類別皆歸屬為一般貿易進口商品。

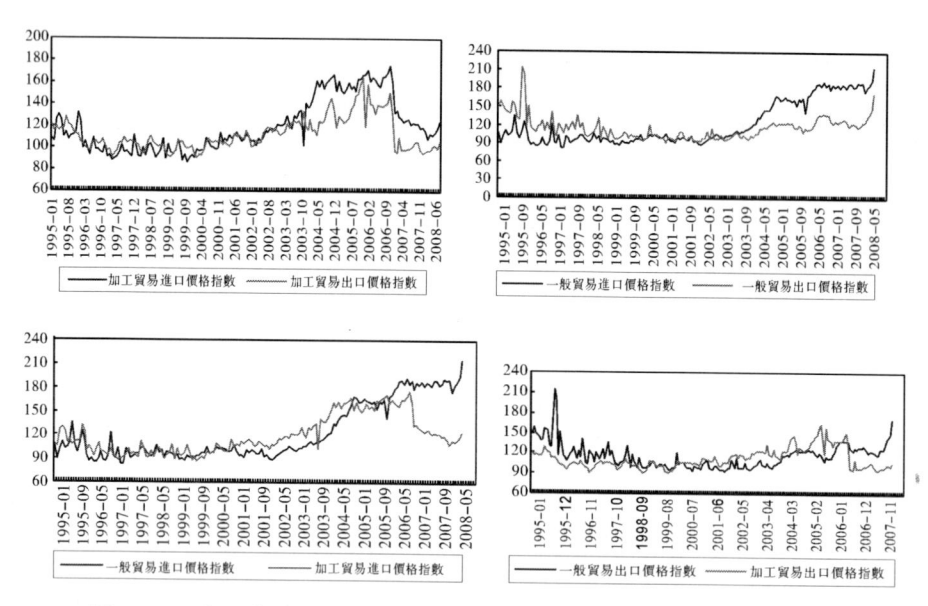

圖4-10　加工貿易和一般貿易進口和出口價格指數的變動趨勢及其比較

　　從趨勢圖4-10來看，加工貿易進口價格指數與出口價格指數的變化趨勢基本相同，從整個樣本期來看，進出口價格指數的變化可以分為三個階段。第一階段為樣本期初到2002年1月，此階段內加工貿易的進口價格指數和出口價格指數都相對穩定，從二者對比來看，進口價格的季節波動要大於出口價格的季節波動，出口價格的季節調整相對平滑。這說明中國在承接外來加工業務過程中，進料加工的進料價格受國際市場影響季節波動明顯，同時由於在此階段內中國國內成本（包括勞動力成本、租金和國內創新成本）變化較小，加工貿易因其「兩頭在外」特徵其出口價格基本為預先設定，因此加工貿易出口價格要相對穩定。第二階段為2002年2月～2007年1月，加工貿易進出口價格指數皆呈上升趨勢，且波幅大幅度提高。此階段受到中國加入WTO的影響，中國經濟開放程度進一步提高，同時國內生產成本明顯上升，加工貿易重點區域如珠三角和長三角地區等地勞動力成本相繼上升，加工貿易相對飽和，城鎮租金上升，加上國內加工環節中創新活動的增加和國內進料成本及其比例的上升等都推動了出口價格的增長。從此階段進口價格上升的原因來看，國際市場上整體價格水平上升是一個不可忽視的原因，在匯改前後，人們對人民幣的升值預期也加劇了進口價格的提升和波幅的增大。第三階段從2007年2月至樣本期末，進出口價格皆在前期大幅跳水后趨向平穩，進口價格穩中趨降，出口價格穩中趨升，這是人民幣升值對進出口價格傳導的滯后表現，另外，進

出口價格的同時大幅跳水實際上也預示了之后的世界經濟衰退，之后的低水平穩定價格也反應了美國金融危機之后世界經濟衰退這一基本現實。

4.3.4 人民幣匯率變化對分貿易方式進出口價格的傳導估計比較

4.3.4.1 模型設定和變量選擇

人民幣匯率變化對加工貿易進出口價格的影響有其特殊的影響機制。就一般貿易而言，一國匯率變化，會同時對其進口和出口價格造成直接的即時影響，就長期而言，匯率變化通過對進口價格先行傳導，當進口的是中間品或資本品時，而后通過影響國內生產成本而影響到國內出廠價格，進而間接影響到出口商品的價格；若進口的是消費品，則繼而影響國內競爭品的生產及其價格，進而長期內也間接影響到出口商品的價格。但就加工貿易而言，其進口直接服務於出口，其進出口本身及其價格與國內競爭市場關係並不密切，進口由出口決定，也最終由國際市場需求決定，與國內需求基本無關，因此其進口價格主要由國際市場的供求決定，而出口由於其成本大部分來自進口，出口價格必定直接受進口價格的影響。同時，在國內加工環節中增值部分和加工企業利潤部分的變化也會影響到出口價格，因此出口價格還將受到國內勞動力成本、租金成本、國內進料成本和國內加工環節中的創新成本和企業成本加成等因素的影響。當然，匯率作為國際宏觀經濟變量其變化和波動也同樣毫無疑問的影響到加工貿易的進出口價格。具體模型如下：

$$jgpm = f(wpx, wip, e_{pm}, v_{epm}) \qquad (4-16)$$

$$jgpx = f_1(wip, jgpm, pxc, e_{px}, v_{epx}) = f_2(wip, wpx, e_{pm}, v_{epm}, pxc, e_{px}, v_{epx}) \qquad (4-17)$$

式中：$jgpm$ 和 $jgpx$ 分別為加工貿易進口價格和加工貿易出口價格；wpx、wip 和 pxc 分別表示世界出口價格、世界工業產值和國內商品出口成本；e_{pm} 和 e_{px} 分別表示以進口加權和出口加權的人民幣名義有效匯率；v_{epm} 和 v_{epx} 表示以進口加權和出口加權的人民幣名義有效匯率的波動率。

上述模型表示加工貿易進口價格由微觀的供給與需求和國際宏觀變量三方面決定：其供給由 wpx 表示，其需求由 wip 表示，國際宏觀變量由進口加權的匯率及匯率的波動來表示。加工貿易出口價格同樣由供給、需求和宏觀金融變量三方面決定，需求方面以 wip 表示，供給或成本方面分兩個部分，即成本中來自進口的部分和來自國內的部分，分別由 $jgpm$ 和 pxc 表示，宏觀金融變量即表示為以出口加權的匯率及其波動。

而一般貿易的價格決定雖然同樣由進出口市場供需因素和國際宏觀經濟和

金融因素決定，但其內在機制卻有所差異。一般貿易進口價格的需求因素不再是國際需求而是國內需求，因此與國內收入有關，同時國內和國際市場同類競爭品的價格水平也會對進口價格產生一定的影響。其出口價格則受世界收入、國內生產成本、世界市場競爭價格等因素的影響。故其具體模型可以表示如下：

$$ybpm = f(y_d, pxc, wpx, e_{pm}, v_{epm}) \qquad (4-18)$$

$$ybpx = f(wip, pxc, wpx, e_{px}, v_{epx}) \qquad (4-19)$$

式中 $ybpm$ 和 $ybpx$ 分別表示一般貿易進口價格和一般貿易出口價格，y_d 表示國內收入，其他變量說明同加工貿易模型。

4.3.4.2 參數估計與模型檢驗

根據上述不同貿易方式下進出口價格決定理論，該部分對加工貿易進口價格、加工貿易出口價格、一般貿易進口價格和一般貿易出口價格的影響因素建模，對各參數系數進行估計並進行模型檢驗。與加工貿易和一般貿易進出口價格數據相一致，其他各變量的樣本區間皆為 1995 年 1 月至 2008 年 8 月，代表兩次制度變化的虛擬變量分別以 dwto 和 der 表示。其中 dwto 的數據序列中以 1995 年 1 月到 2001 年 12 月為 0，其餘為 1，以辨別中國加入 WTO 對各貿易方式進出口價格的影響；der 的數據序列中以 1995 年 1 月到 2005 年 6 月為 0，其餘為 1，以辨別中國匯率制度改革對各貿易方式進出口價格的影響。在各模型所有解釋變量和被解釋變量中，除了匯率波動變量直接使用波動率數據外，其他所有變量序列數據皆經過取對數處理，以考察各解釋變量對被解釋變量的影響彈性，同時考慮到使用的是月度數據，本書對所有變量序列都進行了季節調整以剔除季節因素對序列變化的影響。另外，模型中所有國內名義變量都使用以 2000 年為 100 的中國 CPI 定基指數進行了處理，將各名義變量轉化為實際變量，以剔除通貨膨脹對各變量的影響。在模型比較中，本書針對加工貿易出口價格決定理論模型的兩種方式，在實證部分也對應地採用了兩種計量模型，$jgpx$ 1 模型中加工貿易進口價格作為解釋變量直接進入模型，$jgpx$ 2 中加工貿易進口價格因子並不直接進入模型，而是將加工貿易進口價格的決定因素（如 wpx、wip、e_{pm} 和 v_{epm} 等）直接作為出口價格模型的解釋變量。同一被解釋變量，兩種不同的解釋方法，可以更全面地瞭解加工貿易出口價格的決定機制。具體見表 4-11。

表 4-11　加工貿易與一般貿易進出口價格的匯率傳導參數估計與模型檢驗結果

Dep. var	jgpm	jgpx 1	jgpx 2	ybpm	ybpx
e_{pm}	-0.828 (-6.242)			-0.082* (-1.230)	
e_{px}			-0.801 (-6.44)		-0.149* (-1.148)
wip	0.82 (3.469)	-0.431 (-4.539)			-0.2,376 (-3.414)
y_d				0.397,1 (15.534)	
jgpm		0.558 (16.01)			
pxc				-0.504 (-5.072)	-0.437,9 (-3.643)
wpx				0.481,3 (12.996)	0.453,9 (10.253)
dwto	0.255 (10.4)	0.032** (2.101)	0.15 (10.64)		
der	0.073** (2.4)	0.026* (1.788)	0.899 (5.225)	0.033,9** (2.554)	0.031,5** (2.211,8)
v_{epx}		0.849 (3.876)		0.388,3 (3.266,5)	
$\bar{R}^2$	0.756	0.841	0.673	0.910,6	0.649,4
F-stat.	126.89	216.02	84.97	415.96	61.387
D-W	0.346	1.057	0.431	0.688,9	1.399,9
MRes. ADF test	-3.933 -2.879	-3.631 -2.879	-2.923** -2.879	-3.168,3 -2.879,4	-7.064,8 -2.879,3

註：表中括號內表示 t 統計量的值。

根據以上估計和檢驗結果，對加工貿易和一般貿易進出口價格的決定機制進行分析基本可以得到以下幾個方面的結論：

（1）人民幣匯率變化對中國加工貿易進口價格和出口價格長期內都存在顯著影響，且皆為顯著負影響，即人民幣升值將導致加工貿易的進口價格和出口價格都降低，人民幣匯率對加工貿易進出口價格形成負傳遞，且對進口本幣價格和出口本幣價格的傳導率基本接近，二者皆高達80%以上。也就是說，人民幣每升值1%，則加工貿易的進口價格和出口價格都將下降0.8%。這說

明，在中國加工貿易的進出口市場上基本上都以外幣定價，在面臨匯率變化（如人民幣升值）時，以外幣定價的進口其本幣價格相應下降，進口廠商得到了人民幣升值的大部分好處；而以外幣定價的出口其本幣價格也相應下降，出口方承擔了人民幣升值的大部分損失。假定進出口為同一廠商，則該廠商得到了80%的進口價格下降的好處，而承擔了80%出口價格下降的損失，就同一廠商而言，由於出口價格必定高於進口價格，因此可以斷定，在人民幣升值過程中，該加工貿易廠商的人民幣利潤將遭受損失。就一般貿易而言，人民幣匯率變化對其進口價格和出口價格長期內影響都非常小（對本幣價格的傳導率都低於15%）且不顯著，這說明貿易方式對人民幣匯率的價格傳導有影響，但在不同的貿易方式下，匯率的價格傳導機制發生變化，從而導致傳導率和顯著程度的差異。

值得進一步解釋的是，導致不同貿易方式下匯率變化對出口價格傳導程度不同的根本原因在於出口商生產成本中投入要素來源的差異。一般貿易出口商生產過程中的生產原料來自國內，匯率變化對其出口價格的傳導只受海外市場需求的影響，原料來源因素對匯率的貿易效應影響呈中性，如果其他條件保持不變，人民幣升值並不改變出口的人民幣價格，或是受其他因素影響對出口本幣價格的降低非常少。但加工貿易出口商生產過程中的生產原料部分甚至全部來源於國外，由於匯率變化已經先行影響進口價格，人民幣升值降低進口價格從而降低加工貿易出口商的生產成本，增加其利潤空間，出口商為擴大其市場份額，往往對出口產品實施降價措施，故升值導致中國出口外幣價格上升的效應因此被削弱，人民幣升值對加工貿易出口本幣價格的傳導加大，且加工貿易出口中進口成本比例越高，出口本幣的匯率傳導程度越高。

(2) 對比加工貿易和一般貿易的進口價格模型，在一般貿易進口價格模型中，進口價格受到國內收入和國內與世界競爭價格的影響，而加工貿易進口價格中，這三個變量的影響都不顯著，但它顯著地受到世界收入的影響，且影響系數高達0.82。這進一步確證了本書理論模型設定的正確性，即加工貿易進口本身與國內市場並無直接關係，而是由國際市場的需求決定。就制度變化的影響而言，兩次制度變化對加工貿易的進口價格皆產生顯著正影響，且加入WTO的影響要大於匯率制度改革的影響，但對於一般貿易進口價格而言，僅匯率制度改革變量的影響顯著，且影響系數甚小。

(3) 對比加工貿易和一般貿易的出口價格模型，有三個變量的影響值得進行解釋：一是 wip，加工貿易出口價格和一般貿易出口價格都受到該變量的顯著負影響，即世界收入的增加都導致中國任何一種貿易方式的出口價格降

低，這與傳統經濟理論中收入的增加導致需求增加從而價格上漲的觀點不符。這可能有幾個方面的原因：一方面，這說明中國出口產品整體而言在國際市場上的競爭力較差，世界收入增長加快，國際市場對中國出口的這些商品需求下降，從而導致出口價格下降；另一方面，也可能是因為世界收入增長在需求擴張的情況下推動了產品的創新發展，間接導致了成本的節約，從而使得出口產品價格下降。另一需要解釋的變量是制度變量 $dwto$，中國加入 WTO 這一制度變化對中國不同貿易方式下的出口價格影響不同，加入 WTO 對中國加工貿易出口的價格都有顯著正影響，而對中國一般貿易出口價格的影響並不顯著。這說明中國經濟的進一步開放促進了中國加工貿易的發展，但對一般貿易的影響並不顯著。最后，還有匯率波動率 v_{epx} 對不同貿易方式下的出口價格都有顯著正影響，但對加工貿易出口價格的影響程度為 0.849，要遠高於對一般貿易出口價格的影響程度 0.388。

4.4 影響人民幣匯率傳導的因素分析

根據國內外研究所得出的各種結論，影響匯率傳導程度的因素基本可歸納為兩種。一是宏觀因素，主要有經濟規模、進口在國內（或國內行業）總消費中的占比、匯率制度安排、貿易保護和通脹水平等。二是微觀因素，主要有進出口商品結構和行業結構、產品差異程度或市場競爭程度、進入國內市場的外國廠商數量占比、進口商品成本中沉澱成本的占比、跨國公司內部貿易、定價或結算貨幣的選擇和各貿易商品的供需價格彈性等。因此可以將匯率傳導因素分析的一般模型表示如下：

$$pt = f(y, od, s_{im}, \eta_{imd}, err, ntb, inf; soi, pdf, nof, sc, mnc, cc, \eta) \quad (4-20)$$

式中，pt 為匯率傳導程度，作為模型的因變量，在不同研究中可以有不同的表示，具體可以表示為一國匯率對進口價格的總傳導、一國匯率對出口價格的總傳導；y 為經濟規模變量，用中國國民生產總值或國民收入指標表示；od 為經濟開放度，可以用外貿依存度來表示；s_{im} 為進口商品在國內（行業）消費中所占的比例；η_{imd} 為進口商品與國產商品之間的替代彈性；err 為匯率制度安排，在 2005 年 7 月之前為固定匯率制度，之后為浮動匯率制度；ntb 非關稅壁壘或數量限制，在中國對外開放過程中，出口導向經濟的發展戰略使中國採用了大量的出口退稅和最惠國待遇政策，因此，關於貿易保護方面的指標，本書採用出口退稅指標為代理變量；inf 為中國國內通貨膨脹水平，用消費者價格

指數的變化率來表示；soi 為進口或出口內部的行業結構指標，本書採用工業製成品及其重要構成行業〔如電子機械行業、紡織服裝行業、原材料（以鋼材行業為代表）、能源行業、食品行業等〕的進口或出口在總進口或總出口中的占比來表示；pdf 為貿易產品差異程度或市場競爭程度變量，本書用產業內貿易指數 iit（Intraindustry Trade）作為代理變量；nof 為進入國內市場的外國廠商在國內市場廠商總量的占比；sc 為進口商品成本中沉沒成本的占比；mnc 為跨國公司內部貿易對總貿易的占比，本書採用國內跨國公司總市價為替代變量；cc 為定價貨幣選擇的虛擬變量，有目的地貨幣定價 LCP 或生產地貨幣定價 PCP；η 為進口或出口商品的需求彈性，考慮到中國進口的供給來自世界市場，供給彈性小，因此只考慮進口或出口商品的需求彈性變量。

就匯率變化的價格傳導而言，中國人民幣匯率變化的價格傳導模式可能由於多方面的原因而與主流分析中匯率—價格傳導模式存在差異，且總的匯率傳導程度也將會與發達國家的傳導程度有較大差別。主要原因有以下幾個方面：①加工貿易占比較大。長期以來中國加工貿易占進出口總額之比一直大於一般貿易占進出口總額之比，直到 2008 年這一局面才得以調整，加工貿易占比首次低於一般貿易，但即使如此，截止到 2008 年 10 月，加工貿易在總貿易中的占比仍高達 47.5%。由於加工貿易「兩頭在外」的性質，出口產品成本中包含了大量的進口成分，出口價格受匯率變化的影響將因為進口已受匯率影響而被削弱，這與傳統匯率—價格傳導理論研究的一般貿易假設相違背，因此大規模的加工貿易勢必降低人民幣匯率變化對出口價格總水平的傳導程度，人民幣升值對出口價格的推高作用並不顯著。②進口替代程度低。中國總進口中占比最大的是源自發達國家的機械及運輸設備類產品的進口，國內同類競爭產品的競爭能力弱，加上中國國內投資需求旺盛，這導致中國進口需求彈性小，在國際市場上進口的議價能力弱，這使得人民幣升值對進口價格的降低作用也受到局限。③在出口市場上，結算貨幣的選擇和「因市定價」（Pricing to Market）使人民幣匯率變化所導致的出口價格變化面臨不確定性。人民幣的非自由兌換性質使得結算貨幣大多採用美元和歐元等其他國際貨幣，同時，中國出口商品的國際競爭力不高，使得出口商為確保海外市場份額而在人民幣升值時更多採用「因市定價」原則，降低出口商品的人民幣價格以保持外幣價格的穩定。這大大降低了人民幣升值對出口外幣價格的傳導程度。基於以上原因，中國匯率傳導的因素分析模型可修正為：

$$pt = f(y, od, s_{im}, \eta_{imd}, err, ntb, inf; soi, pdf, nof, sc, mnc, \eta; pct) \quad (4-21)$$

式中 pct 為加工貿易占比（Processing Trade Proportion），其餘各變量的經濟解

釋同上。

由於匯率傳導率的連續數據的缺乏和估計難度，本書暫時未能對匯率傳導率序列進行估計，因此無法對上述匯率傳導的影響因素理論進行實證檢驗，這部分研究有待在未來學習和進一步研究中掌握新的軟件工具和計量方法，對中國匯率傳遞率的影響因素進行進一步的實證檢驗和經濟解釋。

4.5 本章結論及政策分析

匯率變化的價格傳導作為匯率影響貿易收支的第一個因素，其對進口價格與出口價格傳導率的估計和檢驗有其突出的重要性。本章通過對中國進口本幣價格和出口本幣價格的決定因素進行建模，對人民幣匯率變化的進出口價格總傳導率在完整樣本期內進行了估計，同時還對進出口價格傳導率在不同的制度變化前後進行了分段估計。考慮到行業差異可能對匯率的價格傳導率產生影響，本章還對匯率傳導率的估計進行了分行業處理，以分析不同行業類型對匯率傳導率的影響差異。另外，考慮到中國對外貿易中加工貿易方式進出口的特殊性，本章還分貿易方式（主要是加工貿易方式和一般貿易方式）對人民幣匯率的進出口價格傳導率進行了估計和比較分析。本章結論基本如下：

（1）就匯率變化對進出口價格總指數的傳導而言，在完整樣本期內進口加權的人民幣名義有效匯率對中國進口本幣價格總指數存在顯著影響，其二者呈負相關關係，也就是說隨著人民幣匯率的上升，中國進口本幣總價格將下降，這說明中國進口商品市場上具有以美元或其他外幣定價的基本特徵。出口加權的人民幣名義有效匯率長期內對人民幣出口價格指數也存在顯著負影響，人民幣升值將導致出口的人民幣價格總指數下降，這反應出在中國出口皆以外幣定價的情況下，為了保障海外市場份額，國內出口商在面臨人民幣匯率升值時採取因市定價，主動降低出口的人民幣價格，自主吸收一部分因匯率上升帶來的影響。就進口價格與出口價格受匯率傳導程度的比較而言，匯率對進口價格的傳導要大於對出口價格的傳導，這也反應了匯率先影響進口而后影響出口的基本經濟現實。

在分段樣本期內，以加入 WTO 為界的分段迴歸差異顯著，以匯改為界的分段迴歸差異不顯著。加入 WTO 之前，人民幣進口有效匯率與進口價格總指數呈顯著正相關，而在加入 WTO 之后，二者呈顯著負相關。這與不同樣本期內不同的匯率預期和匯率波動程度有關，加入 WTO 之前，人民幣進口有效匯

率升值，導致國際金融市場對人民幣存在貶值預期，同時此階段人民幣進口有效匯率的波動較大，基於這兩重原因，出口廠商為減少人民幣匯率調整帶來的可能損失，從而提高出口價格導致中國進口本幣價格上升，匯率與進口價格呈正相關；而在加入 WTO 之後，人民幣進口有效匯率貶值，導致國際金融市場對人民幣預期升值，出口商為保持市場份額，下調出口價格，從而導致人民幣進口價格下降，匯率與進口價格之間呈負相關。

(2) 就匯率變化對分行業進出口價格指數的傳導而言，人民幣匯率變化對中國初級產品進口價格與對工業製成品進口價格的傳導程度二者較為相近。而在各製成品進口商品類別之間，人民幣匯率變化的傳導程度存在較大差異，人民幣匯率變化對醫藥化工製成品進口價格的傳導程度最高，超過 1，其次是機械運輸類、電子類和輕紡類進口價格，傳導程度最低的是鋼材類成品的進口價格，僅 0.39，可以看出，加工程度高且生產過程複雜的產品其進口價格的匯率傳導程度要更高一些。

就分行業的出口價格變化而言，匯率對初級產品的出口本幣價格的傳導要遠大於對製成品出口本幣價格的傳導，升值會直接造成初級產品出口商的損失。在製成品內部，電子類、基礎材料類和機械運輸類出口本幣價格受升值影響較大，這與這些行業出口目標市場的成熟度低和競爭力弱直接相關。而輕紡類和雜項類的出口，由於這兩類製成品是中國傳統的勞動密集型出口產品，而且加工貿易比重較大，出口市場成熟穩定，升值對這兩個部門出口本幣價格影響較小，大部分升值的影響都傳導至目標市場的進口價格。

(3) 就匯率變化對分貿易方式進出口價格的傳導而言，人民幣匯率變化對中國加工貿易進口價格和出口價格長期內都存在顯著高度的負影響，而對一般貿易的進口價格和出口價格長期內影響都非常小（對本幣價格的傳導率都低於 15%）且不顯著，這與加工貿易特有的「兩頭在外」的貿易方式有關。這說明人民幣升值將主要對中國加工貿易的出口產生衝擊，而對一般貿易的出口影響相對較小。

基於以上基本結論，本書提出以下幾點政策建議：

(1) 人民幣的非自由兌換特徵將制約中國進口和出口結算貨幣的選擇，進出口結算貨幣的外幣化使得中國以人民幣表示的進口價格與出口價格的匯率傳導程度將始終偏高，不穩定的匯率和匯率預期將增加人民幣進出口價格的波動，這將進一步增加中國進出口廠商利潤的不確定性。因此，與中國當前外貿規模及其增長和外經貿領域的快速發展相適應，人民幣的國際化進程應當得到適當的推進。

（2）要維持一國進出口價格的相對穩定，其根本就是掌握定價的主動權。一國進口的貨品往往是其比較劣勢商品，其價格往往由出口商決定，但中國不管進口或出口，其定價權基本掌握在貿易夥伴對方手中，這說明雖然中國出口數量在不斷增加，但出口產品的國際競爭力相當有限，出口價格都相對低廉，甚至中國出口價格與世界收入呈現負相關關係。這就要求中國出口企業在未來的出口競爭中，不是大打價格戰，而是努力提高中國出口產品的競爭能力，在產品質量、營銷推廣、品牌創新等方面做出成績，同時在企業內部要不斷提升企業經營管理水平、實施有效的成本節約，在擁有真正高利潤的基礎上，掌握定價的主動權，即使非本幣結算，也可以降低匯率傳導程度，減少匯率風險。

（3）基於人民幣升值對中國加工貿易進出口價格的影響要大於對中國一般貿易進出口價格的影響，人民幣升值將降低中國加工貿易的進口價格和出口價格，致使加工貿易企業人民幣利潤減少，加上中國近年來國內成本的不斷上升，加工貿易企業的生存與發展面臨著前所未有的困難。考慮到中國加工貿易大部分集中於傳統勞動密集型行業，對中國就業和社會穩定仍將起到積極的作用，因此未來應該穩定人民幣預期，減緩人民幣升值的步伐，給加工貿易的轉型和進一步發展提供匯率支持，而不是壓力。

5 中國進出口價格彈性的估計與檢驗

在研究匯率對貿易收支的影響研究中，匯率變化對貿易價格的傳導是第一個環節，本書第四章集中完成了對中國人民幣匯率變化的各類貿易價格傳導的估計和分析，在本書第五章則需要對匯率的貿易收支效應的第二個影響因素進行完整闡述，主要是估計各類貿易價格變化對相應貿易數量的影響彈性及各彈性的動態特徵，也即對中國各種不同分類進出口商品的 ML 條件進行估計和經濟分析。

5.1 國內 ML 條件和進出口價格彈性估計的文獻回顧

國內關於中國貿易彈性的研究非常多，有總量彈性分析，也有雙邊彈性分析，還有少量分行業價格彈性的分析。在關於 ML 條件在中國是否成立的各個研究中，由於在樣本選取、模型設定、數據處理和計量方法的選擇甚至是對 ML 條件的具體定義方面都存在較大差異，得到的結論也因此而大相徑庭。國內對各類進出口需求價格彈性進行估計的研究，根據其模型設定、估計方法的使用等基本可以分為兩個階段。

在 20 世紀 90 年代，基本都是採用單方程進行迴歸，並大多採用 OLS 估計方法，對當期彈性值進行估計。最具代表性的對總量彈性進行分析的結論大致可以分為三種：一是中國進出口需求的價格彈性嚴重不足，ML 條件在中國不成立。厲以寧（1991）運用 1970—1983 年的數據進行總量彈性分析，發現進出口需求的價格彈性分別為 $-0.687,1$ 和 $-0.050,6$，二者之和的絕對值小於1，不能滿足 ML 條件，人民幣貶值不但不能改善中國貿易收支，反而減少順

差或增加逆差。持類似觀點的還有張明（2001）等。二是 ML 條件基本成立，人民幣匯率變化對中國貿易收支的影響較小。陳彪如（1992）運用 1980—1989 年的數據對中國進出口價格指數和貿易量進行迴歸，發現中國進出口的價格彈性分別為 -0.300,7 和 -0.724,1，二者之和正處於 ML 條件的臨界值，匯率變化對貿易收支的影響中性，經濟的總體增長才能改善貿易收支。三是 ML 條件完全成立，人民幣貶值將大幅增加中國貿易順差。戴祖祥（1997）運用中國 1981—1995 年的數據對中國出口需求的價格彈性進行了估計，發現僅出口需求的價格彈性就顯著大於 1，認為人民幣貶值有利於改善中國的貿易收支。

在最近十年的研究中，單方程的 OLS 迴歸雖然仍有使用，但更多地出現了使用多項式分佈滯后模型（ARDL）、向量自迴歸模型（VAR）、協整（Cointegration）和誤差修正（VECM）模型等新的模型設定來對進出口需求價格彈性的長期均衡和短期動態變化特徵等進行研究。在估計方法上也有了新的發展，已有文獻中已開始出現使用最大似然估計和非線性參數估計等方法。各研究的基本結論也漸趨一致，基本上都認為 ML 條件在不同時期內不同程度上成立，人民幣匯率調整對中國貿易收支能起到一定的改善作用。盧向前、戴國強（2005）運用協整向量自迴歸模型對 1994—2003 年人民幣實際有效匯率與中國進出口之間的長期關係進行檢驗，得出人民幣實際匯率對中國進出口存在顯著影響，ML 條件成立，但存在 J 曲線效應。董繼華（2008）根據不完全替代理論建立進出口需求模型，使用非參估計方法對 1990 年 1 季度到 2006 年 2 季度的相關數據進行估算，在計算 ML 條件的同時還進一步結合中國實際計算了畢克迪克—羅賓遜—梅茨勒條件在中國是否成立。結果表明，中國的 ML 條件在當期值小於 1，而滯后 1-4 期的長期值大於 1，之后匯率的影響消逝，這與修正后的 BRM 條件的結論一致。這說明中國匯率調整不利於當期的貿易收支改善，但在長期內改善貿易收支的作用顯著。但此階段仍有個別研究得出完全不同的結論，曹永福（2005）運用中國的季度一般均衡模型估計出中國出口的價格彈性很低，不同時期的估計值在 -0.27 到 -0.56 之間，而進口的價格彈性則非常地接近於 0，人民幣升值不能有效降低中國的巨額貿易順差。

國內還有一部分文獻對中國進出口的雙邊價格彈性進行了研究，如辜嵐（2006）沿用博伊德（2001）的框架使用結構協整向量迴歸分佈滯后模型（VARDL）對 1997 年 1 月～2004 年 12 月的中國與美國、加拿大、韓國、歐元區國家和馬來西亞五個經濟體的貿易收支和匯率之間的關係進行迴歸。結果表

明，ML條件僅在中美和中歐之間成立，但由於美歐是中國最大的貿易夥伴，因此足以說明人民幣匯率變化可以改善中國貿易收支。朱真麗、寧妮（2002）運用1981—2000年的數據對中國與美國、日本和中國香港三個經濟體的雙邊進出口價格彈性進行估計，得出與三個貿易夥伴的進出口價格彈性的絕對值之和都大於1，ML條件成立，人民幣貶值能夠改善中國與各國的貿易收支。但由於對不同貿易夥伴而言進出口結構存在差異，故進出口價格彈性的大小也有所不同。

到目前為止，僅有極少的文獻（範金等，2004）對不同行業的進出口需求彈性及ML條件進行具體討論。範金等（2004）認為，中國大部分行業的出口價格彈性小於1，而進口價格彈性小於或接近於1，適當提高出口價格有利於增加出口部門的收入。如果只考慮匯率對貿易收支總額或總差額的影響，行業研究是不必要的，但要分析匯率對不同行業貿易收支差額的影響尤其是對不同行業出口的影響，就必須要對進出口需求彈性進行分行業研究，以進一步瞭解匯率變化帶來的行業影響差異，為各行業在應對匯率調整時提供一定的理論參考。

本書接下來在對中國進口和出口需求的總價格彈性進行估計的基礎上，對應匯率傳導研究部分的分行業標準，對各不同行業的進出口需求價格彈性進行估計，另外也繼續分貿易方式考察不同貿易方式的進出口需求彈性的大小並進行比較分析，以進一步明確中國ML條件在總貿易、分行業貿易和分方式貿易中是否成立，為第六章匯率變化的貿易收支總效應提供有關貿易彈性的理論和數據支持。考慮到全書的系統性要求，本書將不進行雙邊貿易中價格彈性的估計，並將此留待以后作進一步研究。

5.2 關於中國進出口數量與價格的基本描述

本書在中國進出口數量指數的編製過程中所使用的基礎數據與進出口價格指數的編製基礎數據完全一致，都是使用了由海關月度數據庫提供的78類進口商品和134類出口商品進出口量值在1995年1月到2008年8月的數據。以進口數量指數為例，先根據已經獲得的同具量值數據的進口商品類別的進口量原始數據，將其以2000年的平均進口量為100進行指數變換，得出分商品類別的進口數量指數，而后以對應商品類別的進口額在78類商品進口總額中的

占比為權重，對分類商品類別的進口數量指數進行加權加總，得到中國進口數量總指數。為了考察不同類別商品的價格數量關係，本書還對進口數量指數進行了分商品大類的計算。具體有三個層次的分類：第一層分類為初級產品和製成品的分類；第二層分類為製成品內部進一步劃分為電子、輕紡、機械運輸、基礎材料和醫藥化工等五類；第三層分類為分貿易方式計算進口數量指數，具體為加工貿易進口數量指數和一般貿易進口數量指數。關於出口數量指數的編製與進口數量指數的編製方法一致。

從本書編製的進出口數量總指數和分類指數來看，自1995年以來進口商品物價指數的變化大致可以分為兩個階段，第一階段為1995年到2001年年底，也就是中國加入WTO之前，進出口數量指數基本穩定，進出口的增長極其緩慢，且波動非常小。進口數量與出口數量之間基本保持平衡。第二階段為2002年年初到樣本期末，即加入WTO之後，進出口數量的增長速度大幅度提高，在快速增長過程中波幅也顯著增大。進口數量與出口數量的對比在此階段內經歷了一次調整，2004年7月前，進口數量大於出口數量，之後則出口數量趕超進口數量並大幅攀升。在整個階段內，進口數量的上漲幅度為200%，而出口數量的上漲幅度高達600%以上。從初級產品和製成品進出口數量的變化的比較可以看出，出口數量總指數的大幅攀升是因製成品出口數量的猛增形成的。而製成品出口數量的猛增又主要來自機械運輸類出口數量的猛增，當然電子產品出口量的較快增長也起到了一定的幫襯作用。具體見圖5－1、圖5－2。

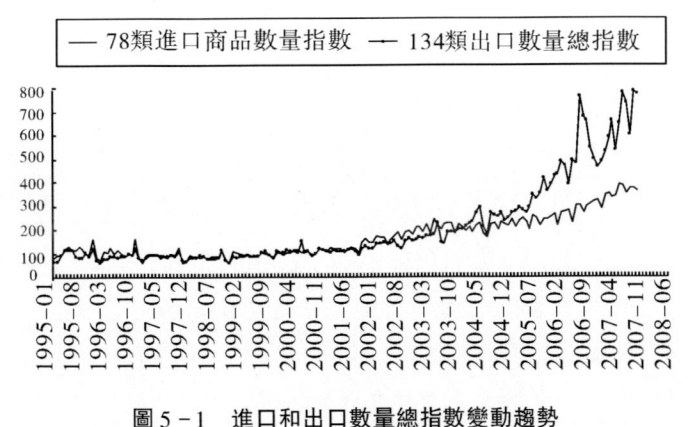

圖5－1　進口和出口數量總指數變動趨勢

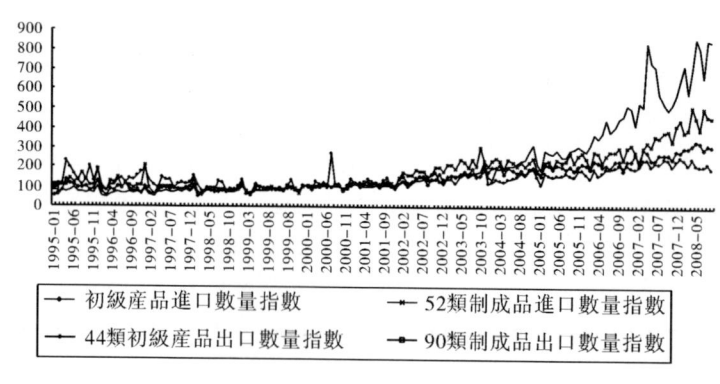

图 5-2　初级产品和工业制成品进口与出口数量指数变动趋势

5.3　中国进出口需求的价格弹性估计与检验

5.3.1　模型设定、变量选择与数据处理

本书借鉴戈德斯坦和卡恩（1985）的做法，根据不完全替代理论建立进出口需求模型。不完全替代理论的基本假定是：一国的进口商品与国内商品之间皆为不完全替代关系，对应而言，一国出口与国外产品之间也为不完全替代关系。该理论也符合国际贸易理论中比较优势解释，认为贸易国家出口具有比较优势的产品而进口比较劣势的产品。因此，在局部均衡框架下，一国均衡的进出口只受相对价格和实际收入的影响。均衡的进口量由国内实际收入和相对进口价格决定，而均衡的出口量由世界实际收入和相对出口价格决定。基本理论模型关系表示如下：

$$q_m = f(p_m, y_d) \qquad (5-1)$$

$$q_x = f(p_x, y_w) \qquad (5-2)$$

式中，q_m 和 q_x 分别表示出口数量和进口数量；p_m 和 p_x 分别表示进口和出口的相对价格；y_d 和 y_w 分别表示国内实际收入和世界实际收入。关于进出口需求函数的具体形式，大部分的国内外研究（厉以宁，1991；陈彪如，1992；戴祖祥，1997；朱真丽、宁妮，2002；董继华，2008 等）基本上都采用柯布—道格拉斯（C-D）函数形式，而且在以上各个实证研究结果也都表明此种函数形式是符合经济现实的。本书也将采用此种函数表达式，具体表示如下：

$$q_m = c_m p_m^{\alpha_m} y_d^{\beta_m} \qquad (5-3)$$

$$q_x = c_x p_x^{\alpha_x} y_w^{\beta_x} \qquad (5-4)$$

式中 c_m 和 c_x 皆為大於 0 的常數，分別表示除了收入和價格以外影響進出口數量的其他因素，如消費者偏好等；α_m 和 α_x 分別表示進口需求的價格彈性和出口需求的價格彈性；β_m 和 β_x 則分別表示進口需求的收入彈性和出口需求的收入彈性。就微觀經濟理論中的均衡數量、價格與收入之間的關係來看，本書預計進出口需求的價格彈性係數為負，而收入彈性係數為正。

根據以上理論模型，將模型中具有時序特徵的各變量數據進行季節調整，以去除季節因素的影響，並對進出口需求等式兩邊都取對數，計量模型形式表示如下：

$$\ln q_m = \ln c_m + \alpha_m \ln p_m + \beta_m \ln y_d \qquad (5-5)$$
$$\ln q_x = \ln c_x + \alpha_x \ln p_x + \beta_x \ln y_w \qquad (5-6)$$

5.3.2 中國進出口需求的總價格彈性和分類價格彈性估計

在諸多研究貿易彈性的文獻中，由於未能直接取得進出口價格和進出口數量的數據而將對應變量採用各種不同變量數據來替代，難免會因為變量選擇和數據處理導致結論的差異性。比如董繼華（2008）在數據處理時將進出口額指數化替代進出口需求量，這使得根據模型計算出的價格彈性的實質意義不再是價格與數量之間的彈性意義。朱真麗、寧妮（2002）使用了進出口數量數據，但其用商品產地的批發物價指數乘以匯率等於進（出）口價格指數的做法值得商榷，有關數據處理的說明也不甚清晰。戴祖祥（1997）在出口需求模型中對外國收入和外國價格的處理過於簡單，僅用了美國和日本兩個國家的相關數據簡單平均，雖在當時的研究中具有一定的合理性，但就目前中國對外貿易的現實來看，已不能簡單沿用此種做法。盧向前、戴國強（2005）在其研究中直接使用了匯率對進出口額的影響，其估計結果實際上是貿易餘額的匯率彈性，而非價格彈性。顯然，根據 ML 條件的準確定義，即使匯率貶值能改善貿易收支，這一結果並不必然是 ML 條件成立的直接結果，應該還包含了匯率傳導和匯率對收入等其他方面宏觀影響的結果。曹永福（2005）也曾就貿易彈性中的匯率彈性與價格彈性進行過區分。因此本書認為，盧向前與戴國強（2005）對 ML 條件的判斷可作更進一步的考慮。

本書貿易價格彈性的估計模型中直接使用海關月度庫提供的進出口數量（原始）和根據進出口分類商品量值數據得到的進出口價格數據，因此，模型中使用的關於價格和數量的數據實際上是均衡的進出口量和均衡的進出口價格。以出口量和出口價格為例，此處的出口量既是國內出口供給量也是外國對

中國出口的需求量，同樣的，出口價格既是本國的供給價格，又是以人民幣表示的外國需求價格。在進行進出口總數量與總價格的計算時，由於數量與價格的不可比性，因此將各商品類別的進出口量與進出口價格都以 2000 年的月平均數據為基數進行了指數化處理，求得進出口數量和價格的總指數與分類指數。由於海關提供的進出口額原始數據皆為美元數據，因此運用同期人民幣對美元的月度平均匯率數據將美元名義價格轉化為人民幣名義價格。之後將各類人民幣名義價格指數皆運用同期月度中國 CPI 指數對其進行了從名義價格指數到實際價格指數的轉化。國內實際收入變量採用中經數據庫所提供的消費品零售總額替代，並使用以 2000 年為基期的 CPI 將其從名義值轉化為實際值。外國實際收入變量數據來自 IMF 的 IFS 數據庫，因為本書研究的是多邊貿易出口的需求，因此以世界工業生產指數中發達國家工業生產指數替代。基於樣本期內兩次制度變化可能對進出口數量的變化造成影響，因此在模型中引入了中國加入 WTO 和 2005 年匯率制度改革兩個制度變量，分別用虛擬變量 *dwto* 和 *der* 來表示。

在方法上，傳統的貿易彈性研究大多是基於時間序列的單方程 OLS 估計和多變量的協整分析，考慮到細分商品類別數據中包含有指標、行業和時間的三維信息，且在自變量和因變量中同時存在對應行業數據，因此面板（Panel Data）或綜列（Pool Data）數據更能反應截面和時序的雙重特徵，有利於對行業差異和結構變化同時進行分析，基於此本書採用標準的面板數據分析方法。因此面板數據對均衡的進口量和出口量的基本模型可以進一步表示如下：

$$\ln q_{m_{it}} = \lambda_{m_{it}} + \alpha_{m_{it}} \ln p_{m_{it}} + \beta_{m_{it}} \ln y_{d_t} + \mu_{m_{it}} \quad (5-7)$$

$$\ln q_{x_{it}} = \lambda_{x_{it}} + \alpha_{x_{it}} \ln p_{x_{it}} + \beta_{x_{it}} \ln y_{w_t} + \mu_{x_{it}} \quad (5-8)$$

就整個進出口數量模型和數據運用來看，進出口數量模型中都包含 8（N）個商品類別、每一序列都涵蓋 1995 年 1 月到 2008 年 8 月共 164（T）個觀測值，進出口數量模型中都有 5（$k+1$）個經濟變量，1 個被解釋變量和 4 個解釋變量，解釋變量中 2 個為實際變量，2 個是關於制度變化的虛擬變量，虛擬變量在兩模型中都相同，但實際變量存在差異：進口數量模型中的 3 個實際變量分別為進口數量、進口價格和國內收入；出口數量模型中的 3 個實際變量分別為出口數量、出口價格和世界收入。其中 i 為 8 個進出口商品的基本分類，0 代表總指數，1 代表初級產品指數，2 代表製成品指數，另 5 個分類皆為製成品內部的分類，在進口模型中，21~25 分別表示電子、醫藥、機械、輕紡和鋼材成品類指數，在出口模型中，21~25 分別表示電子、輕紡、基礎材料、機械運輸和雜項類指數。λ 表示截距項，μ 表示誤差項。以 m 為下綴的為進口

數量模型，以 x 為下綴的表示出口數量模型。

根據截距項向量 λ 和系數向量 α、β 和 γ 中各分量的不同限制要求，上述綜列數據模型又可以劃分為三種類型：①無分類影響的不變系數模型，表示所有分類皆無分類影響也不存在結構變化，不同分類模型中的截距項和系數皆相同。②變截距模型，表示存在分類影響但不存在結構變化，不同分類模型中存在不同的截距項，但系數都相同。③變系數模型，表示既存在分類影響也同時存在結構變化，不同分類模型中同時存在不同的截距項和不同的系數項。估計參數 λ、α、β 和 γ 到底採用何種形式，為了避免模型設定誤差，改進參數估計的有效性，需要對以上三種模型進行模型形式的設定檢驗。通常採用協方差分析檢驗對以下兩個假設進行檢驗（其中 η 為元素 α、β 和 γ 的系數向量）：

$$H_1: \eta_1 = \eta_2 = \cdots = \eta_N$$

$$\eta_1 = \eta_2 = \cdots = \eta_N$$

$$H_2: \lambda_1 = \lambda_2 = \cdots = \lambda_N$$

如果接受 H_2，則認為樣本數據符合模型（1），無需進一步檢驗。如果拒絕 H_2，則需要進一步檢驗 H_1。如果接受 H_1，則認為樣本數據符合模型（2），如果拒絕 H_1，則認為樣本數據符合模型（3）。是接受還是拒絕 H_2 或 H_1，可以根據模型所得到的統計量 F_2 和 F_1 的值是小於還是大於給定置信度（一般為95%）和相應自由度下的對應臨界值。

$$F_2 = \frac{(S_1 - S_3) / [(N-1)(k+1)]}{S_3 / [NT - N(k+1)]} \sim F[(N-1)(k+1), N(T-k-1)] \quad (5-9)$$

$$F_1 = \frac{(S_2 - S_3) / [(N-1)k]}{S_3 / [NT - N(k+1)]} \sim F[(N-1)k, N(T-k-1)] \quad (5-10)$$

式中，S_1、S_2 和 S_3 分別為三種模型對應估計的殘差平方和，N、T 和 k 分別表示個體數（進出口模型中個體數或分類數都為8）、時期截面個數（164個時間觀測點）和經濟指標中的解釋變量個數（4個解釋變量）。具體見表5-1、表5-2。

表 5-1　　　　　　　　進口數量模型形式的設定檢驗

$S_1 = 40.973,9$	$F_2 = 89.765,7$	$F(0.95,35,1,272) = 1.432,3$	拒絕 H_2	選用變系數形式,即模型(3)
$S_2 = 29.031,0$				
$S_3 = 11.808,2$	$F_1 = 66.260,1$	$F(0.95,28,1,272) = 1.485,2$	拒絕 H_1	

表 5-2　　　　　　　　出口數量模型形式的設定檢驗

$S_1 = 36.979,1$	$F_2 = 50.982,2$	$F(0.95,35,1,272) = 1.432,3$	拒絕 H_2	選用變系數形式,即模型(3)
$S_2 = 33.365,2$				
$S_3 = 15.389,9$	$F_1 = 53.060,1$	$F(0.95,28,1,272) = 1.485,2$	拒絕 H_1	

由於研究中僅集中於 8 個分類的進出口數量,因此變系數模型中本書對固定個體影響和隨機個體影響設定進行選擇時選擇固定個體影響,即設定固定影響的變系數模型來進行進出口數量的分析。由於數據中的 8 個分類中有 1 個為總進出口,2 個為初級產品和製成品的進出口,5 個為製成品內部的分類進出口,影響其這些分類經濟特徵的微觀和宏觀因素同時也對全部類別都產生影響,因此允許模型中存在橫截面異方差和同期相關,用相應的 OLS 方法對模型進行估計。估計結果見表 5-3。

表 5-3　　　　　　　　進口數量模型的估計和檢驗結果

	總進口	初級產品	製成品	電子	醫藥	機械	輕紡	鋼材
	lnqm 0	lnqm 1	lnqm 2	lnqm 21	lnqm 22	lnqm 23	lnqm 24	lnqm 25
c	-0.433	-1.095	0.032	-3.204	-1.699	0.823	1.393	4.183
$lnpm$	0.137 3.047	0.178 3.825	0.009 0.138	-0.226 -4.373	-0.010 -0.164	-0.288 -2.667	-0.390 -3.019	-0.363 -3.712
lny	0.321 4.545	0.486 7.137	0.265 2.821	1.311 16.163	0.762 11.227	0.231 1.332	0.093 1.211	-0.714 -6.104
$dwto$	0.194 9.525	0.148 7.479	0.230 8.399	0.165 6.724	0.131 6.334	0.376 7.612	0.057 2.425	0.318 9.992
der	0.085 3.893	0.041* 1.848	0.145 5.193	-0.009 -0.397	0.005 0.214	0.299 5.785	-0.006 -0.229	0.060 1.633
Unweighted stat.	$R^2 = 0.846,7$　　$SSR = 12.205,6$　　$D-W = 1.044$							
Weighted stat.	$R^2 = 0.842,1$　　$SSR = 1,113.739$　　$D-W = 1.112$							
Group unit root test (individual unit root)	Im, Pesaran and Shin W - stat = -8.195,2(0.000,0) ADF - Fisher Chi - square stat. = 119.755(0.000,0) PP - Fisher Chi - square stat. = 349.337(0.000,0)							

從模型檢驗結果可知，相對於加權的廣義最小二乘估計方法，非加權的 OLS 估計方法下的檢驗指標中具有更高的 R^2、更小的殘差平方和，$D-W$ 值略低於加權方法下的 $D-W$ 值，但只要能通過殘差的單位根假設，偏低的 $D-W$ 值也是可接受的。因此可以得出：選擇 OLS 估計方法能使模型的估計更有效。通過對 Pool Data 的組單位根檢驗，相同根假設下的單位根檢驗結果為不能拒絕單位根，但不同根情形下的單位根檢驗，IPS、ADF－Fisher 和 PP－Fisher 三種檢驗統計量的值都表明拒絕單位根假設，因此可說明該模型設定為有效設定。根據模型估計結果，關於進口數量與各解釋變量之間的關係可以得出如下結論：

（1）從進口數量模型的參數估計結果可以看出，進口總價格的變化對中國進口數量的影響為正，即價格上漲將導致進口量的增加，初級產品的進口價格與數量關係也同樣如此，而製成品總進口量與價格的關係不顯著。也就是說，進口總價格與進口總數量的彈性係數的大小和顯著程度主要由初級產品的進口價格與數量之間的彈性關係來解釋。中國初級產品進口量與價格之間的正彈性關係表明，隨著初級產品價格的上升，國內對初級產品的進口量將增加，這似乎與傳統需求理論相違背，但模型中的彈性係數反應的是同期相關關係，如果考慮對價格的預期，針對初級產品在生產過程中的「初級階段」特徵，在該市場上的「買漲賣跌」的情況則相當普遍，因此初級產品的需求更多的是與價格預期相關，從而導致其需求量與當期價格呈正相關關係。

就製成品內部的分類彈性而言，中國各類製成品進口需求的價格彈性都小於 0，結合匯率對進口價格的傳導，可以說明在人民幣升值過程中，中國進口價格的下降將導致各類製成品進口需求的增加。但各類製成品的價格彈性絕對值都偏小，普遍小於 0.4，說明即使匯率對價格的傳導完全，中國進口受價格的影響也有限，這說明中國進口的大部分產品在國內受替代品的競爭非常有限，或者進口中大部分皆為需求穩定的初級產品或加工程度低的半成品。在分類製成品中價格彈性最大的是輕紡類進口，為 0.39，價格彈性最小的是醫藥化工類進口，僅為 0.01，且該價格對其數量的影響並不顯著。這說明相比而言，國內替代品競爭能力較強的行業為輕紡行業，而醫藥化工行業的國內替代品的競爭力則特別低。

（2）就進口需求的國內收入彈性來看，總進口收入彈性為 0.3，表明國內收入每增加 1%，則進口量增加 0.3%。初級產品和製成品相比較，初級產品進口需求的收入彈性（0.49）要大於製成品進口需求的收入彈性（0.27），說明國內收入的增長對初級產品進口的影響更大。在製成品的分類中，除了鋼材類成品進口的收入彈性為負以外，其他各類別商品的進口收入彈性皆為正，電

子類進口的收入彈性最高，達到 1.3 以上，輕紡類進口的收入彈性最低，不到 0.1，且不顯著。這也反應了電子產品與輕紡品在人民生活中的不同需求狀況，輕紡類產成品屬於基本生活資料或必需品的範疇，而電子類產成品則屬於提升生活質量的非必需品範疇。鋼材類進口的負收入彈性表明，國內經濟低迷時鋼材進口增加，國內經濟高漲時鋼材進口相應減少，這與鋼材作為基礎建設材料和支柱行業產品的作用和地位有關。經濟低迷時，中國政府將大幅度增加基礎建設投資，加大對支柱行業的支持力度；反之，經濟高漲時，政府將減少財政投資，收縮對基礎產業的支持，因此財政投資的變化在鋼鐵業的發展中起到重大的作用。自 2008 年以來中國鋼材進口的大量囤積現象實際上就是受 4 萬億經濟政策拉動的結果。

（3）就制度變化的影響而言，中國加入 WTO 無一例外地顯著導致所有商品類別進口量的增加，對總進口的影響彈性為 0.19，對製成品的影響大於對初級產品的影響，在製成品各分類中，對機械運輸類進口和鋼材類進口的影響系數較大，達 0.3 以上，對輕紡類進口影響最小，僅為 0.06。而 2005 年的匯率制度改革對中國進口的影響較小，且該制度變化對大多數進口的影響並不顯著。值得一提的是，製成品分類中僅機械運輸類進口顯著受到匯率制度改革的影響，且影響系數較大，約為 0.29。具體見表 5-4。

表 5-4　　　　　　　出口數量模型的估計和檢驗

	總出口	初級產品	製成品	電子	輕紡	基材	機械	雜項
	$lnqx\ 0$	$lnqx\ 1$	$lnqx\ 2$	$lnqx\ 21$	$lnqx\ 22$	$lnqx\ 23$	$lnqx\ 24$	$lnqx\ 25$
c	-0.542	4.403	-1.725	-1.804	0.812	-1.758	-1.287	1.901
$lnpx$	0.470 4.972	0.080 1.169	0.441 5.099	0.485 4.552	0.251 3.389	0.950 7.940	-0.485 -5.425	-0.356 -6.865
$lnwip$	2.159 7.359	0.085 0.270	2.774 8.977	2.754 9.976	1.683 8.180	2.272 6.139	3.496 5.166	1.750 8.026
$dwto$	0.190 9.740	0.099 4.718	0.225 10.988	0.231 10.596	0.184 13.689	0.297 11.719	0.219 5.107	0.211 15.009
der	0.314 13.069	0.133 5.228	0.321 12.950	0.159 6.997	0.105 6.710	0.295 8.987	0.514 10.360	0.142 8.552
Unweighted stat.	$R^2 = 0.875,6$　　$SSR = 16.277$　　$D-W = 0.886$							
Weighted stat.	$R^2 = 0.794,5$　　$SSR = 1,152.832$　　$D-W = 1.088$							
Group unit root test (individual unit root)	Im, Pesaran and Shin W-stat = -6.647,3　(0.000,0) ADF-Fisher Chi-square stat.　= 105.520　(0.000,0) PP-Fisher Chi-square stat.　= 428.394　(0.000,0)							

與進口數量模型中相類似，在出口數量模型中，相對於加權的 GLS 估計方法，非加權的 OLS 估計方法下的檢驗指標中具有更高的 R^2、更小的殘差平方和，$D-W$ 值略低於加權方法下的 $D-W$ 值，但只要能通過殘差的單位根假設，偏低的 $D-W$ 值也是可接受的。因此可以得出：選擇 OLS 估計方法能使模型的估計更有效。通過對 Pool Data 的組單位根檢驗，相同根假設下的單位根檢驗結果為不能拒絕單位根，但不同根情形下的單位根檢驗，IPS、ADF - Fisher 和 PP - Fisher 三種檢驗統計量的值都表明拒絕單位根假設，因此可說明該模型設定為有效設定。根據模型估計結果，關於出口數量與各解釋變量之間的關係可以得出如下結論：

　　（1）從出口模型的參數估計結果可以看出，出口總需求的價格彈性為 0.47。其中，初級產品的出口需求價格彈性非常低（僅 0.08）且不顯著，製成品出口需求的價格彈性相對較高（0.44）。因此關於出口總需求的價格彈性可以用製成品的出口需求彈性來解釋。製成品內部僅機械運輸類和雜項類的出口價格彈性為負，表現正常。其他如電子、輕紡和基礎材料成品類出口需求的價格彈性都為正，與傳統的微觀經濟理論有所相悖。這可能存在以下幾個方面的原因：第一，長期以來，中國出口商品大多為勞動密集型產品，附加值低，導致出口產品中吉芬商品特徵明顯。但隨著中國加入世界貿易組織（WTO），中國新興電子行業和傳統輕紡行業以及基礎材料成品行業的競爭力都有所增加，隨著產品附加值的上升，產品價格雖有上升，但出口需求量卻仍增加，這說明中國出口價格的變化同時也反應了產品附加值的變化。第二，中國加工貿易出口在總出口中占比高，出口價格高導致外國需求多的根本原因或不在價格因素，而在國內加工環節中的成本因素。中國加工成本在國際市場上相對低廉，故加工貿易的增加會導致出口量的增加，而出口價格的上升存在加工貿易升級過程中進口價格上升方面的原因。因此在國內政府鼓勵、企業主導和社會競爭等方面想辦法努力提高中國出口產品的品質，同時進一步升級中國的加工貿易，在增加產品附加值的前提下提高出口價格，不但不會丟失市場份額，反而會促進出口數量的增長，增加中國出口企業的出口收入和利潤。

　　（2）就出口需求的世界收入彈性來看，總出口收入彈性為 2.15。對初級產品和製成品進行比較，與進口需求的國內收入彈性表現相反，初級產品出口需求的世界收入彈性（0.09）要遠小於製成品出口需求的世界收入彈性（2.77），說明世界收入的變化對中國製成品的出口量影響更大，而對中國初級產品的出口量影響非常小。就製成品內部的分類來看，世界收入的變化對各分類的影響彈性自大到小排序為：機械運輸類、電子、基礎材料成品、雜項和

輕紡產品。從這一結果可以簡單推斷，行業內部的資本密集程度越高和生產程序越複雜，其出口需求的世界收入彈性越大；相反地，生活必需品如輕紡雜項等其出口需求的收入彈性較小。但總的來看，所有製成品出口需求的時間收入彈性都非常高。最高的機械運輸類收入彈性為 3.50，最低的輕紡類收入彈性也有 1.68，這說明中國出口產品在國際市場上的競爭力的確有限，很容易遭受世界經濟變化的衝擊。尤其是加上中國進口需求彈性小，而國際市場對中國出口的需求彈性又如此大，這使得中國國內進口受制於人，對外出口又面臨高風險。兩重壓力進一步說明，在世界經濟增長的不確定性越來越大的今天，長期以來通過政府補貼（出口退稅）來讓出口企業在國際市場上低價競爭的單一外向型發展戰略在當前形勢下需要進行重大調整。促進進口發展，加強國內出口商品在國際市場上的綜合競爭力是中國對外經濟發展的重中之重。

（3）就制度變化的影響而言，與對進口量的影響只有加入 WTO 有顯著影響不同，中國加入 WTO 和 2005 年匯率制度改革兩次制度變化都無一例外地顯著增加了所有商品類別的出口量。匯改的制度變化對出口量的影響顯著且影響系數較大，對總出口量的影響達 0.31；而加入 WTO 對總出口量的影響系數為 0.19。兩次制度變化對製成品的影響都要大於對初級產品的影響。在製成品內部，各行業出口受加入 WTO 的影響都較為一致，系數差異較小。而各行業出口受匯改制度變化的影響差異卻較大，其中機械運輸類出口量受匯改制度變化的影響最大，系數高達 0.51，而影響最小的為輕紡類出口，影響系數僅為 0.1。

總結兩次制度變化在進口數量模型和出口數量模型中的不同表現，可以發現，在所有分類中，機械運輸類不管是進口還是出口都顯著地受到加入 WTO 和匯改兩次制度變化的影響，且影響較大。而具有成熟國際市場的傳統出口產品輕紡類的進口和出口受兩次制度變化的影響都最小，且其進口量受匯改的影響還不顯著。再次印證了中國機械運輸類出口競爭力低下，容易受到制度變化和實體經濟變化的衝擊，而輕紡類的出口競爭力相對較強，受制度變化和實際經濟變量變化的衝擊較小。

5.3.3 關於 ML 條件和匯率變化的貿易余額效應的初步討論

根據 ML 條件的基本理論和上述估計結果，可以運用各類進口需求和出口需求的價格彈性計算出 ML 條件在各分類項下是否成立。具體見表 5-5。

表 5-5　　　各分類貿易的 ML 條件和貿易余額變化方向

價格彈性	總量	初級產品	製成品	電子類	輕紡類	機械運輸類	基礎材料類	雜項醫藥類
進口需求 ε_m	0.137	0.178	0.009	-0.226	-0.390	-0.288	-0.363	-0.010
出口需求 ε_x	0.470	0.080	0.441	0.485	0.251	-0.485	0.950	-0.356
$\|\varepsilon_m\|+\|\varepsilon_x\|$	0.607	0.258	0.450	0.711	0.641	0.773	1.323	0.366
	<1	<1	<1	<1	<1	<1	>1	<1
ML 條件	否	否	否	否	否	否	是	否
余額（升值）	↑	↑	↑	↑	↑	↓	↑	↓

　　從表 5-5 可以看出，除了基礎材料類的進出口需求價格彈性滿足 ML 條件，其他各分類的進出口需求彈性皆不滿足。進出口總量的彈性和也小於 1，初級產品進出口需求的價格彈性和更小，僅 0.258，製成品進出口需求的價格彈性和也不到 0.5。這表明，假設其他條件（如各貿易收支初始狀態余額為 0，供給彈性無窮大等）皆滿足，如果人民幣升值（假定貿易品產地定價，匯率完全傳導）導致進口本幣價格下降、出口本幣價格上升，進口價格下降引起國內進口數量下降，而出口價格上升引起出口數量增加，同一匯率變化完全傳導后引起幅度相同、方向相反的價格變化，則同幅價格變化導致的進出口數量變化與彈性大小相關。對總量、初級產品和製成品而言，所有進口價格彈性皆小於出口價格彈性，因此進口額的增加要大於出口額的減少，貿易余額增加，故而人民幣升值導致貿易余額增加。這一結論對於總進出口余額、初級產品貿易余額和製成品貿易余額都成立。

　　就分類製成品而言，情況有所不同，這是因為除了機械運輸類和雜項（醫藥）類的進出口需求的價格彈性符號相同以外，其余的電子、輕紡和基礎材料類的進出口需求的價格彈性皆具有不同的符號，且其中輕紡類一項的進口需求價格彈性絕對值要大於其出口需求的價格彈性絕對值。這使得對問題的分析變得相對複雜。①首先考察機械運輸類和雜項（醫藥）類。假定其他條件滿足，人民幣升值導致進口價格下降，出口價格上升。進口價格下降導致該兩類進口需求上升，而出口價格上升導致該兩類出口需求下降。由於進出口需求都缺乏彈性，因此進口價格下降導致的進口額下降超過需求增加導致的進口額的增加，最終導致進口額下降。彈性越小進口額下降越多。對應地，出口價格上升導致的出口額上升要超過出口需求下降導致的出口額下降，最終導致出口額上升。彈性越大出口額上升越少。綜合進口額與出口額的變化，由於該兩項

進口彈性皆小於出口彈性，因此出口額上升少而進口額下降多，貿易余額減少。②其次考察電子、輕紡和基礎材料類。假定其他條件滿足，人民幣升值導致進口價格下降，出口價格上升。根據彈性符號可知，進口價格下降導致該兩類進口需求上升，而出口價格上升也導致該兩類出口需求上升。根據彈性絕對值，進出口都缺乏彈性。因此進口價格下降導致的進口額的減少要大於進口量上升導致的進口額的增加，最終導致進口額減少。而出口價格上升和出口量的上升都增加出口額，因此進口和出口兩方面都對該三類貿易余額有改善作用。

從以上結論可以看出，各類進口與出口的需求價格彈性和都小於 1（僅基礎材料類除外），ML 條件都不成立。在其他條件皆滿足的情況下，人民幣升值不但不能導致貿易余額的減少，反而導致貿易余額進一步增加。但也有例外，如機械運輸類，當進出口需求彈性皆為負時，人民幣升值將可能導致貿易余額的減少。

5.4 中國不同貿易方式下進出口需求的價格彈性估計與檢驗

5.4.1 加工貿易與一般貿易進出口數量變化的描述性分析

為了具體考察不同貿易方式下進出口數量與進出口價格之間的彈性關係，本書在進出口數量指數的編製中進一步以貿易方式作為劃分標準對加工貿易進出口數量指數和一般貿易進出口數量指數進行了編製。其商品類別的貿易方式歸屬與分貿易方式的進出口價格指數的編製一致。同樣是以 52 項製成品進口商品和 90 項製成品出口商品為基礎，製成品進口中有 33 類歸屬於加工貿易進口，製成品出口中有 32 類歸屬於加工貿易出口。製成品進出口中對應的其他類別都分別歸屬於一般貿易進口和一般貿易出口。① 需要說明的是，將初級產品的進出口排除在外，是因為初級產品的出口中基本上不包含可被歸屬於加工貿易出口的商品類別，而進口中可歸屬於加工貿易進口的比重卻偏高，如此歸屬后可能導致分貿易方式的進出口數量與價格之間的彈性關係因為商品的不同加工程度而失真，使估計結果得不到合理的解釋。具體見圖 5-3。

---

① 具體商品類別的貿易方式歸屬見分貿易方式進出口價格指數的編製。

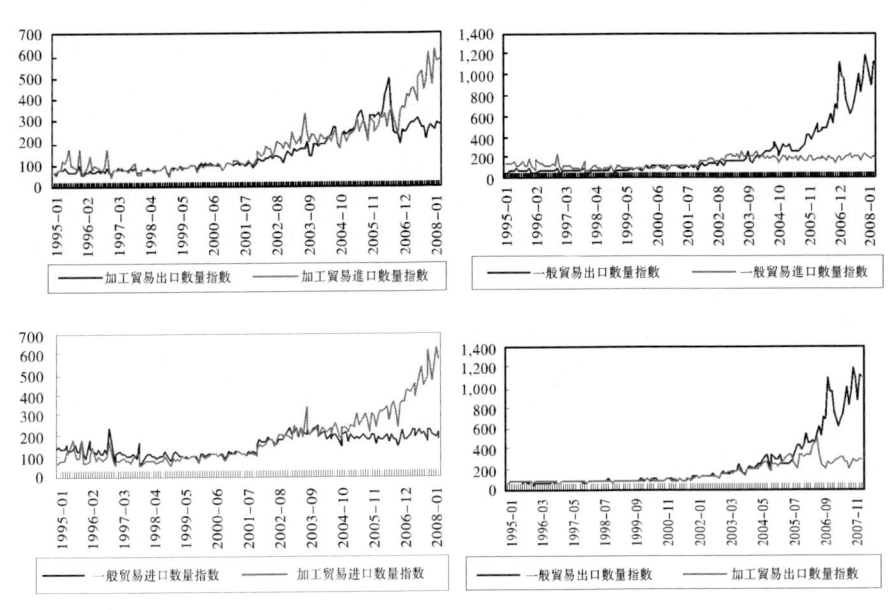

圖5-3 加工貿易與一般貿易進口和出口數量指數變動趨勢及其比較

就不同貿易方式下或不同類別商品的進口或出口數量（指數）的比較意義並不是很明確，因為不同商品類別的數量單位是有差異的，不具可比性。即使是同一種貿易方式，其進口與出口商品也會因為加工程度不同而不具可比性。因此對進出口數量（指數）的比較，主要是比較其基本變化趨勢，而不是數量（指數）水平值的高低。就加工貿易而言，進出口數量都保持持續增長趨勢。受加入WTO的影響，進入2002年後進出口數量的增長速度都加快，且進口量的增長快於出口量的增長。尤其是2005年匯改後，受人民幣升值的影響，進口量在半年後開始出現增速提高的拐點。而出口量在滯後1年多後在2006年12月開始出現下降，且升值對加工貿易出口量的影響一致延續至今。就一般貿易而言，其進出口數量的增長趨勢分化明顯，在整個樣本期內進口量變化都很小，增長不明顯。但在中國加入WTO後一般貿易出口量的增長速度加快。雖在匯改兩年後也開始因人民幣升值而導致出口量大幅下降，但經過短暫調整後又恢復了其原有增長趨勢。這說明自描述性統計所反應的事實來看，人民幣升值對中國一般貿易出口量的影響只是短期的，不改變其長期趨勢。值得注意的是，從進口量上來看，即使是加入WTO之後，中國一般貿易的進口量的增長也極其緩慢，且該貿易方式下的進口對人民幣升值也不敏感。

從圖5-3中可以看出，通過匯率調整手段來實現對貿易余額的調節必定存在不同貿易方式下所受影響不同的現象，因此需要對不同貿易方式下的進出

口現實作進一步分析。在第四章4.2中本書已經對人民幣匯率變化對不同貿易方式下進出口價格的傳導進行了估計，並得到人民幣匯率變化對中國加工貿易進出口的價格傳導程度要高於對中國一般貿易進出口的價格傳導程度的結論。但最終不同貿易方式下的貿易余額的變化情況不僅取決於匯率傳導程度，還取決於不同貿易方式下的貿易彈性的大小，即需要進一步討論不同貿易方式下ML條件是否成立的問題。本節以下的部分將對加工貿易和一般貿易進出口需求的價格彈性進行估計，並考察ML條件在不同貿易方式下的成立情況。

5.4.2 加工貿易進出口價格彈性的估計

5.4.2.1 模型設定和變量選擇

在本書目前掌握的國內外關於貿易彈性估計的文獻中，尚未有針對不同貿易方式下的貿易彈性進行估計的。國外的研究大多以發達國家的貿易彈性估計為主，且對總量價格彈性的估計居多。發展中國家尤其是中國加工貿易方式進出口占比大，國內研究也都關注不同貿易方式的進出口表現，但有針對性地估計其價格彈性，探討ML條件在兩種貿易方式下的成立情況，卻暫未涉及。因此，就模型設定而言無前例可參考，只能根據進出口數量與價格之間關係的相關理論和分貿易方式進出口的具體現實進行建模。

根據微觀需求決定理論，商品需求是價格和收入的函數。就正常商品而言，假定其他條件不變，需求量與價格負相關，而與收入正相關。一般情況下一國的進口需求和外國對本國的出口需求也應遵循此理。但根據5.3中得到的結論，進口和出口總價格、初級產品價格和製成品總價格的變化對中國進口數量的影響彈性都為正，即使在製成品內部分類中，其進出口彈性符號也各有不同。雖進口彈性符號皆為負，但出口彈性卻在不同分類中反應為不同的符號。這說明中國對外貿易的現實與傳統理論存在較大差異，這也為進一步設定分貿易方式的進出口需求函數帶來了難度。考慮到不同貿易方式下進出口數量的現實決定機制的差異，就加工貿易而言，因其進口直接構成出口成本、進口以出口為導向與國內收入無直接關聯的特點，其進口量與進口價格、出口價格、出口量以及世界收入之間關係複雜，所有變量的當期值和滯後可能都相互影響。而加工貿易的出口量也與出口價格、進口價格、進口量和世界收入之間存在類似複雜的相互影響。基於此，本書將使用無需區分內生與外生變量的非結構化的向量自迴歸（VAR）計量方法，估計加工貿易的進口需求和出口需求模型，以得出加工貿易進出口價格彈性。為了方便比較，本書對一般貿易進出口需求函數的估計也採用相同的方法。加工貿易進出口需求量與價格和收入之間的

VAR 模型的表示如下：

$$\begin{bmatrix} jgqm_t \\ jgqx_t \\ jgpm_t \\ jgpx_t \\ wip_t \end{bmatrix} = A_1 \begin{bmatrix} jgqm_{t-1} \\ jgqx_{t-1} \\ jgpm_{t-1} \\ jgpx_{t-1} \\ wip_{t-1} \end{bmatrix} + \cdots + A_p \begin{bmatrix} jgqm_{t-p} \\ jgqx_{t-p} \\ jgpm_{t-p} \\ jgpx_{t-p} \\ wip_{t-p} \end{bmatrix} + B \begin{bmatrix} dwto_t \\ der_t \end{bmatrix} + \begin{bmatrix} \varepsilon_{jgqm,t} \\ \varepsilon_{jgqx,t} \\ \varepsilon_{jgpm,t} \\ \varepsilon_{jgpx,t} \\ \varepsilon_{wip,t} \end{bmatrix} \quad (5-11)$$

等式左邊表示模型中所有內生變量組成的向量，向量元素分別表示為加工貿易進口量 $jgqm$、加工貿易出口量 $jgqx$、加工貿易進口價格 $jgpm$、加工貿易出口價格 $jgpx$、世界收入 wip，等式右邊第一列到第 p 列分別表示對應內生變量從 1 到 p 期的滯后向量，$dwto$ 和 der 仍然表示代表加入 WTO 和 2005 年匯改兩次制度變化的虛擬變量，最后一列表示對應於各內生變量的隨機擾動向量。A 和 B 分別表示要被估計的係數矩陣。

由於只有內生變量的滯后值和外生變量出現在等式右邊，所以不存在同期相關的問題，用 OLS 方法能得到 VAR 模型的一致且有效的估計量，即使擾動向量存在同期相關，由於所有方程都有同樣的迴歸元，故 OLS 與 GLS 等價，此處 OLS 方法仍然能獲得有效估計量，所以本部分將採用 OLS 方法進行估計。

5.4.2.2　參數估計與模型檢驗

5.4.2.2.1　對各內生變量時間序列進行單位根檢驗

在經濟變量中有一些變量顯著相關，但它們可能並無實際經濟意義，從而可能導致偽迴歸的問題。另外，基於向量誤差修正模型的估計和 Johansen 協整檢驗以及格蘭杰因果檢驗也都要求系統中的各變量同時滿足 I（1）過程，因此需要對各變量序列進行平穩性檢驗。平穩性檢驗採用 ADF 單位根檢驗方法，單位根檢驗最佳滯后階數按照 AIC（Akaike Information Criterion）準則確定，以 AIC 值最小為原則。ADF 單位根檢驗結果見表 5-6。

表 5-6　加工貿易價格數量模型變量序列的單位根檢驗結果

	水平值檢驗結果			一階差分檢驗結果		
	檢驗形式 (C,T,K)	5%臨界值	ADF t-stat.	檢驗形式 (C,T,K)	5%臨界值	ADF t-stat.
$jgqm$	(C,T,12)	-3.439,8	-2.102,2	(C,T,11)	-3.439,8	-4.634,3
$jgqx$	(C,T,13)	-3.440,1	-2.046,0	(0,0,12)	-1.943,0	-2.247,1
$jgpm$	(C,0,14)	-2.879,4	-1.375,0	(0,0,1)	-1.942,8	-12.706

表 5-6(續)

	水平值檢驗結果			一階差分檢驗結果		
	檢驗形式(C,T,K)	5%臨界值	ADF t-stat.	檢驗形式(C,T,K)	5%臨界值	ADF t-stat.
jgpx	(C,0,13)	-2.880,7	-2.641,5	(0,0,12)	-1.943,0	-2.346,7
wip	(C,T,15)	-3.440,5	-2.765,8	(C,0,14)	-2.881,0	-3.250,2

註：檢驗形式中的 C、T 和 K 分別表示截距項、時間趨勢和最佳滯后階數。

根據單位根檢驗結果，所有變量的水平值序列都為非平穩序列，而所有變量的一階差分序列皆為平穩序列，故各序列滿足一階單整過程 I（1）特徵。

5.4.2.2.2 格蘭杰（Granger）因果關係檢驗

格蘭杰因果關係檢驗是檢驗一個變量的滯后是否對其他變量造成影響。如果加入變量 y_1 的滯后項能夠提高對變量 y_2 的解釋程度，且二者的相關係數在統計上顯著時，就可以稱「y_1 是 y_2 的格蘭杰原因」或「y_2 是由 y_1 格蘭杰引起的」。要考察進入 VAR 模型的所有變量之間的兩兩因果關係，就可以使用由格蘭杰（1969）提出、西姆斯（1972）推廣的格蘭杰因果檢驗。但格蘭杰因果檢驗的任何一種檢驗結果都與滯后長度 p 的選擇有關，本書將採用 LR（Likelihood Ratio）、FPE（Final Prediction Error）、AIC 信息準則（Akaike Information Criterion）、SC 信息準則（Schwarz Information Criterion）和 HQ（Hannan-Quinn Information Criterion）等方法進行最佳滯后階數的確定和檢驗。根據檢驗結果顯示，12 階滯后為最佳滯后階數。具體見表 5-7。

表 5-7　　　　　　　最佳滯后階數檢驗結果

Lag	LR	FPE	AIC	SC	HQ
12	92.260,08*	3.20e-14*	-17.147,85*	-10.881,26	-14.602,14*

*表示根據各準則選擇的滯后階數。

因為格蘭杰因果檢驗要求被檢驗變量序列為平穩序列，根據之前各變量序列的單位根檢驗結果，各變量序列水平值皆為非平穩序列，而所有變量的一階差分為平穩序列，故本書將對各變量一階差分序列進行格蘭杰因果關係檢驗，其檢驗結果見表 5-8。

表 5-8　　基於 VAR 模型的格蘭杰因果關係檢驗結果

	零假設	χ^2 統計量	自由度	P 值
jgqm 方程	jgpm 不能 Granger 引起 jgqm	30.004,46	12	0.002,8
	wip 不能 Granger 引起 jgqm	37.061,38	12	0.000,2
	jgqx 不能 Granger 引起 jgqm	14.678,11	12	0.259,5
	jgpx 不能 Granger 引起 jgqm	16.643,84	12	0.163,5
	jgpm、wip、jgqx 和 jgpx 不能同時 Granger 引起 jgqm	175.600,7	48	0.000,0
jgqx 方程	jgpx 不能 Granger 引起 jgqx	34.370,24	12	0.000,6
	wip 不能 Granger 引起 jgqx	46.830,41	12	0.000,0
	jgqm 不能 Granger 引起 jgqx	19.378,18	12	0.079,8
	jgpm 不能 Granger 引起 jgqx	8.379,161	12	0.754,8
	jgpx、wip、jgqm 和 jgpm 不能同時 Granger 引起 jgqx	221.042,2	48	0.000,0

註：以上表中所有序列皆為一階差分后的平穩序列。

　　從表 5-8 中可以看出，在加工貿易進口模型中，加工貿易進口價格和世界收入是進口數量的 Granger 原因，而加工貿易出口數量和出口價格都不是其進口數量的 Granger 原因，但加工貿易進口價格、世界收入、加工貿易出口量和其出口價格卻能同時 Granger 引起加工貿易進口量。這說明中國加工貿易進口量與出口量之間並無直接關聯，這與加工貿易進出口商品的加工程度和數量單位有關，加工貿易進口的往往是原材料、半成品（如零部件），而出口的則往往是半成品和產成品（如整件）。加工貿易出口價格也會因為進出口商品的加工程度差異而導致該價格與進口數量無直接關聯。因此，加工貿易出口量和出口價格可以作為加工貿易進口量模型中的外生變量。以上四個變量能同時 Granger 引起加工貿易進口量，說明可以將這五個變量構成 VAR 系統進一步進行 VECM 的估計。

　　加工貿易出口在出口模型中，加工貿易出口價格和世界收入是加工貿易出口數量的 Granger 原因，而加工貿易進口量和進口價格都不能 Granger 引起其出口量，但加工貿易出口價格、世界收入、加工貿易進口量和其進口價格卻能同時 Granger 引起出口量。與加工貿易進口的 VAR 系統同理，加工貿易出口也可以根據共同格蘭杰因果檢驗結果將系統進行進一步 VECM 的估計，只不過其中的外生變量改變為加工貿易進口量和其進口價格。

5.4.2.2.3 Johansen 協整檢驗及 VECM 模型的估計

Johansen 協整檢驗是 1988 年約翰森（Johansen）和 1990 年尤塞柳斯一起提出的一種以 VAR 模型為基礎的檢驗迴歸系數的方法，是一種進行多變量協整檢驗較好的方法。這種方法的好處就是無需設計具體的結構線性模型進行 OLS 估計，在需求函數中價格與數量的相互影響關係使得我們很難對因變量與自變量進行區分。因此，構造 VAR 系統並進行 Johansen 協整檢驗對迴歸系數進行檢驗是一種合適的方法。

在進口 VAR 模型的協整檢驗中，外生變量為 $Jgqx$、$jgpx$、$dwto$ 和 der；在出口 VAR 模型的協整檢驗中，外生變量為 $Jgqm$、$jgpm$、$dwto$ 和 der。雖然 Johansen 協整檢驗結果對確定性變量的引入非常敏感，但考慮到加入 WTO 和 2005 年匯改對中國進出口尤其是對中國加工貿易進出口的重大影響，本書還是將反應這兩次制度變化的虛擬變量作為外生變量引入模型。具體見表 5-9、表 5-10。

表 5-9 基於加工貿易進口 VAR 模型的 Johansen 協整檢驗結果

原假設	跡檢驗值	5% 臨界值	最大特徵根值	5% 臨界值
None *	87.163,73 *	29.797,07	60.738,08 *	21.131,62
At most 1 *	26.425,65 *	15.494,71	18.391,63 *	14.264,60
At most 2 *	8.034,016 *	3.841,466	8.034,016 *	3.841,466

表 5-10 基於加工貿易出口 VAR 模型的 Johansen 協整檢驗結果

原假設	跡檢驗值	5% 臨界值	最大特徵根值	5% 臨界值
None *	52.676,16 *	29.797,07	46.366,96 *	21.131,62
At most 1	6.309,207	15.494,71	5.662,818	14.264,60
At most 2	0.646,389	3.841,466	0.646,389	3.841,466

註：加「*」表示 5% 顯著性水平下拒絕原假設。

根據以上協整檢驗結果可以看出，跡檢驗和最大特徵根檢驗所得結果皆表明，在給定外生變量 $jgqx$、$jgpx$、$dwto$ 和 der 情況下，$jgqm$ 與 $jgpm$ 和 wip 之間存在 3 個協整關係，而在給定外生變量 $jgqm$、$jgpm$、$dwto$ 和 der 情況下，$jgqx$ 與 $jgpx$ 和 wip 之間存在 1 個協整關係。滿足進行 VECM 模型估計的前提條件。具體協整方程表示如下：

$$\ln jgqm = 8.397,0 - 0.779,0 \ln jgpm - 2.183,0 \ln wip \qquad (5-12)$$
$$\qquad\qquad\quad (-4.439,9) \qquad (-2.355,0^{**})$$

$$\ln jgqx = -10.976, 4 + 0.299, 5\ln jgpx + 4.533, 8\ln wip \qquad (5-13)$$
$$(2.292, 5^{**}) \qquad (11.259, 8)$$

如以上協整方程的結論所示，加工貿易進口量與進口價格呈反比，而加工貿易出口量與出口價格呈正比。這是因為在加工貿易進口中，存在世界市場與國內市場的競爭與替代，且從長期來看，中國加工貿易進口替代能力逐漸增強。同時加工貿易出口產品附加值低導致出口產品存在一定的「類吉芬商品」特徵，即價格下降時，需求減少，而因產品質量等因素導致附加值增加導致價格上升時，需求卻增加。這是因為長期以來中國加工貿易一直停留在委託代工 (Original Equipment Manufacturing，OEM) 的加工貿易初級發展模式（裴長洪，2008），國內加工企業幾乎未涉及設計、物流方面，甚至一些高端生產環節也因技術和管理不配套而無法參與，這使得中國加工貿易出口的附加值偏低。

就加工貿易進出口彈性的絕對值來看，出口彈性要小於進口彈性，中國出口產品價格彈性偏低與中國出口的商品類別和出口市場的規模有關。在加工貿易出口中，紡織和消費類電子產品占了絕大多數，屬於生活必需品範疇，因此出口彈性相對較小。同時，就出口市場規模來看，中國出口位列世界第一。2012 年中國出口占世界出口額的 9.8%[①]，其中紡織品出口在 2006 年就已占到世界紡織品出口的 1/4，該行業的產業規模和出口量穩居世界第一。中國機電產品出口也在 2007 年年初超過德國，躍居世界第一。中國加工貿易出口的市場規模大，占比高，使得世界市場對其依賴程度較高，故出口需求的價格彈性較小。

但世界收入對加工貿易進口量的影響並不十分顯著，且系數符號與經濟現實並不十分吻合。這有可能是因為伴隨著世界經濟的增長，中國國內加工貿易行業也相應進行結構調整，加工貿易的升級使得加工貿易進口數量下降。也有可能是因為加工貿易進口商品類別的差異和數量單位的變化導致統計上並無具體意義。具體何種原因還有待進一步考證。

在加工貿易方式下，進出口需求的價格彈性絕對值的和大於 1，ML 條件成立。這說明假定其他條件滿足（假定匯率完全傳導，商品以產地定價），人民幣升值將降低加工貿易進口價格，提高出口價格。因進出口皆富有彈性，因此進口價格下降導致進口數量增加，但由於彈性值小於 1，故最終將導致進口額下降。出口價格上升會導致出口量增加而最終導致出口額上升。進口額下降和出口額上升兩方面都將增加加工貿易餘額。即不考慮匯率傳導時，人民幣升值將增加加工貿易順差。

---

① 數據來源：世界銀行。

5.4.2.2.4 脈衝反應函數和方差分解分析

在根據 VECM 得出脈衝反應函數和方差分解結果之前，需要對模型進行必要的診斷檢驗。主要是針對模型殘差進行平穩性檢驗。根據報告結果，本模型存在兩個根落在單位圓上（VECM 的模型設定本身含有 2 個單位根），其他均在單位圓內，因此 VECM 模型的穩定性條件得以滿足。

脈衝反應函數反應的是在 VECM 擾動項上加上一個正的單位標準差大小的新息（Inovation）衝擊后對內生變量的當前值和未來值的影響。圖 5-4 是基於加工貿易進口的 VECM 和加工貿易出口的 VECM 和蒙特卡羅模擬的脈衝反應函數曲線，橫軸代表滯后階數。由於本書採用的是月度數據，因此列示 36 個月的滯后情況，左右各圖的縱軸分別代表加工貿易進口量對進口價格新息衝擊的回應程度和加工貿易出口量對出口價格新息衝擊的回應程度。具體見圖 5-4。

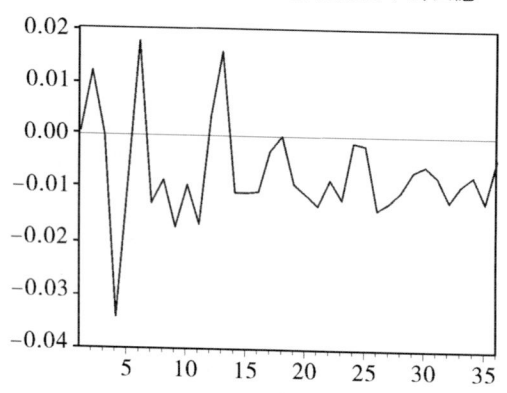

加工貿易進口量對進口價格新息衝擊的回應

加工貿易出口量對出口價格新息衝擊的回應

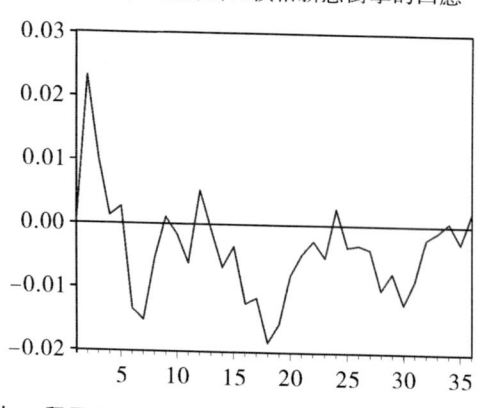

圖 5-4　加工貿易進口和加工貿易出口 VECM 的脈衝回應函數曲線

从图 5-4 中可以看出，雖然一個正的進出口價格標準差的新息衝擊對進口量和出口量的長期影響皆為負，但短期內價格對進出口需求量的影響並不穩定。就進口而言，加工貿易進口價格的上升在前 3 個月內將增加加工貿易進口量，而接下來 3 個月卻減少加工貿易進口量，之后的影響發生了如前的交替，但週期變長，最后趨於相對穩定。就加工貿易出口而言，出口價格的上升在前 5 個月也增加加工貿易的出口量，但之后 4 個月內卻減少加工貿易出口量，之后經過小幅交替後趨於相對穩定。這說明，由於合同期限和進出口需求方的觀望心理（價格預期）導致加工貿易進出口量對價格的反應存在滯后。

脈衝反應函數描述的是 VAR 模型中的一個內生變量的衝擊給其他內生變量所帶來的影響，而方差分解是通過分析不同結構衝擊對內生變量變化的貢獻度，進一步評價不同結構衝擊的重要性。在加工貿易進口的 VECM 模型中，加工貿易進口量的波動由其自身解釋部分占了絕大多數（到滯后第 36 期止方差貢獻度仍有 78.3%），且隨著時間的推移，自身解釋部分不斷減少。加工貿易進口價格衝擊的影響在滯后 1 期對進口量的波動基本無貢獻，滯后 2、3 期的貢獻也極小，僅 0.89%，從第 4 期滯后開始，貢獻度上升到 8% 以上，到滯后第 11 期達到最大貢獻度 10.2%，之後趨於平穩，平均貢獻度在 8% 左右。而世界收入衝擊對加工貿易進口量波動的貢獻度基本上保持遞增勢態。與加工貿易進口量的方差分解結果類似，加工貿易出口量的波動絕大部分皆由其自身變化來解釋，出口價格波動和世界收入變化對出口量的影響自第 2 期開始就變得明顯，但價格衝擊的貢獻率較為穩定，而世界收入衝擊的貢獻率呈上升趨勢。以上結果表明，加工貿易進出口量的變化最主要取決於加工貿易進出口量各自身的往期變化，這是因為加工貿易進口的目的是出口，往期的進出口量的變化體現了加工貿易廠商在以往各期之後面臨的出口需求的變化和自身出口生產能力的調整，而進出口價格和世界收入的變化僅為加工貿易廠商進行進出口量決策時提供參考作用。值得注意的是，進口價格的貢獻度在第 4 期開始有實質性提高，而到第 11 期達到最大程度，說明中國加工貿易廠商在面臨進口價格變化時對數量的調整存在至少 3 個月的滯后，且到第 11 期時對進口量的調整相對達到最大程度，這是因為中國加工貿易行業中大部分的進口週期（合同期）大約為 3 個月以上，最長週期約 11 個月。這與 2003 年年底開始執行的「加工貿易業務批准證」上規定的出口製成品返銷期限原則上按企業出口合同有效期審批，期限由原規定的不超過 6 個月延至一般不超過 12 個月的情況基本吻合。

5.4.3 一般貿易進出口價格彈性的估計

5.4.3.1 模型設定和變量選擇

在對加工貿易進出口進行分析的同時，為了使一般貿易進出口分析的計量結果與加工貿易進出口分析的計量結果更具可比性，同時考慮到同樣是分析價格與數量之間的交互關係，因此本書也採用了同樣的 VAR 計量方法對一般貿易進出口的協整關係進行檢驗和估計。與加工貿易不同的是，一般貿易的進口量與國內收入和進口價格有關，由於假定世界出口供給無窮大，故以國內收入和進口價格決定的一般貿易進口需求為均衡進口量。而出口量與世界收入和出口價格相關，因一般貿易的進口和出口並無直接關聯，故無需考慮進口和出口間的相互影響，同時假定世界需求無窮大，由世界收入和出口價格決定的出口需求並不一定為均衡出口量，還需要考慮國內的出口供給能力。因此本書將使用國內收入 y 來作為國內出口供給能力的替代變量，將該變量一併納入一般貿易的出口需求模型中。同樣的，在進行 VECM 檢驗時本書同時引入了反應加入 WTO 和 2005 年匯改兩次制度變化的虛擬變量 $dwto$ 和 der 作為外生變量。一般貿易進口和一般貿易出口的 VAR 具體模型形式表示如下：

$$\begin{bmatrix} ybqm_t \\ ybpm_t \\ y_t \end{bmatrix} = A_1 \begin{bmatrix} ybqm_{t-1} \\ ybpm_{t-1} \\ y_{t-1} \end{bmatrix} + \cdots + A_p \begin{bmatrix} ybqm_{t-p} \\ ybpm_{t-p} \\ y_{t-p} \end{bmatrix} + B \begin{bmatrix} dwto_t \\ der_t \end{bmatrix} + \begin{bmatrix} \varepsilon_{ybqm,t} \\ \varepsilon_{ybpm,t} \\ \varepsilon_{y,t} \end{bmatrix} \quad (5-14)$$

$$\begin{bmatrix} ybqx_t \\ ybpx_t \\ wip_t \\ y_t \end{bmatrix} = A_1 \begin{bmatrix} ybqx_{t-1} \\ ybpx_{t-1} \\ wip_{t-1} \\ y_{t-1} \end{bmatrix} + \cdots + A_p \begin{bmatrix} ybqx_{t-p} \\ ybpx_{t-p} \\ wip_{t-p} \\ y_{t-p} \end{bmatrix} + B \begin{bmatrix} dwto_t \\ der_t \end{bmatrix} + \begin{bmatrix} \varepsilon_{ybqx,t} \\ \varepsilon_{ybpx,t} \\ \varepsilon_{wip,t} \\ \varepsilon_{y,t} \end{bmatrix} \quad (5-15)$$

式中各等式左邊表示模型中所有內生變量組成的向量，一般貿易進口 VAR 模型中向量元素分別表示為一般貿易進口量 $ybqm$、一般貿易進口價格 $ybpm$、國內收入 y；一般貿易出口 VAR 模型中向量元素分別表示為一般貿易出口量 $ybqx$、一般貿易出口價格 $ybpx$、世界收入 wip 和以國內收入替代的國內供給能力變量 y。等式右邊第一列到第 p 列分別表示對應內生變量從 1 到 p 期的滯后向量，$dwto$ 和 der 仍然表示代表加入 WTO 和 2005 年匯改兩次制度變化的虛擬變量，最后一列表示對應於各內生變量的隨機擾動向量。A 和 B 分別表示要被估計的係數矩陣。

由於只有內生變量的滯后值和外生變量出現在等式右邊，所以不存在同期

相關的問題，用 OLS 方法能得到 VAR 模型的一致且有效的估計量，即使擾動向量存在同期相關，由於所有方程都有同樣的迴歸元，故 OLS 與 GLS 等價，此處 OLS 方法仍然能獲得有效估計量，所以本部分將採用 OLS 方法進行估計。

5.4.3.2 參數估計與模型檢驗

5.4.3.2.1 對各內生變量時間序列進行單位根檢驗

ADF 單位根檢驗的最佳滯后階數的選擇是根據 AIC 和 SC 準則，即 AIC 和 SC 統計量最小原則進行的。從報告結果看，一般貿易進出口價格和進出口數量以及國內收入與世界收入等變量其水平序列皆存在單位根，而各變量的一階差分序列則拒絕單位根，因此各序列為 I（1）序列，滿足進行 Granger 因果檢驗、Johansen 協整檢驗以及構造 VECM 的前提條件。具體見表 5－11。

表 5－11　一般貿易進口量與出口量模型變量序列的單位根檢驗結果

	水平值檢驗結果			一階差分檢驗結果		
	檢驗形式（C,T,K）	5% 臨界值	ADF t－stat.	檢驗形式（C,T,K）	5% 臨界值	ADF t－stat.
ybqm	(C,0,13)	－2.880,7	－1.032,1	(0,0,12)	－1.943,0	－3.052,8
ybqx	(C,T,12)	－3.439,9	－1.004,2	(0,0,1)	－1.942,8	－13.839,4
ybpm	(C,T,13)	－3.440,1	－2.140,1	(0,0,14)	－1.943,0	－2.851,4
ybpx	(C,0,15)	－2.880,9	－0.562,2	(0,0,14)	－1.943,0	－3.223,5
y	(C,T,14)	－3.440,3	－0.792,9	(C,T,12)	－3.440,1	－3.527,7
wip	(C,T,15)	－3.440,5	－2.765,8	(C,0,14)	－2.881,0	－3.250,2

5.4.3.2.2 Granger 因果關係檢驗

根據 LR、FPE、AIC 信息準則，SC 信息準則和 HQ 等方法進行最佳滯后階數的確定和檢驗。根據檢驗結果顯示，12 階滯后為一般貿易進口 VAR 模型的最佳滯后階數，而 11 階滯后為一般貿易出口 VAR 模型的最佳滯后階數。根據設定的滯后階數，在兩模型均引入 dwto 和 der 兩個制度變量的情況下，得到如下 Granger 因果檢驗結論：一般貿易進口 VAR 系統中，一般貿易進口價格和國內收入都是一般貿易進口量的 Granger 原因，且二者能同時 Granger 引起一般貿易出口量；在一般貿易出口 VAR 系統中，出口價格和國內生產能力卻不是出口量的 Granger 原因，而只有世界收入是一般貿易出口量的 Granger 原因，但三個變量可以共同 Granger 引起一般貿易出口量。以上結果說明，用所設定變量來進行基於 VAR 的協整檢驗是有效的。具體見表 5－12。

表 5-12　基於 VAR 模型的一般貿易進出口 Granger 因果關係檢驗結果

	零假設	χ^2 統計量	自由度	P 值
ybqm 方程	ybpm 不能 Granger 引起 ybqm	21.515,33	12	0.043,3
	y 不能 Granger 引起 ybqm	34.646,45	12	0.000,5
	ybpm、y 不能同時 Granger 引起 ybqm	75.015,36	24	0.000,0
ybqx 方程	ybpx 不能 Granger 引起 ybqx	4.149,598	11	0.965,3
	wip 不能 Granger 引起 ybqx	48.098,65	11	0.000,0
	y 不能 Granger 引起 ybqx	18.263,07	11	0.075,7
	ybpx、wip、y 不能同時 Granger 引起 ybqx	118.626,7	33	0.000,0

5.4.3.2.3　Johansen 協整檢驗及 VECM 模型的估計

與所有模型的設定相同，本書在一般貿易進出口 VAR 系統中都分別引入了制度變量 dwto 和 der，並在此基礎上進行 Johansen 協整檢驗。檢驗結果見表 5-13、表 5-14。

表 5-13　基於一般貿易進口 VAR 模型的 Johansen 協整檢驗

原假設	跡檢驗值	5% 臨界值	最大特徵根值	5% 臨界值
None*	58.827,23	29.797,07	39.573,61	21.131,62
At most 1*	19.253,62	15.494,71	19.112,32	14.264,60
At most 2	0.141,299	3.841,466	0.141,299	3.841,466

表 5-14　基於一般貿易出口 VAR 模型的 Johansen 協整檢驗

原假設	跡檢驗值	5% 臨界值	最大特徵根值	5% 臨界值
None*	51.767,99	47.856,13	30.699,09	27.584,34
At most 1	21.068,90	29.797,07	14.373,51	21.131,62
At most 2	6.695,398	15.494,71	6.379,781	14.264,60
At most 3	0.315,616	3.841,466	0.315,616	3.841,466

註：加「*」表示 5% 顯著性水平下拒絕原假設。

根據 Johansen 協整檢驗結果可知，在給定外生變量 dwto 和 der 的情況下，一般貿易進口量與一般貿易進口價格和國內收入之間存在 2 個協整關係，三變量長期內存在均衡關係。而一般貿易出口量與一般貿易出口價格、世界收入和國內收入之間也存在 1 個協整關係，四變量長期內存在均衡關係。一般貿易進

口和出口模型都滿足構造 VECM 模型進行檢驗和估計的前提條件。具體協整方程表示如下：

$$\ln ybqm = 5.010, 7 + 0.361, 9\ln ybpm - 0.581, 0\ln y \qquad (5-16)$$
$$\qquad\qquad (3.602, 5) \qquad (-3.105, 1)$$

$$\ln ybqx = -15.371, 6 + 0.927, 0\ln ybpx + 2.648, 8\ln y + 3.298, 6\ln wip \qquad (5-17)$$
$$\qquad\qquad (6.278, 0) \qquad (8.430, 2) \qquad (3.153, 9)$$

根據協整方程提供的結果，一般貿易進出口需求的決定與加工貿易進出口有著截然的不同，加工貿易進口價格彈性為負，出口需求的價格彈性為正，但一般貿易進口需求和出口需求的價格彈性皆為正，另外國內收入對一般貿易進口的影響顯著為負。一般貿易進口價格彈性為正表明在中國一般貿易方式下的進口市場上存在典型的「買漲賣跌」現象，這與中國一般貿易進口的商品結構和人們對價格的預期有關，中國一般貿易進口主要集中在以鋼鐵等基礎產業原料成品和資本品的進口，這些產品價格的上漲和下跌都可能導致廠商在進口過程中追漲壓跌。而進口量的國內收入彈性為負表明國內經濟景氣時，國內投資增加，供給充裕，自國外的進口下降；反之經濟低迷時，在宏觀調控過程中，政府投資主導和政府政策引導都將導致對資本品和基礎材料等進口的增加。

在一般貿易出口模型中，出口價格彈性也為正，這同樣說明了價格預期的作用，但就中國的出口而言，該彈性為正還存在另一個原因，那就是中國出口產品的附加值低，呈現吉芬商品特徵。該彈性絕對值大於進口彈性，原因在於一般貿易出口商品類別主要集中於機電產品的出口。中國機電產品附加值低，大多以低成本低利潤形式實現粗放型出口增長，快速擴張的市場因產品本身的國際競爭能力較弱而不穩定，出口需求彈性較大。

國內供給彈性為正反應了中國國內投資旺盛，收入增加時出口量也將相應增加。總的來說，當考慮匯率變化對一般貿易的影響時，根據上述估計結果，如若人民幣升值，在其他條件皆滿足的情況下，進口價格下降，一般貿易的進口量會因此而下降，價格與數量兩方面都導致進口額減少；同時，出口價格上升，一般貿易的出口量會因此而上升，導致出口額的增加，進出口兩方面皆增加貿易餘額，從而導致人民幣升值將增加一般貿易餘額這一結果。

5.4.3.2.4 脈衝反應函數和方差分解分析

在根據 VECM 得出脈衝反應函數和方差分解結果之前，需要對模型進行必要的診斷檢驗。主要是針對模型殘差進行平穩性檢驗，根據報告結果，一般貿易進口 VECM 存在兩個根落在單位圓上（進口 VECM 的模型設定本身含有 2

個單位根),一般貿易出口 VECM 存在 3 個根落在單位圓上(出口 VECM 的模型設定本身含 3 個單位根),其他均在單位圓內,因此一般貿易進口和出口的 VECM 模型穩定性條件都得到滿足。

本書主要考察價格新息對進出口數量的影響。圖 5-5 是基於一般貿易進口的 VECM 和一般貿易出口的 VECM 和蒙特卡羅模擬的脈衝反應函數曲線,橫軸代表滯后階數,由於本書採用的是月度數據,因此列示 36 個月的滯后情況,左右各圖的縱軸分別代表一般貿易進口量對進口價格新息衝擊的回應程度和一般貿易出口量對出口價格新息衝擊的回應程度。具體見圖 5-5。

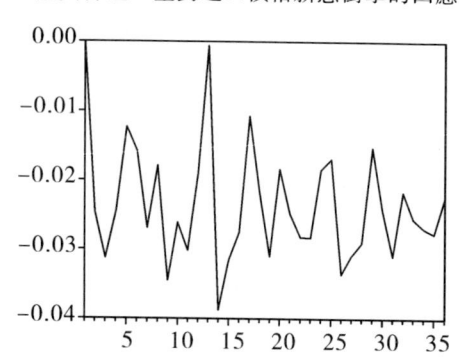

一般貿易進口量對進口價格新息衝擊的回應

一般貿易出口量對出口價格新息衝擊的回應

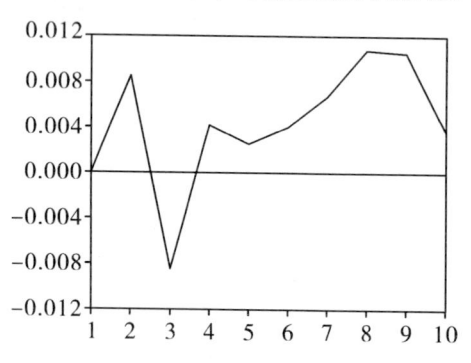

圖 5-5　一般貿易進口和一般貿易出口 VECM 的脈衝回應函數曲線

對一般貿易進口和出口 VECM 模型進行方差分解后發現,不考慮一般貿易進口量自身的影響,一般貿易進口量的波動主要由進口價格的波動來解釋,國內收入變化的貢獻率極低,所有滯后期間中最高貢獻率也不過 0.8%,因此進口價格的變化更能影響一般貿易的進口量。而出口卻有所不同,對一般貿易出口量波動的貢獻率從大到小的衝擊排序為:世界收入、一般貿易出口價格和代

表國內供給能力的國內收入。其中國內收入的貢獻率極低，最高時也才有 0.9%，世界收入的波動對中國一般貿易出口量的影響最大，而且隨著時間的推移，該貢獻率呈增大趨勢，出口價格變化的貢獻率趨勢也同樣如此，但出口價格對出口量的影響存在滯後，直到滯後 8 期才突破 1%。

5.4.4 分貿易方式進出口價格彈性的比較與 ML 條件成立與否的討論

通過構建 VAR 系統並採用協整檢驗方法對加工貿易和一般貿易進出口需求彈性進行估計，本書進一步對加工貿易和一般貿易方式下的價格彈性進行比較，見表 5-15。

表 5-15 加工貿易和一般貿易進出口需求價格彈性及 ML 條件

價格彈性	ε_m	ε_x	$|\varepsilon_m|+|\varepsilon_x|$	ML 條件		貿易餘額（升值且不考慮匯率傳導時）
加工貿易	−0.779,0	0.299,5	1.078,5	>1	成立	↑
一般貿易	0.361,9	0.927,0	1.288,9	>1	成立	↑

根據以上表格所示的結果，本書得出以下幾點結論：

（1）加工貿易進口價格彈性顯著為負，而出口價格彈性顯著為正，加工貿易進口價格的上升或是下降將導致加工貿易進口量的減少或是增加，而加工貿易出口價格的上升或是下降將導致出口量發生相同方向的變化。同時，由於合同期限的影響，加工貿易進出口量對進出口價格的反應都存在一定的滯後，進口量對進口價格的影響滯後約 3 個月，而出口量對出口價格的影響滯後約 5 個月。

（2）一般貿易進出口價格彈性皆顯著為正，一般貿易進出口價格的上升或下降將導致一般貿易進口量和出口量發生相同方向的變化。這種逆傳統理論的經濟現象實際上反應了進出口需求方對價格的預期所產生的作用。在中國的一般貿易市場，決定其進出口需求的不是當期價格，而是預期價格水平。而出口彈性值明顯高於進口彈性值反應了就一般貿易而言中國進口對國際市場的依賴程度要高於國際市場對中國出口的依賴程度。

（3）根據 ML 條件的基本定義，本書所得出的關於不同貿易方式下的 ML 條件是否成立問題的結果為：在加工貿易方式下和在一般貿易方式下的 ML 條件都分別成立。假定其他條件都滿足，根據各貿易方式下進出口需求的價格彈性，人民幣升值將增加加工貿易餘額，也增加一般貿易餘額。但匯率變化對貿易收支的最終影響卻並不必定遵循上述分析結果，還需要結合匯率對價格的傳

導、貿易收支的初始狀態等。

不管是中國總進出口、分商品類別進出口，還是分貿易方式進出口的需求價格彈性的估計結果都表明，如果不考慮其他因素的影響，單以 ML 條件是否成立作為判斷匯率對貿易餘額是否有改善作用的標準可能會造成分析結果上的混亂。即使是關於 ML 條件的原始假設如初始貿易平衡、匯率對價格完全傳導、供給彈性無窮大等假設都成立，也可能因為用來判斷 ML 條件是否成立的進出口需求彈性的符號和彈性絕對值的大小發生改變而改變根據原有 ML 條件推導出的貿易收支結果。換句話說，在原有 ML 條件判斷過程中，所使用的貿易價格彈性都被假定為負，即遵循需求由價格決定且與價格負相關的理論，但在諸多經濟現實中，這一理論也許並不成立。因此，準確地講，使用「ML 條件成立」來判斷匯率變化對貿易收支的調節作用，只有在關於 ML 條件的所有原始假設都成立，且進出口需求價格彈性都為負時，這一判定標準才是有效的。

6 人民幣匯率變化的貿易收支效應及原因分析

　　根據第四章人民幣匯率變化對進出口的價格傳導程度估計結果，無論是進口的本幣價格還是出口的本幣價格，從總價格指數對人民幣匯率變動的反應彈性來看，皆呈現出對人民幣匯率變化的不完全傳導特徵。同時，從第五章進出口需求對進出口價格的彈性估計結果來看，二者之和並不滿足傳統定義下的ML條件，且進出口需求價格彈性的符號也與傳統需求理論不符。由此看來，人民幣匯率變化對中國貿易收支餘額的影響從任一影響環節上來看都不滿足傳統國際經濟理論中匯率對貿易收支影響分析的前提條件。人民幣匯率變化到底如何影響中國貿易收支餘額？其影響機制與傳統分析有何不同？造成這種不同影響的根本原因何在？對中國未來對外貿易的發展和人民幣匯率制度的改革和匯率調整具有何種意義？以上這些問題都有必要進行深入的思考。本章將先對中國貿易餘額的匯率彈性進行估計，而后在此基礎上結合前兩章的匯率傳導、進出口需求價格彈性等估計結果對人民幣匯率如何影響中國貿易收支問題進行相對完整的分析討論，並試圖結合中國當前經濟現實對以上提到的各個問題進行回答。

6.1 人民幣匯率變化的貿易收支效應：文獻回顧

　　國內關於人民幣匯率變化對中國貿易收支影響的研究已經相當之多，自20世紀90年代以來國內研究者們就開始源源不斷地對此問題進行規範的學術探討。從分析的角度來區分，所有關於該問題的研究基本可以分為三類：①單從ML條件出發，估計和檢驗ML條件在中國是否成立。因受到早期國際經濟

研究中普遍運用彈性分析方法的影響，此類分析從理論模型基礎到實證分析方法都相對成熟，早期國內絕大多數對該問題的研究也都採用彈性分析方法。此類研究的代表文獻有厲以寧（1991）、陳彪如（1996）、戴祖祥（1997）等，在第五章中已有詳細綜述，此處不再贅述。②單從匯率傳導（傳遞）環節出發，估計中國人民幣匯率對貿易價格的傳導程度。國內最早關於匯率傳導的研究出現在東南亞金融危機之後，倪克勤（1999）、王錚等（1999）在東南亞國家貨幣持續貶值的背景下，使用匯率傳遞理論分析了人民幣是否應該貶值的問題，以及人民幣匯率變動對出口價格的傳遞程度，並得出人民幣貶值將導致中國出口產品的國外價格一致下跌的結論。但匯率傳導在國內的大規模研究是從2005年人民幣匯率制度改革後開始的，大多僅限於估計匯率變化對進口價格或對出口價格的傳導程度，並未以此為基礎對匯率的貿易收支效應進行充分的討論。此類研究的代表文獻有陳學彬（2007）、畢玉江和朱鐘棣（2006）、陳六傅和劉厚俊（2007）、許偉和傅雄廣（2008）、王晉斌和李南（2009）等。具體可參見第四章中的相關綜述。③直接對人民幣匯率與貿易餘額或進出口額之間的關係進行建模，估計中國貿易餘額或進出口額的匯率彈性。在諸多討論匯率的貿易收支問題的研究中，此類研究應屬最直接但理論解釋相對較弱的研究，因此就計量方法的使用上大多採取非結構化的VAR模型進行協整向量自迴歸分析。具有代表性的研究主要有謝建國和陳漓高（2002）、盧向前和戴國強（2005）、辜嵐（2006）、鐘劍和孟浩（2008）等。

6.2 匯率影響貿易余額的匯率傳導與貿易彈性理論框架

本書在第四章進行了人民幣匯率傳導分析，第五章進行了進出口需求價格彈性的估計，本章將在對中國貿易收支的匯率彈性進行估計的基礎上，結合前兩章的估計結果和分析結論進一步解析中國人民幣匯率變化對貿易餘額的影響。實際上是對匯率影響貿易收支的全部環節進行系統的分析並在統一框架下進行解釋。其基本理論框架可簡單表示如下：

$$B = x - m \tag{6-1}$$

$$x = e p_x^f q_x \tag{6-2}$$

$$m = p_m q_m \tag{6-3}$$

$$q_x = q_x(p_x^f, \bar{y}_f) \tag{6-4}$$

$$q_m = q_m(p_m, \bar{y}_d) \tag{6-5}$$

$$p_x^f = p_x^f(e, \bar{z}_x) \quad (6-6)$$

$$p_m = p_m(e, \bar{z}_m) \quad (6-7)$$

$$B = ep_x^f(e, \bar{z}_x) q_x [p_x^f(e), \bar{y}_f] - p_m(e, \bar{z}_m) q_m [p_m(e), \bar{y}_d] \quad (6-8)$$

式中，B 表示以人民幣為貨幣單位的貿易順差（或貿易收支余額），m 和 x 分別表示以人民幣為貨幣單位的進口額和出口額，p_m 和 p_x^f 分別表示進口人民幣價格和出口外幣價格，q_m 和 q_x 分別表示進口量和出口量，$\bar{y}_d$ 和 $\bar{y}_f$ 分別表示外生給定的國內實際收入和外國實際收入（在總出口模型中表示剩余世界實際收入），$\bar{z}_m$ 和 $\bar{z}_x$ 分別表示外生給定的影響進口本幣價格的其他因素和影響出口外幣價格的其他因素，e 為以直接標價法表示的匯率變量。前三個等式為定義恒等式，貿易余額是指出口貿易額和進口貿易額之差，進出口額分別等於進出口量與進出口價格的乘積，其中以本幣表示的出口額等於直接標價法匯率值、出口外幣價格和出口量三者的乘積。之后各等式為結構模型，均衡出口量由出口外幣價格和外國實際收入決定（隱含國內出口供給彈性無窮大的假定），均衡進口量由進口本幣價格和國內實際收入決定（隱含世界出口供給彈性無窮大的假定），而均衡的進口本幣價格和出口外幣價格都受到匯率變量和其他變量的影響，由於本書主要分析匯率變化對貿易價格的影響，故假定其他影響進出口價格的各變量皆保持不變或外生給定。最后一個方程式為綜合模型，表示貿易余額的影響因素和影響機制。在本書對貿易余額對匯率求一階導時，原模型設定中的各外生變量將被消除。具體推導過程如下：

$$\frac{\partial B}{\partial e} = \left[q_x \left(p_x^f + e \frac{\partial p_x^f}{\partial e} \right) + e \cdot p_x^f \frac{\partial q_x}{\partial p_x^f} \frac{\partial p_x^f}{\partial e} \right] - \left(\frac{\partial p_m}{\partial e} q_m + p_m \frac{\partial q_m}{\partial p_m} \frac{\partial p_m}{\partial e} \right)$$

$$= \left(q_x p_x^f + q_x p_x^f \frac{\partial p_x^f}{\partial e} \frac{e}{p_x^f} + \frac{\partial q_x}{\partial p_x^f} \frac{p_x^f}{q_x} \cdot \frac{\partial p_x^f}{\partial e} \frac{e}{p_x^f} \cdot \frac{q_x}{e} \cdot e \cdot p_x^f \right) - \frac{\partial p_m}{\partial e} \left(q_m + p_m \frac{\partial q_m}{\partial p_m} \right)$$

$$= p_x^f q_x (1 + pt_x^f - pt_x^f \varepsilon_x^f) - \frac{\partial p_m}{\partial e} \frac{e}{p_m} \left(\frac{p_m q_m}{e} + \frac{p_m q_m}{e} \frac{p_m}{q_m} \frac{\partial q_m}{\partial p_m} \right)$$

$$= \frac{x}{e}(1 + pt_x^f - pt_x^f \varepsilon_x^f) - \frac{m}{e} pt_m (1 - \varepsilon_m) \quad (6-9)$$

式中，$pt_x^f = \frac{\partial p_x^f}{\partial e} \frac{e}{p_x^f}$，$pt_m = \frac{\partial p_m}{\partial e} \frac{e}{p_m}$，分別表示匯率對出口外幣價格的傳導和匯率對進口本幣價格的傳導，$\varepsilon_x^f = -\frac{p_x^f}{q_x} \frac{\partial q_x}{\partial p_x^f}$ 和 $\varepsilon_m = -\frac{p_m}{q_m} \frac{\partial q_m}{\partial p_m}$ 分別表示中國出口需求的價格彈性和進口需求的價格彈性。若只需判斷匯率變化本身對貿易收支余額的影響方向和大小，則只需根據 $\frac{\partial B}{\partial e}$ 的符號來直接進行判斷。若 $\frac{\partial B}{\partial e} > 0$，則表示

人民幣貶值（e上升）導致貿易余額增加，反之$\frac{\partial B}{\partial e} < 0$時，則表示貶值導致貿易余額減少。由於推導過程中的匯率採用直接標價法表示，因此在進行實際分析時，匯率上升或下降的具體升貶值意義還取決於計量分析過程中所使用匯率變量的具體標價方式和經濟意義，從而可能導致不同匯率標價法的運用需要使用不同的符號判別標準。

根據以上推導，可得出模型的一些基本結論：

（1）匯率變化貿易收支效應的影響因素。根據上述推導結果可知，匯率變化對貿易收支的影響方向和大小取決於匯率對出口外幣價格的傳導，匯率對進口本幣價格的傳導和進出口需求的價格彈性的符號和大小以及進出口額、匯率初始值的大小等指標的綜合比較。由於無論匯率指標採用何種標價方式，其匯率值始終都大於0，故升值減少貿易余額或貶值增加貿易余額的必要條件可以重新進行如下表示：

$$(1 + pt_x^f - pt_x^f \varepsilon_x^f)x > pt_m(1 - \varepsilon_m)m \tag{6-10}$$

（2）匯率變化的貿易收支效應大小與匯率（直接標價法）初始值呈負相關。由於匯率指標無論其標價方式如何都始終大於0，故匯率初始水平的大小對$\frac{\partial B}{\partial e}$的符號沒有影響，僅對其絕對值大小有影響。也就是說，匯率初始水平值不影響匯率變化對貿易余額影響的方向，而只影響匯率變化的貿易效應的大小，且貿易余額的變化量與匯率值呈反比。比如，若考慮人民幣名義匯率升值對中國貿易余額的影響，名義升值（匯率值下降）起點的匯率水平值越低，貿易余額的變化量就越大。也就是說，隨著人民幣的持續升值，相同匯率變化將導致更大的貿易收支調整。

（3）當初始貿易收支平衡時，匯率變化的貿易收支效應只與匯率傳導和進出口需求價格彈性相關。在此前提下，升值減少貿易余額或貶值增加貿易余額的原必要條件可重新寫為：

$$1 + pt_x^f - pt_x^f \varepsilon_x^f > pt_m(1 - \varepsilon_m) \tag{6-11}$$

進一步給定分析假設，若假定匯率變化對進口本幣價格和出口外幣價格完全傳導，即在產地貨幣定價（PCP）條件下$pt_x^f = -1$和$pt_m = 1$[①]，此時上述初始貿易平衡假定下升值減少貿易余額或貶值增加貿易余額的必要條件可再次重

---

① 註：e上升（人民幣貶值）1%，由於貿易品以產地貨幣定價，出口本幣價格不變，出口外幣價格則相應下降1%，人民幣匯率變化對出口外幣價格完全傳導。對應地，進口商品的外幣價格不變，進口的人民幣價格相應上升1%，人民幣匯率變化對進口本幣價格完全傳導。

新寫為：$\varepsilon_x^f + \varepsilon_m > 1$。即在以上假定成立的前提下若能同時滿足 ML 條件，則一國通過匯率變化能實現對其貿易余額的有效調整。

為了方便對一國外貿進出口、匯率、收入等相關變量進行建模和計量處理，國內外大多數文獻直接使用了貿易余額的匯率彈性這一概念來討論匯率波動 1 個百分點會引起多大比率的貿易余額的波動，並從該彈性的符號上來推斷匯率變化對貿易余額的影響方向，甚至是直接以匯率彈性的正負來直接判斷一國對外貿易中 ML 條件是否成立。根據前面關於 $\frac{\partial B}{\partial e} = \frac{x}{e}(1 + pt_x^f - pt_x^f \varepsilon_x^f) - \frac{m}{e} pt_m (1 - \varepsilon_m)$ 的結論，進一步對貿易余額的匯率彈性 η 進行推導可得：

$$\eta = \frac{\partial B/B}{\partial e/e} = \frac{e}{B}\frac{x}{e}(1 + pt_x^f - pt_x^f \varepsilon_x^f) - \frac{e}{B}\frac{m}{e} pt_m (1 - \varepsilon_m)$$

$$= \frac{x}{x-m}(1 + pt_x^f - pt_x^f \varepsilon_x^f) - \frac{m}{x-m} pt_m (1 - \varepsilon_m) \qquad (6-12)$$

由於此處討論的是匯率波動率對貿易余額影響的大小，故與之前的結論不同的是，匯率初始值的大小不會對貿易余額的匯率彈性產生影響，但初始貿易余額及進出口額卻仍影響到該匯率彈性的符號和絕對值。由於貿易余額有可能大於 0、小於 0 或是等於 0，具體條件需分情況討論。若 $\eta > 0$，則表示匯率上升導致貿易余額增加，反之 $\eta < 0$ 時，表示匯率下降導致貿易余額減少。至於匯率上升或下降的具體升貶值意義取決於計量分析過程中所使用匯率變量的具體標價方式和經濟意義。如若匯率變量採用直接標價法的匯率指標值，則有貶值（e 上升）增加貿易余額或升值（e 下降）減少貿易余額的必要條件是：$\eta > 0$。即：$\frac{x}{x-m}(1 + pt_x^f - pt_x^f \varepsilon_x^f) > \frac{m}{x-m} pt_m (1 - \varepsilon_m)$。分不同的貿易收支初始條件，此必要條件可進一步表示為：

$$x - m > 0 \text{ 時，即為} (1 + pt_x^f - pt_x^f \varepsilon_x^f)x > pt_m (1 - \varepsilon_m)m \qquad (6-13)$$

$$x - m < 0 \text{ 時，即為} (1 + pt_x^f - pt_x^f \varepsilon_x^f)x < pt_m (1 - \varepsilon_m)m \qquad (6-14)$$

根據以上模型推導可以得出，當假定其他條件不變時，1 個百分比的匯率變化導致多少百分比的貿易收支余額變化以及對變化方向的推斷取決於匯率變化對進口本幣價格和對出口外幣價格的傳導程度、進出口需求的價格彈性和進出口額初始值（初始進出口額的對比）的大小等因素的綜合比較。當初始貿易余額表現為順差時，$\eta = \frac{\partial B/B}{\partial e/e} > 0$ 和 $\frac{\partial B}{\partial e} > 0$ 的判別條件完全一致，但當初始貿易余額表現為逆差時，匯率貶值改善貿易余額和匯率升值惡化貿易余額的必要條件卻與原有判別條件剛好相反。因此，在計量模型中使用貿易收支的匯率

彈性 η 來替代 $\dfrac{\partial B}{\partial e}$ 進行符號判斷時，必須考慮貿易收支的初始狀態。另外，匯率變化的貿易收支彈性指標不能運用於初始貿易收支平衡時匯率的貿易收支效應方向的判斷，因為當貿易餘額 $B\to 0$ 時，$\eta\to\infty$。在初始貿易收支平衡時，只能使用 $\dfrac{\partial B}{\partial e}$ 來判別匯率對貿易餘額的影響方向。

6.3 人民幣匯率變化對貿易總余額和分類貿易余額的影響

6.3.1 中國對外貿易進出口結構與變化趨勢的描述性分析

改革開放 30 年，中國對外貿易的發展經歷了三個發展階段，從 1978—1993 年屬於外貿增長環境變化和競爭優勢形成階段，1994—2004 年屬於市場化改革和競爭優勢增強階段，2005 年至今屬於對外貿易高速增長和外匯儲備大幅增加階段（江小娟，2008）。本書選取的樣本區間從 1995 年 1 月到 2008 年 8 月，涵蓋了整個中國開放經濟歷史的第二階段和第三階段，因此在樣本期內中國外貿進出口及其差額的變化也相應呈現出明顯的兩階段特徵。自 1995 年到 2007 年，中國年進出口總額從 2,808 億美元增長到 2.173,8 萬億美元，增長了近 10 倍，年貿易差額從 166 億美元增長到 2,622 億美元，增長近 16 倍，出口增長速度快於進口增長速度。從進出口及其差額的增長速度和增幅來進行劃分，2005 年之前，雖然得益於 1994 年外匯管理體制改革、人民幣一次性貶值 33%、按國際慣例實行出口退稅制度等市場化改革措施，進出口額的增長趨勢趨穩，但由於國內產業競爭力仍屬於形成和成長當中，進出口增長速度較緩。而且在中國加入 WTO 之後，隨著進口關稅的逐步降低，以及分批次的取消非關稅措施，在貿易差額方面還於 2004 年年初一度產生連續 4 個月貿易逆差。此期間內，中國貿易順差始終保持在 440 億美元以內的水平。進入 2005 年后，中國進出口總額快速增長，以每年 3,000 億美元的速度增加，貿易順差也急遽擴大，直接躍升 1,000 億美元大關，並僅用兩年多的時間實現翻番。即使在此期間內為了調節過高的貿易順差，中國於 2005 年 7 月開始實施對人民幣的持續升值，同時還分批下調或取消了多種貿易商品的出口退稅，但接下來兩年的出口增長仍然迅猛。這說明自改革開放以來中國產業競爭力得到了有力的提高，對外貿易主體的經濟活力增強在此階段得到了集中體現，同時對外貿

易環境的改善，世界經濟在此階段內的復甦都起到了重要的作用。

就中國對外貿易結構來看，一直以來，中國進口和出口都皆以製成品的進口和出口為主，而以初級產品的進口和出口為輔。但初級產品和製成品各進出口占比卻發生了一定的變化。初級產品的進口占比逐漸增加，從1995年的18%增加到2007年的25%以上，而出口占比卻從14%下降到了5%。工業製成品進出口占比的變化與初級產品進出口占比互為消長，製成品進口占比從82%降到75%，而出口占比從86%增加到95%。初級產品和製成品進出口總額在進出口總額中的占比變化都較小，前者在15%左右，后者為85%左右。

就初級產品（SITC0 - 4類）而言，其進口在樣本期內呈增長趨勢，而出口變化較小，並始終表現為貿易逆差，且逆差大幅增加，從樣本期初的年逆差29億美元擴大到2007年的1,814億美元，逆差不斷擴大的趨勢在中國加入WTO之後開始變得明顯，人民幣持續升值之後初級產品進口的增速更是有顯著提高。根據第五章對初級產品數量指數的測算可知，中國初級產品進口數量的增長相對平緩，而進口額卻快速增加，這主要是由於初級產品價格的上升引起，這與本書第四章對初級產品價格指數的測算結果相符。由於近20年來中國經濟總量的快速增長，國內資源類產品供給趨緊，增加重要資源類產品的進口是保持國民經濟穩定增長所必需，因此國內對初級產品進口數量的穩步增加，但國際市場初級產品價格的大幅上升使得中國初級產品進口額急速攀升，對國內生產價格帶來一定的影響。

就工業製成品（SITC5 - 9類）而言，其進口和出口增長趨勢都非常明顯，出口增長速度快於進口增長速度，在樣本期內始終保持貿易順差，2004年下半年以前順差相對穩定，之後呈現快速增長趨勢，波動幅度也隨之加大。在進口商品分類中，中國機械與運輸類商品的進口和出口占比在各類商品中始終是最高的，但變化趨勢卻相反，此類商品進口占比逐年上升，從1995年1月的21%增加到2008年8月的44.8%，而出口占比卻略有下降，從39.3%下降到38.2%。除了機械及運輸設備類，中國紡織類產品的進出口也產生了大量順差。其中，紡織品出口始終大於進口，呈現出明顯的加工貿易特徵。在SITC國際標準分類當中，由於電子類產品歸屬於第7類（機械及運輸設備類）當中的75、76和77三章中，基於電子類產品在進出口中的占比越來越高，近年來其進出口占比皆超過機械運輸與設備類的70%以上，本書將該三章電子類產品匯總並單列出來進行表示，發現自2004年以來，中國電子行業的加工貿易特徵明顯，加工貿易比重大大提高，貿易順差大幅上升。具體見圖6-1。

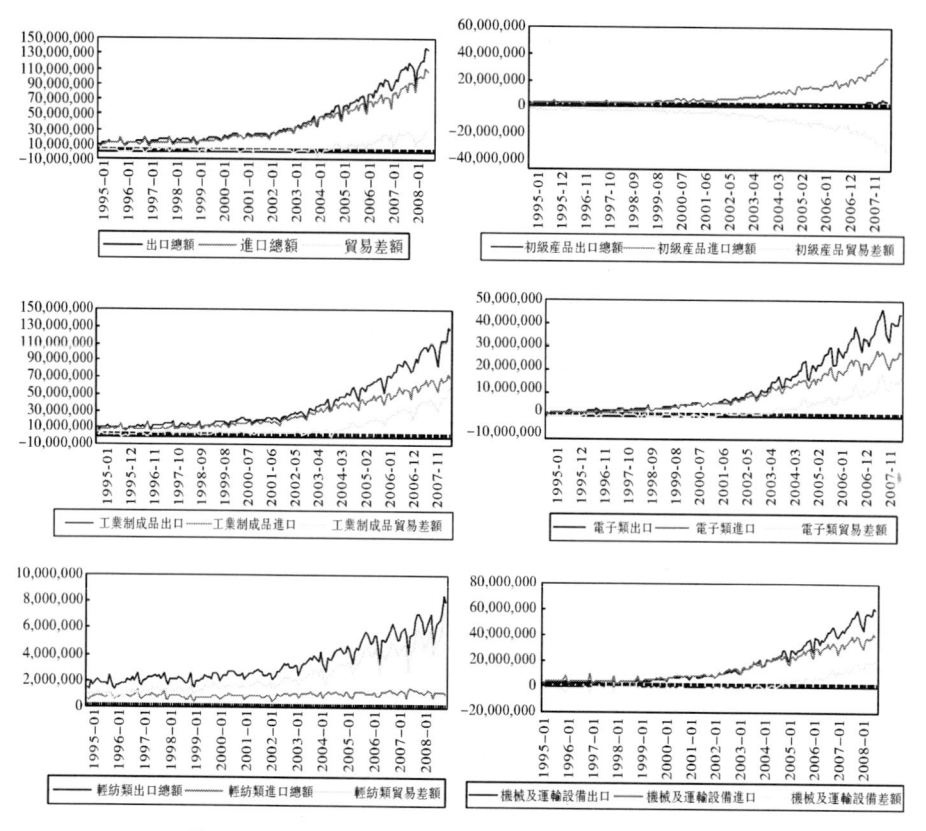

图6-1 各类贸易进口、出口与贸易差额的变化趋势

6.3.2 中国贸易余额的汇率弹性估计与模型检验

6.3.2.1 理论分析框架

在一般均衡框架下，考虑一个标准国际收支决定的两国模型，假定各国进口商品与国内商品为不完全替代，则进口商品的需求取决于国内实际收入和进口商品的本币价格，本国进口商品的供给取决于外国出口厂商所面临的出口外币价格。本国出口商品的需求取决于外国实际收入和外国进口该产品的进口外币价格，本国出口商品的供给取决于本国出口厂商面临的出口本币价格。具体表示如下：

$$D_m = f(y_d, p_m^d) \qquad (6-15)$$

$$S_m = f(p_m^f) \qquad (6-16)$$

$$D_x = f(y_f, p_x^f) \qquad (6-17)$$

$$S_x = f(p_x^d) \qquad (6-18)$$

式中 D_m、S_m、D_x、S_x 分別表示本國的進口需求、進口供給、出口需求和出口供給；y_d 和 y_f 表示本國和外國的實際收入；p_m^d 和 p_m^f 表示本國進口商品的本幣價格和外幣價格；p_x^d 和 p_x^f 表示本國出口商品的本幣價格和外幣價格。當 $D_m = S_m$，$D_x = S_x$ 時，進口和出口分別達到均衡，則均衡時的本國進出口量可分別表示為：

$$q_m = f(y_d, p_m^d, p_m^f) \qquad (6-19)$$

$$q_x = f(y_f, p_x^f, p_x^d) \qquad (6-20)$$

則均衡時的進出口額可表示為：

$$m = p_m^d f(y_d, p_m^d, p_m^f) = g(y_d, p_m^d, p_m^f) \qquad (6-21)$$

$$x = p_x^d f(y_f, p_x^f, p_x^d) = g(y_f, p_x^f, p_x^d) \qquad (6-22)$$

由於 $p_m^d = e p_m^f$ 和 $p_x^d = e p_x^f$，其中 e 為直接標價法表示的匯率變量，則均衡的本國進出口額和貿易余額方程分別為：

$$m = g(y_d, e) \qquad (6-23)$$

$$x = g(y_f, e) \qquad (6-24)$$

$$B = x - m = g(y_f, e) - g(y_d, e) = h(y_d, y_f, e) \qquad (6-25)$$

即一國貿易收支余額主要由一國匯率、國內實際收入和外國實際收入三個因素共同決定。

6.3.2.2 模型設定、變量選擇和數據處理

本書將對總進口額的匯率彈性、總出口額的匯率彈性以及總貿易余額的匯率彈性進行估計，並有針對性地對相關分類商品進口額、出口額、貿易余額的匯率彈性一併予以估計，從而與第四章、第五章中關於匯率傳導、進出口需求的價格彈性的估計保持對應，以對前兩章的估計結果進行檢驗並結合前兩章估計結果深入分析匯率變化引起貿易余額變化的根本原因。根據上述理論模型，假定上述各模型中所有變量皆採取乘積的函數形式（Wilson and Takace, 1979）並在等式兩邊取對數，則可得相應計量模型表示如下：

$$\ln m_t = \alpha_m + \beta_m \ln e_t + \gamma_m \ln y_{dt} + u_{mt} \qquad (6-26)$$

$$\ln x_t = \alpha_x + \beta_x \ln e_t + \gamma_x \ln y_{ft} + u_{xt} \qquad (6-27)$$

$$\ln B_t = \alpha_B + \eta \ln e_t + \gamma_B^f \ln y_{ft} + \gamma_B^d \ln y_{dt} + u_{Bt} \qquad (6-28)$$

式中，α_m、α_x 和 α_B 分別表示各模型的截距項，β_m、β_x 和 β_B 分別表示進口額、出口額和貿易余額的匯率彈性，γ_m 和 γ_x 分別表示進口額的國內收入彈性和出口額的外國收入彈性，γ_B^f 和 γ_B^d 則表示貿易余額對外國收入彈性和國內收入彈性，u_m、u_x 和 u_B 分別表示進口模型、出口模型和貿易余額模型的隨機擾

動項。另外，同時考慮到中國加入 WTO 和 2005 年匯率制度改革兩次制度變化對中國對外貿易造成的可能影響，特將 dwto 和 der 兩個虛擬變量也一同納入模型，兩虛擬變量的具體設定同以上各章，在此不作重複說明。

由於本書使用的全部都是總量數據而非雙邊數據，不適合採用雙邊特徵的名義匯率或實際匯率指標，故匯率變量選擇使用實際有效匯率指數，國內多數研究皆採用 IMF 提供的實際有效匯率指數，但由於該指數測算中的加權採用與發達工業國之間的貿易額作為權重，與中國對外貿易現實不符。同時，由於實際有效匯率本身即反應了現實經濟變量變化后的結果，採用實際有效匯率進行模型分析容易造成實證中的共線問題，並且實際有效匯率的政策意義也不直觀。另外，貿易總額加權的一般有效匯率指數通常只適用於對貿易總額和貿易余額的分析，進口額或出口額變動的匯率分析指標應採用對應進口額加權或出口額加權的有效匯率指標。基於以上原因本章採用在本書第三章中所測算的以中國與 14 個主要貿易夥伴國之間的進口額、出口額和貿易總額進行加權的三種名義有效匯率指數。在進口模型中使用進口加權的名義有效匯率指數、出口模型中使用出口加權的名義有效匯率指數、貿易余額模型中使用貿易總額加權的一般名義有效匯率指數指標。根據實際有效匯率的定義和測算方法，匯率值上升表示升值，匯率值下降表示貶值。因此，β_m、β_x 和 β_B 大於 0 分別表示升值導致進口額增加、出口額增加和貿易余額增加，而貶值導致進出口額和貿易余額減少。相反，若各 β 值皆小於 0，則表示升值將導致進口額減少、出口額減少和貿易余額減少，而貶值分別導致各進出口額和貿易余額增加。

本書使用的所有進出口相關數據為 1995 年 1 月～2008 年 8 月的月度數據，但由於缺乏國內收入的月度數據，考慮到國內社會消費品零售總額與國民收入高度相關，因此選擇國內社會消費品零售總額來替代國內收入變量。原始數據來源於中國經濟統計數據庫。由於是對中國貿易總量進行分析，模型中外國收入變量用實際的世界工業產值（發達工業國工業產值）來進行替代。實際世界工業產值數據來源於 IMF 的 IFS 數據庫。所有進入模型的進口額、出口額、貿易余額等來自海關統計的貿易數據的原始數據單位為美元，因此先使用同期 1 美元兌人民幣的名義匯率月平均值將所有貿易數據序列換算為人民幣單位，之后使用以 2000 年為基期的中國 CPI 指數將所有貿易變量序列和國內收入序列的名義量轉換為不受通脹影響的實際量數據序列，而后再連同世界實際收入序列一同進行季節調整，最后對所有變量序列取對數。需要說明的是，其中貿易余額（出口額減進口額）在不同時期內可能為順差（大於 0），也可能為逆差（小於 0），由於對於小於 0 的數不可能取對數，因此本書將進入計量模型

的貿易余額在取對數前重新定義為出口額與進口額的比，而后將其比值取對數。則貿易余額模型中的各參數系數的經濟意義發生變化，分別表示1單位百分比各自變量的變化分別引起的出口額比進口額的百分比的變化。但就參數系數的符號意義而言，如此重新定義后所得系數符號的經濟意義保持不變。即若系數大於0，仍表示自變量的上升導致貿易余額的上升，原因是，若出口額比進口額的比值上升，表示貿易競爭力提高，在特定情況下也可表示貿易余額的增加。① 但在對外貿易競爭中，貿易競爭力的提高才是一國對外經濟發展的需要，而不是單一的提高貿易順差，因此，此處以出口額比進口額的比值作為因變量存在更高的經濟分析價值。

與第四章和第五章在分類貿易處理中有所不同的是，由於海關月度數據中沒有直接提供完整商品類別的價格數據和數量數據，本書之前根據已提供的有限數據進行了相關分類商品進出口價格指數和進出口數量指數的歸屬和測算，在分類歸屬中存在許多明細類章中缺少數量數據而使其未能被包括進各自應歸屬的類別。而對於貿易額的分類數據，海關月度庫中有根據 SITC 的明確分類商品的完整數據，為了完整分析重點分類商品相關貿易額的變化，本章在進行商品分類時直接採用海關月度庫中所提供的完整分類，對所有進口額、出口額和貿易余額等進行了共三個層次、九個類別的劃分。分別是第一層次的總貿易額（模型標號為0），第二層次的初級產品貿易額和工業製成品貿易額（模型標號為1和2），第三層次是製成品中分類貿易額，分別為電子類、輕紡類、鋼材類、機械運輸類、化工類和雜項類（各分類模型標號依次為21，22，23，24，25，26）。基於以上分類與第四章和第五章的分類（主要是製成品內部的分類）差異，為避免相關測量誤差，本書在進行連貫分析時主要針對各相同類別的相關結論進行分析。

6.3.2.3 各變量序列的單位根檢驗

在進行 OLS 估計之前，為了避免偽迴歸，首先要對各時間序列進行單位根檢驗，以判斷各時間序列的平穩性。本書運用 Eviews 6.0 軟件分別對方程中各變量的水平值序列與一階差分序列進行 ADF 單位根檢驗，其檢驗過程中根

---

① $\frac{x}{m} \uparrow \Rightarrow \frac{x_2}{m_2} > \frac{x_1}{m_1} \Rightarrow \frac{x_1 + \Delta x}{m_1 + \Delta m} > \frac{x_1}{m_1}$，等式左邊分子分母同時除以 m_1，得 $\frac{x_1}{m_1} + \frac{\Delta x}{m_1} > \frac{x_1}{m_1}$ $(1 + \frac{\Delta m}{m_1}) \Rightarrow \frac{\Delta x}{\Delta m} > \frac{x_1}{m_1}$，當 $m \uparrow$ 時，若 $\frac{x_1}{m_1} \geq 1$，則 $\Delta x > \Delta m \Rightarrow B \uparrow$；若 $\frac{x_1}{m_1} < 1$，則 Δx 有可能大於、小於或等於 Δm，B 有可能因此而上升、不變或下降，具體取決於 Δx 與 Δm 大小對比的實際情況。

據 AIC 準則（AIC 值最小原則）來選擇滯后項，關於進口額、出口額和貿易余額模型中各實際變量序列平穩性的檢驗結果見表 6-1。

表 6-1 進口額、出口額和貿易余額模型變量序列的單位根檢驗結果

序列水平值	(C,T,K)	ADF t-stat.	5%臨界值	P-value	一階差分值	(C,T,K)	ADF t-stat.	5%臨界值	P-value
$b0$	(C,0,12)	-2.637,3	-2.879,4	0.087,6	$\triangle b0$	(0,0,3)	-9.171,6	-1.942,8	0.000,0
$b1$	(C,T,6)	-2.326,9	-3.438,3	0.416,7	$\triangle b1$	(C,0,3)	-10.077,0	-2.879,6	0.000,0
$b2$	(C,0,12)	-0.799,8	-2.879,5	0.816,1	$\triangle b2$	(0,0,1)	-13.341,4	-1.942,8	0.000,0
$b21$	(C,T,2)	-1.765,4	-3.438,0	0.717,0	$\triangle b21$	(0,0,1)	-12.707,9	-1.942,8	0.000,0
$b22$	(C,T,5)	-2.173,9	-3.438,5	0.446,1	$\triangle b22$	(C,T,4)	-8.936,3	-3.438,5	0.000,0
$b23$	(C,0,12)	0.947,0	-2.880,6	0.995,9	$\triangle b23$	(C,T,1)	-8.471,6	-3.438,0	0.000,0
$b24$	(C,T,4)	-2.275,0	-3.438,3	0.444,7	$\triangle b24$	(C,0,3)	-10.701,3	2.879,6	0.000,0
$b25$	(C,0,11)	-0.792,2	-2.879,5	0.818,2	$\triangle b25$	(C,T,3)	-9.552,9	-3.438,3	0.000,0
$b26$	(C,T,2)	-1.650,9	-3.438,0	0.768,2	$\triangle b26$	(0,0,1)	-13.003,2	-1.942,8	0.000,0
$m0$	(C,T,3)	-2.322,5	-3.438,2	0.419,0	$\triangle m0$	(C,0,2)	-11.457,9	-2.879,5	0.000,0
$m1$	(C,T,3)	-1.916,7	-3.438,0	0.641,2	$\triangle m1$	(C,0,1)	-11.921,4	-2.879,4	0.000,0
$m2$	(C,T,3)	-1.925,6	-3.438,2	0.636,5	$\triangle m2$	(C,0,2)	-11.885,9	-2.879,5	0.000,0
$m21$	(0,0,2)	4.766,2	-1.942,8	1.000,0	$\triangle m21$	(C,0,1)	-13.823,6	-2.879,4	0.000,0
$m22$	(0,0,3)	-0.016,1	-1.942,8	0.675,9	$\triangle m22$	(0,0,2)	-12.464,2	-1.942,8	0.000,0
$m23$	(C,T,1)	-2.173,5	-3.437,8	0.500,7	$\triangle m23$	(0,0,0)	-18.576,0	-1.942,8	0.000,0
$m24$	(C,T,3)	-2.446,9	-3.438,2	0.354,2	$\triangle m24$	(0,0,2)	-11.612,5	-1.942,8	0.000,0
$m25$	(C,T,3)	-2.221,0	-3.438,2	0.474,4	$\triangle m25$	(C,0,2)	-12.000,1	-2.879,5	0.000,0
$m26$	(C,T,2)	-1.941,9	-3.438,0	0.627,8	$\triangle m26$	(C,0,1)	-13.750,8	-2.879,4	0.000,0
$x0$	(C,T,2)	-3.022,9	-3.438,0	0.129,3	$\triangle x0$	(C,0,1)	-14.238,8	-2.879,4	0.000,0
$x1$	(C,T,3)	-2.829,8	-3.438,2	0.188,9	$\triangle x1$	(0,0,2)	-11.103,2	-1.942,8	0.000,0
$x2$	(C,T,2)	-2.986,7	-3.438,0	0.139,2	$\triangle x2$	(C,0,1)	-13.960,0	-2.879,4	0.000,0
$x21$	(C,T,2)	-2.130,5	-3.438,0	0.524,5	$\triangle x21$	(C,0,1)	-16.009,9	-2.879,4	0.000,0
$x22$	(C,T,2)	-2.938,9	-3.438,0	0.312,6	$\triangle x22$	(C,0,1)	-13.960,0	-2.879,4	0.000,0
$x23$	(C,T,0)	-1.101,3	-3.437,6	0.924,9	$\triangle x23$	(C,T,0)	-13.875,0	-3.437,6	0.000,0
$x24$	(C,T,4)	-2.049,2	-3.438,3	0.569,5	$\triangle x24$	(C,0,3)	-10.753,9	-2.879,6	0.000,0
$x25$	(C,T,4)	-1.919,9	-3.438,3	0.639,4	$\triangle x25$	(C,T,4)	-9.200,1	-3.438,5	0.000,0
$x26$	(C,T,2)	-2.849,6	-3.438,0	0.182,0	$\triangle x26$	(C,0,1)	14.448,6	-2.879,4	0.000,0
e	(0,0,7)	0.022,1	-1.942,8	0.688,4	$\triangle e$	(0,0,6)	-10.792,3	-1.942,8	0.000,0
em	(C,0,1)	-2.133,0	-2.879,3	0.232,2	$\triangle em$	(0,0,1)	-10.364,5	-1.942,8	0.000,0
ex	(0,0,12)	-0.421,7	-1.942,9	0.529,7	$\triangle ex$	(0,0,11)	-3.160,0	-1.943,0	0.000,0

表6-1(續)

序列水平值	(C,T,K)	ADF t-stat.	5%臨界值	P-value	一階差分值	(C,T,K)	ADF t-stat.	5%臨界值	P-value
y	(C,T,12)	0.097,7	-3.439,9	0.997,0	△y	(C,T,11)	-3.871,4	-3.439,8	0.000,0
wip	(C,T,9)	-3.194,9	-3.439,3	0.089,3	△wip	(0,0,9)	-2.840,8	-1.942,9	0.000,0

註：上述序列名中 b 表示貿易余額，m 為進口額，x 為出口額，neer、neer（im）和 neer（ex）分別表示對14個中國主要貿易夥伴國貿易總額加權、進口額加權和出口額加權的人民幣名義有效匯率，y 和 wip 分別表示國內實際收入和剩余世界實際收入。所有變量序列皆為經價格調整后的實際變量，再經季節調整后取的對數值。其中檢驗形式（C，T，K）分別表示單位根檢驗方程，包括：常數項、時間趨勢和滯后項的階數，加入滯后項是為了使殘差項為白噪聲，△表示一階差分。

從單位根檢驗結果表中可看出，貿易余額、進口額、出口額、人民幣實際有效匯率和國內外實際收入序列的水平值都是非平穩的，而各序列的一階差分都是平穩的，即各序列都為 I（1）序列，因此在各模型中的所有變量序列都滿足構造協整檢驗的必要條件。

6.3.2.4 基於 Engle-Granger 兩步法的協整檢驗與長期均衡下的參數估計

本書將採用 Engle-Granger 兩步法對9個方程的貿易余額、進口額和出口額模型（共27個模型）分別進行估計，並對各模型中所有自變量與因變量之間的長期均衡關係進行檢驗，然后對各方程的短期動態誤差模型進行估計。首先運用 Engle-Granger 兩步法進行協整檢驗，第一步採用 OLS 方法估計各類貿易余額、進口額和出口額的具體方程式，其中同時考慮虛擬變量 dwto 和 der 對各模型因變量的影響。第二步對各估計模型殘差進行單位根檢驗。實證結果見表6-2。

表6-2　　各類貿易余額模型的參數估計與模型檢驗結果

B_Model	貿易余額	初級產品余額	製成品余額	電子類余額	輕紡類余額	鋼材成品余額	機械運輸余額	化工類余額	雜項余額
	B 0	B 1	B 2	B 21	B 22	B 23	B 24	B 25	B 26
c	-0.689,8 -2.682,7	1.092,0 2.826,1	-1.082,2 -3.915,0	1.188,0 2.650,8	1.718,8 3.233,0	8.543,3 3.375,1	-8.508,5 -10.743	2.349,9 3.736,0	-2.823,0 -4.186,5
neer	0.473,9 4.514,1	1.314,2 7.103,0	0.348,1 2.651,6	0.240,6 * 1.907,9	-1.060,7 -7.061,2	-2.476,9 -3.610,3	0.576,5 2.641,8	0.331,6 * 1.944,8	1.531,6 8.380,0
y	-0.057,6 ** -2.236,2	-1.141,4 -26.182	0.143,3 3.257,7	0.519,2 8.417,4	0.934,2 11.301	1.307,7 ** 2.461,3	0.772,1 5.938,0	0.370,2 2.804,0	-0.901,1 -6.366,8
wip				-1.723,0 -5.209,3	-1.366,0 -3.422,0	-4.253,4 ** -2.160,6	2.249,4 3.890,1	-2.351,4 -4.806,9	1.864,0 3.554,5

表6-2(續)

B_Model	貿易餘額 B0	初級產品餘額 B1	製成品餘額 B2	電子類餘額 B21	輕紡類餘額 B22	鋼材成品餘額 B23	機械運輸餘額 B24	化工類餘額 B25	雜項類餘額 B26
dwto		0.077, 4 4.152, 9	−0.027, 7 * −1.966, 8			−0.401, 8 −4.183, 8	−0.091, 0 −3.845, 0	−0.064, 2 −3.015, 7	−0.054, 4 ** −2.386, 3
der	0.066, 3 6.302, 9		0.076, 2 6.256, 6		0.081, 4 5.759, 1	0.532, 8 7.712, 3		0.141, 4 8.235, 8	0.045, 7 ** 2.484, 2
R^2	0.268, 2	0.935, 7	0.567, 2	0.547, 8	0.939, 8	0.625, 8	0.882, 9	0.527, 7	0.902, 2
$F-stat.$	20.913	792.077	54.397	66.810	637.694	55.524	308.342	37.419	301.829
$D-W$	0.878, 2	1.270, 3	0.819, 0	0.394, 5	0.942, 3	0.202, 1	1.378, 8	0.653, 7	0.861, 4
Res_ADF	−4.502, 0 −1.942, 8 2.050, 3	−6.250, 4 −1.942, 8 2.014, 4	−4.279, 4 −1.942, 8 2.049, 7	−2.682, 3 −1.942, 8 2.005, 4	−4.963, 1 −1.942, 8 1.976, 0	−3.405, 4 −1.942, 8 1.992, 4	−10.588, 1 −1.942, 8 1.997, 3	−4.159, 7 −1.942, 8 1.989, 8	−3.907, 3 −1.942, 8 1.947, 4

註：各模型對應變量係數行中第一行數據表示參數係數，第二行數據表示 t 統計量的值。* 表示在10%的水平下顯著，** 表示在5%水平下顯著，無星號參數係數表示在1%水平下顯著。表格最末行表示各模型殘差單位根檢驗結果。其中第一行表示 ADF 檢驗的 t 統計量值，第二行為5%顯著水平的臨界值，第三行為單位根檢驗模型的 $D-W$ 值。

從表6-2可以得出以下結論：

(1) 人民幣匯率升值對中國總貿易、初級產品貿易和製成品貿易的競爭力有提高作用，尤其是對初級產品貿易在國際市場上的競爭力有較大的提高作用（初級產品「貿易餘額」的匯率彈性大於1）。在製成品各類別的貿易中，升值將降低紡織和鋼材類成品貿易的競爭力，但對其他商品類別貿易的競爭力有提高作用。

(2) 國內收入的增長對中國製成品貿易的國際競爭力有提升作用，但將降低中國初級產品貿易的國際競爭力，而對總貿易的國際競爭水平影響非常小且不夠顯著。在所有製成品中，僅雜項類貿易競爭力與國內收入呈反比。

(3) 世界收入對中國各分類製成品類別貿易競爭力的影響存在很大差異。其中電子、紡織、鋼材和化工類貿易競爭力與其呈負相關，而機械運輸和雜項類貿易競爭力與其呈正相關。

(4) 虛擬變量對各類別貿易競爭力的影響都較小。其中加入 WTO 和匯率制度改革對鋼材類貿易競爭力的影響最大，但兩次制度變化對該類商品貿易競爭力的影響方向卻不同，加入 WTO 降低其競爭力，而匯改則提高其競爭力。

為了進一步瞭解以上結論產生的具體原因，本書還需要對進口額的匯率彈性和出口額的匯率彈性進行估計，根據上述進出口額與匯率之間的理論關係和實證模型，採用與貿易餘額模型相同的估計和檢驗方法，得到實證結果。具體見表6-3、表6-4。

表 6-3　　進口額的影響因素模型的估計和檢驗結果表

M_Model	總進口	初級產品進口	製成品進口	電子類進口	輕紡類進口	鋼材成品進口	機械運輸進口	化工類進口	雜項類進口
	m 0	m 1	m 2	m 21	m 22	m 23	m 24	m 25	m 26
c	7.218,5 26.718,3	6.798,2 15.020,2	7.198,7 26.188,2	3.383,5 7.639,4	7.947,3 30.421,7	7.906,1 17.814,4	8.917,3 21.051,5	5.701,6 22.010,3	6.840,6 17.060,4
$neer(im)$	-1.876,0 -14.619,4	-2.731,4 -12.603,1	-1.749,2 -13.398,3	-1.745,6 -9.653,9	-0.822,9 -7.716,3	-2.033,4 -9.647,0	-1.936,7 -9.548,6	-1.525,3 -14.423,4	-2.476,6 -12.899,3
y	1.362,5 31.689,3	1.777,0 34.800,2	1.266,9 28.960,9	2.217,4 50.001,6	0.181,6 6.941,3	0.859,1 12.163,9	0.681,5 14.260,4	1.347,1 51.939,8	1.469,7 32.487,8
$dwto$	0.031,4 ** 2.279,2	-0.078,4 -3.590,4	0.054,8 3.916,0			0.129,9 5.744,1	0.111,8 5.469,2		0.103,2 5.336,2
der	-0.034,1 -2.859,3		-0.053,6 -4.427,2	-0.192,5 -10.632,5	-0.051,6 -4.836,9	-0.170,0 -8.688,3		-0.072,3 -6.828,7	
R^2	0.984,7	0.968,9	0.982,4	0.976,3	0.556,8	0.927,8	0.932,9	0.981,7	0.977,9
$F-stat.$	2,625.530	1,695.290	2,272.830	2,238.780	69.260	524.674	756.623	2,909.516	2,400.342
$D-W$	1.304,5	0.730,4	1.277,2	0.542,7	1.248,2	0.685,1	1.252,2	1.560,9	0.778,1
Res ADF	-5.439,2 -1.942,8 2.019,0	-4.226,8 -1.942,8 2.054,1	-5.237,1 -1.942,8 2.001,3	-2.379,3 ** -1.942,8 2.012,0	-2.474,2 ** -1.942,8 1.967,4	-5.215,1 -1.942,8 2.011,1	-5.948,1 -1.942,8 2.043,0	-6.651,8 -1.942,8 1.920,1	-3.831,4 -1.942,8 1.960,0

註:同表 6-2。

根據進口額影響因素模型的估計和檢驗結果,可以得出如下基本結論:

(1)長期內人民幣升值將大幅降低中國各類貿易的進口額,總進口的匯率彈性高達 1.876。其中初級產品進口的匯率彈性要高於製成品的匯率彈性,但製成品進口本身的匯率彈性也很高,在製成品分類進口中,僅紡織類進口額的匯率彈性絕對值低於 1,其他都達到 1.5 以上。結合匯率傳導和進口需求彈性分析可以看出,升值導致進口額下降是因為人民幣升值降低中國進口的本幣價格,而且中國進口需求的價格彈性(總需求彈性、初級產品需求彈性和製成品需求彈性等)皆大於 0,進口價格下降導致進口量下降,二者同時降低導致進口額大幅減少。

(2)各類進口額的國內收入彈性皆大於 0,說明國內收入增加有利於增加進口額。製成品進口額的國內收入彈性小於初級產品進口額的國內收入彈性,說明隨著國內經濟的增長,對初級產品的進口增速要快於對製成品進口的增速。這與中國製成品進口中存在大比例的加工貿易進口有關。在所有製成品進口中,實際上僅一般貿易製成品的進口與國內收入有關。從紡織類進口的收入彈性最低(0.181,6)就可看出,加工貿易程度越高的行業其進口的國內收入彈性就越低。

(3)就制度變化的影響而言,中國加入WTO增加了中國的進口額,這是因為加入WTO后,大量關稅和非關稅壁壘降低並逐步取消,使得進口增加。但匯改則減少中國進口額,這與匯改后匯率的升值預期與匯率波幅增大有關。

表6-4　　　　　　出口額的影響因素模型估計和檢驗結果表

X_Model	總出口	初級產品出口	製成品出口	電子類出口	輕紡類出口	鋼材成品出口	機械運輸出口	化工類出口	雜項類出口
	x 0	x 1	x 2	x 21	x 22	x 23	x 24	x 25	x 26
c	2.068,1 4.727,5	6.416,7 14.322,6	1.294,7 2.904,7	-4.520,1 -7.845,7	5.737,2 13.730,9	9.342,7 5.387,3	-3.298,2 -5.357,4	2.314,4 3.973,6	2.329,0 6.522,9
$neer(ex)$	-1.484,9 -9.444,7	-1.352,4 -8.399,4	-1.466,2 -9.152,8	-1.604,0 -7.746,8	-1.826,2 -12.161,0	-4.462,3 -8.924,5	-1.268,2 -5.732,0	-1.188,8 -5.679,0	-0.938,6 -7.315,4
wip	4.624,0 23.816,6	1.786,2 8.983,3	4.972,4 25.135,9	7.762,8 30.360,8	2.513,2 13.553,1	3.078,9 4.883,5	6.564,5 24.026,3	3.547,6 13.724,4	3.074,4 23.376,9
$dwto$	0.178,0 13.832,4	0.082,3 6.247,7	0.188,9 14.404,9	0.302,9 17.872,5	0.141,5 11.515,2		0.210,2 11.607,0	0.145,4 8.483,3	0.118,4 11.274,1
der	0.133,6 11.044,3	0.081,0 6.543,0	0.132,4 10.718,2	0.058,6 3.678,0	0.113,7 9.845,0	0.537,4 11.196,1	0.159,9 9.395,1	0.205,2 12.745,9	0.099,9 10.117,4
R^2	0.977,4	0.911,0	0.978,6	0.981,0	0.942,6	0.827,1	0.972,1	0.952,3	0.972,6
$F-stat.$	1,761.447	418.288	1,867.922	2,110.534	1,043.82	260.915	1,422.707	814.083	1,445.081
$D-W$	0.596,6	0.891,2	0.584,8	0.608,2	0.867,5	0.186,6	0.754,2	0.451,8	0.881,3
Res ADF	-3.444,9 -1.942,8 2.003,2	-4.432,1 -1.942,8 2.047,4	-3.322,2 -1.942,8 1.981,7	-3.883,2 -1.942,8 2.020,3	-4.896,5 -1.942,8 2.065,5	-2.863,8 -1.942,8 1.954,1	-3.602,8 -1.942,8 1.973,8	-2.718,2 -1.942,8 2.027,2	-4.002,3 -1.942,8 2.068,7

註:同表6-2。

根據出口額的影響因素模型的估計和檢驗結果,可得出如下基本結論:

(1)長期內人民幣升值將大幅減少所有貿易類別的出口額,各出口額的匯率彈性絕對值皆超過1(僅雜項類出口額的匯率彈性略低於1,但也達到0.938,6的高彈性水平)。製成品出口額的匯率彈性略高於初級產品出口額的匯率彈性,這說明升值過程中,製成品出口額對匯率變化更敏感。值得注意的是,在製成品分類中,鋼材類出口額的匯率彈性高達4.462,3,遠超過其他類別的匯率彈性。這說明中國鋼材類商品的出口對匯率變化極其敏感。結合匯率對出口價格的傳導和出口需求的價格彈性的估計結果可以看出,升值導致出口額下降是因為人民幣升值降低中國出口的本幣價格,同時由於出口需求的價格彈性大於0,從而使得本幣出口價格下降后導致出口量減少,價格下降與數量減少的共同作用最終導致出口額大幅下降。

(2)各類出口額的世界收入彈性皆為正,且彈性值大,這說明中國出口受世界經濟增長情況的影響非常大,這與中國較高的外貿依存度有著必然的聯繫。

因此,在未來的開放發展過程中,適當降低中國經濟的外貿依存度,降低中國經濟的開放風險是必需的。製成品出口額的世界收入彈性值要遠高於初級產品出口額的收入彈性值,這一結論完全符合出口需求的基本特徵。在製成品分類中,電子類和機械運輸類出口額的世界收入彈性值最高,說明這兩類產品在國際競爭過程中的競爭能力還有待加強,而世界收入彈性最小的紡織類出口則仍然反應了其行業的高加工貿易程度特徵。

(3)與對進口額的影響不同,加入WTO和匯改兩次制度變化都對各類出口額有顯著的增加作用。這與中國出口產品在國際市場上競爭力的持續上升是分不開的。

6.3.3 兩階段分析結論與單階段分析結論的對比與一致性研究

6.3.3.1 進口、出口匯率彈性和貿易余額匯率彈性間的理論關係及數值檢驗

本書前面提到,$\eta_B > 0$ 並不必定意味著匯率與貿易余額存在正相關關係。這是因為之前模型中對貿易余額進行指標選取時採用的是 x/m,而不是 $x-m$,要想考察匯率與實際貿易余額之間的真實關係,必須弄清楚進口額、出口額、x/m 和 $x-m$ 的匯率彈性之間的基本關係。為考察本章研究結論的準確性,以及進一步分析引起匯率變化的貿易余額效應的各環節原因,還需要就進出口價格的匯率傳導和進出口需求的價格彈性對匯率的貿易余額效應進行邏輯推斷和數值檢驗。最后根據推斷和檢驗結果,本書將就匯率變化對貿易余額的影響進行解釋。

6.3.3.1.1 進口額、出口額、出口額/進口額(貿易競爭力)、真實貿易余額的匯率彈性之間關係的理論推導與數值檢驗

令 $B(e) = x(e)/m(e)$,且對 e 求導,根據 $\frac{\partial B}{\partial e}$ 來判斷匯率變化對貿易競爭力的影響方向和影響大小。

$$\frac{\partial B}{\partial e} = \frac{m\frac{\partial x}{\partial e} - x\frac{\partial m}{\partial e}}{m^2} = \frac{1}{m}\frac{\partial x}{\partial e}\frac{e}{x}\frac{x}{e} - \frac{x}{m^2}\frac{\partial m}{\partial e}\frac{e}{m}\frac{m}{e} = \frac{x}{em}(\eta_x - \eta_m) \quad (6-29)$$

等式兩邊同乘以 $\frac{e}{B}$ 求得貿易競爭力的匯率彈性,以判斷貿易競爭力變化對匯率變化的敏感程度。

$$\eta_B = \frac{\partial B}{\partial e}\frac{e}{B} = \frac{m\frac{\partial x}{\partial e} - x\frac{\partial m}{\partial e}}{m^2} \cdot \frac{em}{x} = \frac{mx\frac{\partial x}{\partial e}\frac{e}{x} - mx\frac{\partial m}{\partial e}\frac{e}{m}}{mx} = \eta_x - \eta_m \quad (6-30)$$

根據以上推導，可以得出匯率變化對貿易競爭力關於影響方向、影響大小和敏感程度三方面的結論：

（1）由於匯率值與進出口額皆為正，因此匯率變化對貿易競爭力的影響方向只與進出口額的匯率彈性之間的大小比較有關。若出口額匯率彈性大於進口額匯率彈性，則匯率值上升將提升貿易競爭力；反之，若出口額匯率彈性小於進口額匯率彈性，則匯率值上升將降低貿易競爭力。至於匯率值的上升表示的是貨幣升值還是貶值取決於匯率指標的標價方式和經濟意義。

（2）單位匯率變化對貿易競爭力影響的大小取決於匯率初始水平、貿易競爭力初始水平和進出口額匯率彈性差額的大小三個方面。該影響大小與匯率初始水平呈反比，與貿易競爭力初始水平和進出口額匯率彈性差額的大小呈正比。

（3）貿易競爭力對匯率變化的敏感程度只與進出口額匯率彈性差額有關，該差額越大，貿易競爭力對匯率變化就越敏感。

令 $b(e) = x(e) - m(e)$，並對 e 求導，根據 $\dfrac{\partial b}{\partial e}$ 的符號來判斷匯率變化對貿易余額的影響方向和影響大小。

$$\frac{\partial b}{\partial e} = \frac{\partial x}{\partial e} - \frac{\partial m}{\partial e} = \frac{\partial x}{\partial e}\frac{e}{x}\frac{x}{e} - \frac{\partial m}{\partial e}\frac{e}{m}\frac{m}{e} = \frac{1}{e}(x\eta_x - m\eta_m) \quad (6-31)$$

等式兩邊同乘以 $\dfrac{e}{b}$ 求得貿易余額的匯率彈性，以判斷貿易余額變化對匯率變化的敏感程度。

$$\eta_b = \frac{\partial b}{\partial e}\frac{e}{b} = \frac{1}{e}(x\eta_x - m\eta_m)\frac{e}{x-m} = \frac{1}{x-m}(x\eta_x - m\eta_m) \quad (6-32)$$

根據以上推導，同樣可以得出匯率變化對貿易余額關於影響方向、影響大小和敏感程度三方面的結論：

（1）由於匯率值始終為正，因此匯率變化對貿易余額的影響方向受兩種因素的影響，即進出口額的初始水平和進出口額的匯率彈性。若出口額匯率彈性與初始出口額的乘積大於進口額匯率彈性與初始進口額的乘積（$x\eta_x - m\eta_m > 0$），則匯率值上升將增加貿易余額；反之，匯率值上升將減少貿易余額。同樣的，匯率值的上升表示的是貨幣升值還是貶值取決於匯率指標的標價方式和經濟意義。

（2）單位匯率變化對貿易余額影響的大小取決於匯率初始水平、進出口額初始水平和進出口額匯率彈性的大小三個方面。該影響大小與匯率初始水平成反比，與 $x\eta_x - m\eta_m$ 的大小成正比。

（3）貿易余額對匯率變化的敏感程度與初始貿易余額的大小和 $x\eta_x - m\eta_m$ 的大小有關，且與初始貿易余額的大小呈反比，與 $x\eta_x - m\eta_m$ 的大小成正比。

根據以上數理推導和結論分析，本書將實證分析結果列表對理論結論進行應用與數值檢驗，具體見表6-5。

表6-5 各貿易類別進口、出口匯率彈性和貿易余額匯率彈性間理論關係的數值檢驗

貿易類別（編號）	總貿易_0	初級產品_1	製成品_2	電子_21	紡織_22	鋼材_23	機械運輸_24	化工_25	雜項_26
η_m	-1.876,0	-2.731,4	-1.749,2	-1.745,6	-0.822,9	-2.033,4	-1.367	-1.525,3	-2.476,6
η_x	-1.484,9	-1.352,4	-1.466,2	-1.604,0	-1.826,2	-4.462,3	-1.268,2	-1.188,8	-0.938,6
$\eta_x - \eta_m$	0.391,1	1.379,0	0.283,0	0.141,6	-0.993,3	-2.382,9	0.098,8	0.336,5	1.538,0
$\eta_B(B=\frac{x}{m})$	0.473,9	1.314,2	0.348,1	0.240,6 *	-1.060,7	-2.476,9	0.576,5	0.331,6 *	1.531,6
雙（單）模型兩類推斷的一致性（誤差率）	17%	4.9%	18%	41%	6.3%	3.8%	82%	1.5%	0.4%
升值時關於貿易競爭力 $B(x/m)$ 的推斷	↑	↑	↑	↑	↓	↓	↑	↓	↑
$\frac{\partial b}{\partial e}$	48,045	181,734	-87,496	-44,177	-32,830	-29,866	20,898	39,564	-35,655
η_b	0.79	-3.54	-0.78	-1.22	-2.83	95.50	-1.69	-1.85	-0.42
升值時關於貿易余額 b $(x-m)$ 的推斷	↑	↑	↓	↓	↓	↓	↑	↓	↓

根據以上理論運用與數值檢驗結果，人民幣升值將從總體上提高中國對外貿易在國際市場上的競爭水平，在製成品內部僅紡織類和鋼材類貿易的競爭水平受人民幣升值的影響將有所下降。根據貿易競爭力對匯率變化敏感度數據可以發現，初級產品的貿易競爭力對匯率變化的敏感度要高於製成品貿易競爭力對匯率變化的敏感度。而在製成品內部，與初級產品貿易相類似，鋼材類貿易競爭力對匯率變化的敏感度非常高，這與鋼材類貿易品的標準化大宗商品特徵、在全球範圍內以美元定價以及國內對此類商品出口存在政策限制等特徵有關。

就貿易余額的變化而言，長期內人民幣升值在整體上仍然增加中國貿易順差，但將減少中國工業製成品的貿易余額。需要加以說明的是，升值對貿易余額影響方向的具體判斷因涉及初始進出口額因素，故在數據處理時採用了樣本期內所有樣本對應貿易類別進出口額的平均值進行替代。

不管是貿易余額的匯率彈性，還是貿易競爭力的匯率彈性，初級產品匯率

彈性都要高於製成品匯率彈性，這是因為，受壟斷性資源限制或生產週期的影響，初級產品的供給彈性往往十分有限，其均衡貿易量和均衡貿易價格基本上直接由需求決定。當世界需求發生變化時，由於其供給嚴重缺乏彈性，將導致價格的大幅波動。而製成品卻有所不同，由於技術創新與組織管理的不斷發展，使得製成品所受資源限制的程度降低，且成本能夠得到下降，同時普通製成品生產週期相對較短，產量調整也相對自由，當面臨需求衝擊時，其供給也可依據價格信號相應調整，相對完全的市場競爭使得價格波動較小。在市場需求不變的情況下，若匯率發生變化引起一定的價格變化，那麼供給富有彈性的製成品將會較快地回應價格信號對生產進行調整而后使價格恢復到相對穩定的水平，貿易額的波動也就相對較小。

6.3.3.2 進出口額的匯率彈性、匯率的進出口價格傳導、進出口需求彈性之間關係的理論推導與數值檢驗

由於實證研究中使用的價格指數皆為本幣價格指數且匯率指標為實際有效匯率，基於此，本書令 $x(e)=p_x q_x, q_{x=}q_x(p_x^f), p_x^f=p_x^f(e)=ep_x(e)$（此處 e 為間接標價法的匯率指標，如實際有效匯率指標，其匯率值上升表示升值，下降表示貶值），則有本幣出口額 $x(e)=p_x(e)q_x[ep_x(e)]$，將其對 e 求導，以考察單位匯率變化對出口額的影響方向和大小。

$$\frac{\partial x}{\partial e} = \frac{\partial p_x}{\partial e}q_x + p_x \frac{\partial q_x}{e\partial p_x}(p_x + e\frac{\partial p_x}{\partial e})$$

$$= \frac{\partial p_x}{\partial e}\frac{e}{p_x} \cdot \frac{p_x q_x}{e} + \frac{\partial q_x}{\partial p_x}\frac{p_x}{q_x} \cdot \frac{p_x q_x}{e} + \frac{\partial q_x}{\partial p_x}\frac{p_x}{q_x} \cdot \frac{\partial p_x}{\partial e}\frac{e}{p_x} \cdot \frac{p_x q_x}{e}$$

$$= \frac{x}{e}(pt_x - \varepsilon_x - pt_x \varepsilon_x)$$

$$= \frac{x}{e}[pt_x - (1+pt_x)\varepsilon_x] \qquad (6-33)$$

在等式左右兩邊同乘以 $\frac{e}{x}$，求解出口額的匯率彈性，以考察出口額對匯率變化的敏感程度，並考察其匯率彈性的影響因素和影響機制。

$$\eta_x = \frac{\partial x}{\partial e}\frac{e}{x} = pt_x - (1+pt_x)\varepsilon_x \qquad (6-34)$$

令 $m(e)=p_m q_m, q_{m=}q_m(p_m), p_m=p_m(e)$（同樣的，此處 e 為間接標價法的匯率指標，如實際有效匯率指標，其匯率值上升表示升值，下降表示貶值），則有本幣進口額 $m(e)=p_m(e)q_m[p_m(e)]$，將其對 e 求導，以考察單位匯率變化對進口額的影響方向和大小。

經推導可得，單位匯率變化對進口額的影響可表示為：

$$\frac{\partial m}{\partial e} = pt_m(1-\varepsilon_m)\frac{m}{e} \qquad (6-35)$$

進口額的匯率彈性可表示為：

$$\eta_m = \frac{\partial m}{\partial e}\frac{e}{m} = pt_m(1-\varepsilon_m) \qquad (6-36)$$

根據以上推導，可以得出匯率變化對進出口額的影響方向、影響大小和影響彈性三個方面的結論：

（1）由於匯率值與進出口額的初始值皆為正，因此匯率對進出口額的影響方向只受兩種因素的影響。一是匯率變化對進出口價格的傳導率（包括傳導方向），二是進出口需求量所對應的進出口價格彈性的大小（包括彈性符號）。

（2）單位匯率變化對出口額的影響大小與匯率的出口價格傳導、需求價格彈性、初始匯率值的大小和初始進出口額的水平有關。該影響大小與關係式 $pt_x - (1+pt_x)\varepsilon_x$ 的值和初始出口額的大小成正比，而與匯率初始值的大小成反比。單位匯率變化對進口額的影響大小與匯率的進口價格傳導和初始進口額成正比，而與進口需求的價格彈性和匯率初始值的大小成反比。

（3）進出口額的匯率彈性的大小取決於匯率傳導和需求彈性兩個因素。其他條件保持不變，匯率對進口本幣價格的傳導越完全，或進口需求的價格彈性值越大，則進口額的匯率彈性越大，進口額對匯率變化就越敏感。而匯率對出口本幣價格的傳導程度對匯率彈性的影響不確定，但與進口需求的價格彈性一樣，出口需求的價格彈性與其匯率彈性也成反比關係。

（4）由於 $b(e) = x(e) - m(e)$，則有 $\frac{\partial b}{\partial e} = \frac{\partial x}{\partial e} - \frac{\partial m}{\partial e}$，根據上述 $\frac{\partial x}{\partial e} = \frac{x}{e}[pt_x - (1+pt_x)\varepsilon_x]$ 和 $\frac{\partial m}{\partial e} = pt_m(1-\varepsilon_m)\frac{m}{e}$ 得：

$$\frac{\partial b}{\partial e} = \frac{x}{e}[pt_x - (1+pt_x)\varepsilon_x] - \frac{m}{e}pt_m(1-\varepsilon_m) \qquad (6-37)$$

兩階段的理論結論是否與一階段（直接從匯率到貿易余額的分析）結論相一致，可以與6.1.2中關於單位匯率變化對貿易余額的影響關係式進行比較。

根據6.1.2中所得出的理論結論 $\frac{\partial b}{\partial e} = \frac{x}{e}(1 + pt_x^f - pt_x^f\varepsilon_x^f) - \frac{m}{e}pt_m(1-\varepsilon_m)$，由於式中 pt_x^f 和 ε_x^f 分別表示的是匯率變化對出口外幣價格的傳導和出口需求量的外幣價格彈性，故要運用匯率對進出口本幣價格的傳導和進出口需求的本幣

價格彈性計算單位匯率變化對貿易余額的影響，首先必須要弄清 pt_x^f 與 pt_x 之間以及 ε_x^f 與 ε_x 之間的關係。另外，式中 e 的原始假定為直接標價法的匯率指標，其上升表示貶值，而實證分析中本書採用的是實際有效匯率指標，其上升表示升值，所以在使用數據進行分析之前，還需對此進行調整。

根據間接標價法的匯率指標與出口外幣價格、出口本幣價格之間的關係有：$ep_x(e) = p_x^f(e)$，等式兩邊都對 e 求導，有：

$$p_x + \frac{\partial p_x}{\partial e}e = \frac{\partial p_x^f}{\partial e}$$

$$\Rightarrow \frac{\partial p_x^f}{\partial e}\frac{e}{p_x^f}\frac{p_x^f}{e} = p_x(1 + \frac{\partial p_x}{\partial e}\frac{e}{p_x})$$

$$\Rightarrow pt_x^f = \frac{ep_x}{p_x^f}(1+pt_x) = 1+pt_x \qquad (6-38)$$

另外，根據間接標價法的匯率指標、出口需求量與出口外幣價格和出口本幣價格之間的關係有：由於 $p_x^f = ep_x$，$\varepsilon_x^f = -\dfrac{\Delta q_x/q_x}{\Delta p_x^f/p_x^f} = -\dfrac{\Delta q_x/q_x}{e\Delta p_x/(ep_x)} = -\dfrac{\Delta q_x/q_x}{\Delta p_x/p_x} = \varepsilon_x$。故原 $\dfrac{\partial b}{\partial e}$ 的計算式可重新表述為：$\dfrac{\partial b}{\partial e} = \dfrac{x}{e}[pt_x - (1+pt_x)\varepsilon_x] - \dfrac{m}{e}pt_m(1-\varepsilon_m)$。與兩因素推導結論相對比可知，一階段理論結論與兩因素分析結論完全一致。也即匯率變化對貿易余額的影響完全可以用兩因素方法進行理論解釋和實證檢驗，這有利於我們充分運用各階段結論對匯率的貿易余額效應進行更深入的解釋。

根據以上數理推導和結論分析，本書將利用實證分析結果列表對理論結論進行應用與數值檢驗，並將此式直接運用於對實證結果的數值檢驗。數值計算和檢驗結果見表 6-6。

表6-6　各貿易匯率彈性和匯率傳導、貿易彈性間關係的數值檢驗

	貿易（編號）	總貿易_0	初級產品_1	製成品_2	電子_21	紡織_22	鋼材_23	機械運輸_24
進口	pt_m	-0.362	-1.220	-1.150	-0.624	-0.552	-0.396	-0.757
	ε_m	0.137	0.178	0.009	-0.226	-0.390	-0.363	-0.288
	η_m	-0.412	-1.437	-1.160	-0.483	-0.337	-0.252	-0.539
	$\partial m/\partial e$	<0	<0	<0	<0	<0	<0	<0

表6-6(續)

貿易 (編號)	總貿易 _0	初級產 品_1	製成品 _2	電子 _21	紡織 _22	鋼材 _23	機械運 輸_24
出口 pt_x	-0.668	-1.225	-0.621	-1.198	-0.346	-1.068	-0.757
ε_x	0.470	0.080	0.441	0.485	0.251	0.950	-0.485
η_x	-0.982	-1.323	-0.895	-1.779	-0.433	-2.083	-0.390
$\partial x/\partial e$	<0	<0	<0	<0	<0	<0	<0
余額 $\partial b/\partial e$	<0	>0	<0	<0	<0	<0	<0

註：表格中的 η_m、η_x、$\partial m/\partial e$、$\partial x/\partial e$ 以及 $\partial b/\partial e$ 皆是根據上述理論結論進行計算后所得。

通過運用之前各章實證結論數據對各變量理論關係進行數值檢驗，結果表明與進出口額和匯率之間直接建模后的估計結果基本一致，匯率升值減少中國各類出口額和進口額，使初級產品貿易余額有所增加，但製成品貿易余額減少。僅總貿易余額的變化方向與單階段分析存在不同，單階段分析認為匯率升值仍然增加中國總貿易余額，而兩因素分析認為匯率升值將降低中國總貿易余額。單階段分析和兩因素分析的結論之所以存在差異是因為在單階段分析中，本書採用的是完整貿易數據，而兩因素分析中由於涉及價格數量數據的運用使貿易數據存在缺失，因此產生了各明細分類貿易中結論一致，而總貿易余額的影響結論存在差異的情況。總的來看，通過與整體單階段分析結論進行比較可以看出，之前的兩因素分析是有效的，基本可以用來解釋匯率變動對各分類貿易余額的影響。

6.3.4 人民幣匯率變化對貿易余額影響的綜合原因解析

6.3.4.1 人民幣升值增加初級產品貿易余額

這是因為人民幣升值后導致進口額下降和出口額下降，且進口下降額要遠大於出口下降額。升值對進出口額的這種影響存在兩個方面的原因，一是初始狀態的初級產品進口額大於出口額（即初級產品初始貿易余額為逆差），二是進口額的匯率彈性大於出口額匯率彈性絕對值。進一步分析發現，當人民幣升值時，其初級產品的進口本幣價格和出口本幣價格皆相應下降，且匯率傳導程度基本一致（匯率對進口價格傳導1.220，對出口價格傳導1.225），而初級產品的進出口價格彈性皆為正，但出口彈性值（0.08）要遠小於進口彈性值（0.178），因此出口價格的下降引起出口量的微弱減少，而進口價格的下降引起進口量的相對大量減少，從而初級產品出口額的下降小於進口額的下降，最終導致初級產品貿易余額上升。

6.3.4.2 人民幣升值減少製成品貿易余額

這是因為人民幣升值后導致製成品進口額的下降和出口額下降，且進口額下降額要小於出口額的下降額。這種影響的形成原因是，首先初始狀態的製成品貿易進口額遠小於出口額（製成品初始貿易余額為大額順差），同時即使進口額的匯率彈性絕對值（1.16）要略大於出口額的匯率彈性絕對值（0.895），但該差異要遠小於進口額和出口額初始水平的差異，因此製成品初始狀態下的大額順差是其進口額下降少於出口額下降的根本原因。更進一步，之所以進口額的匯率彈性值略大於出口額匯率彈性值是因為，升值降低製成品進口和出口本幣價格，且對製成品進口價格的傳導（1.15）要高於對其出口價格的傳導（0.62），即使製成品進口需求彈性（0.009）要遠小於出口需求彈性（0.441），但由於匯率傳導是匯率變化引起貿易余額變化的先決條件，因此進出口額的匯率彈性值的對比關係仍基於匯率對進出口價格傳導的對比關係。

6.3.4.3 人民幣升值減少電子類貿易余額

原因有二，首先電子類貿易余額初始狀態皆為貿易順差，即該兩類初始出口額大於進口額。其次升值同時減少進口額和出口額，且出口額的匯率彈性（1.779）絕對值要大於進口額的匯率彈性（0.483）。根據 $\frac{\partial b}{\partial e} = \frac{1}{e}(x\eta_x - m\eta_m)$，以上兩點原因皆造成貿易余額的減少。更進一步，出口額匯率彈性大於進口額匯率彈性是因為，首先升值降低進出口價格，且匯率的出口價格傳導程度（1.198）要高於對進口價格的傳導程度（0.624），其次電子類進口需求價格彈性小於 0，而出口需求價格彈性大於 0，進口價格下降導致進口量上升，出口價格下降導致出口量下降，兩相對比，進口額減少有限，而出口額大幅減少。在原有匯率對進出口價格傳導的基礎上，出口額的匯率彈性值要大大高於進口額的匯率彈性值。同樣的，人民幣升值也將減少紡織類的貿易余額。其整體影響機制和分階段影響機制與電子類貿易完全相同。

6.3.4.4 人民幣升值減少鋼材成品類貿易余額

人民幣升值同樣減少鋼材成品類貿易余額，但影響因素的相對重要性與前兩類貿易有所不同。首先，鋼材類初始貿易余額體現為小額逆差，其次升值將同時減少鋼材類的進口額和出口額，但出口額的匯率彈性遠高於進口額的匯率彈性，幾乎為進口額匯率彈性的 10 倍，因此進出口額匯率彈性值的對比關係是升值減少鋼材類貿易余額的根本原因。更進一步，出口額匯率彈性大於進口額匯率彈性是因為，首先升值降低進出口價格，且匯率的出口價格傳導程度（1.068）遠高於進口價格傳導程度（0.396），其次鋼材類進口需求彈性為負，

而出口需求彈性為正，進口額下降有限，而出口額大幅下降。加上出口價格下降幅度大於進口價格下降幅度，二者共同作用導致出口額匯率彈性遠高於進口額匯率彈性。

6.3.4.5 人民幣升值減少機械運輸類貿易餘額

由於其初始貿易餘額體現為大額順差，雖然升值同時減少進口額和出口額，且進口額匯率彈性值（0.539）高於出口額匯率彈性值（0.390），但由於初始出口額大幅超過進口額，導致初始進出口額的對比關係在升值對貿易餘額的影響中起到了決定性作用。更進一步，因升值對進出口價格的傳導程度一致，故進出口額匯率彈性值的對比關係主要取決於進出口需求彈性間的對比關係。升值降低進出口價格，且進出口價格降低幅度相同，進口價格下降導致進口量上升，但上升幅度（0.288）小於出口價格下降導致出口量上升的幅度（0.485），由於進出口需求皆缺乏彈性，因此進出口價格下降仍導致進口額和出口額都減少，但進口額的減少要多於出口額的減少，從而進口額的匯率彈性大於出口額的匯率彈性。

6.4 不同貿易方式下人民幣匯率變化對貿易餘額的影響

6.4.1 中國不同貿易方式下貿易餘額變化趨勢的描述性分析

中國加工貿易的出口、進口及差額都始終保持著增長趨勢，從增長的速度來看，可將其劃分為兩個階段：第一階段為1995年1月到2001年12月，該階段的加工貿易無論是出口、進口還是順差，其增長都較為平緩；第二階段為2002年1月到2008年8月，此階段內無論是加工貿易的出口、進口都呈現高速增長特徵，且加工貿易的出口增速大於進口增速，導致加工貿易順差急遽增加，同時此階段的進出口和順差的波動也更劇烈。

中國一般貿易的出口和進口也都始終保持增長趨勢，但就其進出口變化趨勢進行對比可細分為三個變化階段：第一階段為自樣本期初開始到2000年中期皆為小幅順差且增長緩慢；第二階段為2000年下半年至2004年中期各月份逆差占了絕大多數；第三階段自2004年下半年開始直到樣本期末基本都為順差，若剔除季節因素（各年春節期間為小幅逆差），其順差本身也呈擴大趨勢。就進出口波動幅度來看，第三階段的一般貿易進口和出口的波動都明顯加大。具體見圖6-2。

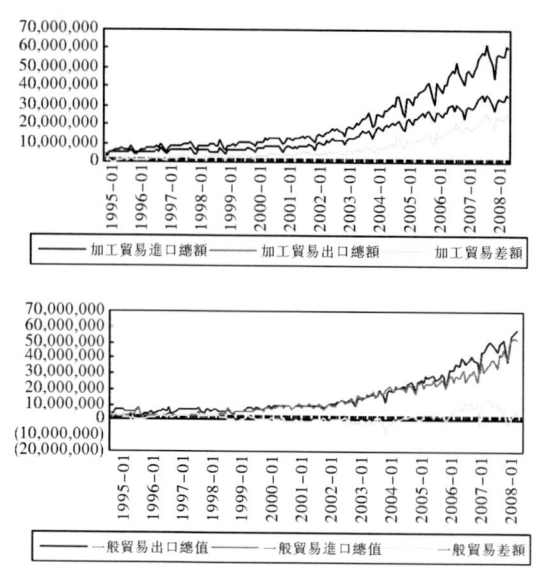

數據來源：中國經濟統計數據庫海關月度數據。

圖6-2　中國加工貿易和一般貿易進出口及其差額變化趨勢

加工貿易特殊的「兩頭在外」的特徵決定了在正常情況下其出口始終大於進口，且進口量受出口量的直接影響，間接地由國際市場需求決定。加工貿易出口大於進口所形成的順差來源於國內加工環節的價值增值（國內勞動力成本、來自國內部分的原材料成本、國內加工過程中的創新活動等）和出口商品國際競爭力的相對提升所帶來的附加值。另外，關於上述兩階段增長差異可以解釋如下：早期中國勞動力比較優勢明顯，土地和能源等國內資源成本較低。同時，加工貿易准入門檻低，在全球產業轉移過程中承接了處於全球價值鏈最低端的最終產品組裝環節和低端零部件配套生產環節，勞動密集度高、技術含量低，在技術、管理、品牌等方面嚴重缺乏，導致加工貿易出口附加值較低，出口產品國際競爭力低，貿易順差較小且增速緩慢。進入21世紀以來，中國國內勞動力、土地、能源等成本普遍上升。由於新的國際產業轉移和國內產業結構調整，中國加工貿易內部的產業構成也發生了變化，技術與資本密集型加工貿易占比逐漸提高，機電類和高新技術類產品的出口占比逐年提高，以2007年為例，僅機電類產品出口就占到總出口的47%。另外加工貿易出口中民營企業出口占比也逐漸提高，加工貿易開始從以外商直接投資企業主導的單純加工向更多民營企業參與的自主研發和品牌創新延伸，產業鏈高端發展趨勢明顯，出口產品的國際競爭力提高，附加值大幅攀升。但與此同時，貿易順差的急速擴大和匯改后人民幣升值都增加了對外貿易的不確定性，使得加工貿易

進出口的波動加劇。

一般貿易進出口的變化可能來自一國產品在國際市場競爭中的比較優勢的變化，也可能是受國內與國際供求和經濟大環境變化的影響，還可能是國內制度變遷和相關政策變化的結果。自 1994 年中國進行外匯管理體制改革並對人民幣名義匯率進行貶值之后，中國開始主要採取經濟手段調節對外貿易，並實施出口退稅制度，這一系列的市場化改革措施大大激發了中國外貿出口的活力，導致一般貿易出口額逐漸增加，貿易順差形成。但在 2001 年前后因為中國加入世界貿易組織而逐步下調進口關稅，直到 2005 年分批取消非關稅措施。這些措施的實施使得中國一般貿易進口快速增長，但一般貿易出口由於國內商品競爭力仍相對較弱，導致此階段內頻繁出現貿易逆差。自 2004 年下半年開始，由於國內產業發展迅速，產品質量和檔次明顯提高，產業競爭力和對外貿易環境改善，中國一般貿易出口在面臨強大世界需求的同時，供給能力也得到了實質性的提高，對外貿易持續增長，一般貿易順差急速擴大，從 2005 年的 295.6 億美元增長到 2007 年的 918.9 億美元。另外，一般貿易進口占比有顯著上升，從樣本期初的 25.5% 上升到期末的 50.5%，而出口占比變化不大，始終徘徊在 40%～50% 的占比區間內。

6.4.2 加工貿易余額和一般貿易余額的匯率彈性估計與模型檢驗

6.4.2.1 進出口需求模型、協整與誤差修正分析

6.4.2.1.1 理論分析框架

在一般均衡框架下，考慮一個標準國際收支決定的兩國模型，假定各國進口商品與國內產品為不完全替代。則進口商品的需求取決於國內實際收入和進口商品的本幣價格，本國進口商品的供給取決於外國出口廠商所面臨的出口外幣價格；本國出口商品的需求取決於外國實際收入和外國進口該產品的進口外幣價格，本國出口商品的供給取決於本國出口廠商面臨的出口本幣價格。具體表示如下：

$$D_m = f(y^d, p_m^d) \qquad (6-39)$$

$$S_m = f(p_x^f) \qquad (6-40)$$

$$D_x = f(y^f, p_m^f) \qquad (6-41)$$

$$S_x = f(p_x^d) \qquad (6-42)$$

式中，D_m、S_m、D_x、S_x 分別表示本國的進口需求、進口供給、出口需求和出口供給；y^d 和 y^f 表示本國和外國的實際收入；p_m^d 和 p_m^f 表示本國進口商品的本幣價格和外國進口商品的外幣價格；p_x^d 和 p_x^f 表示本國出口商品的本幣價格

和外國出口商品的外幣價格。當 $D_m = S_m$、$D_x = S_x$ 時，進口和出口分別達到均衡，則均衡時的本國進出口可分別表示為：

$$m = f(y^d, p_m^d, p_x^f) \qquad (6-43)$$

$$x = f(y^f, p_m^f, p_x^d) \qquad (6-44)$$

由於 $p_m^d = ep_x^f$ 和 $p_x^d = ep_m^f$，其中 e 為直接標價法表示的匯率，則均衡的本國進出口方程分別為：

$$m = m(y^d, e) \qquad (6-45)$$

$$x = x(y^f, e) \qquad (6-46)$$

$$B = x/m = B(y^d, y^f, e) \qquad (6-47)$$

此模型可直接運用於一般貿易的分析單中，但由於加工貿易「兩頭在外」的特有性質，加工貿易進口與國內收入並無直接關係，而是直接與加工貿易出口需求有關，故加工貿易進口、出口和貿易餘額方程式具有其特殊性，可分別表示為：

$$m_{jg} = f(x_{jg}, e) = g(y^f, e) \qquad (6-48)$$

$$x_{jg} = x_{jg}(y^f, e) \qquad (6-49)$$

$$B_{jg} = x_{jg}/m_{jg} = B_{jg}(y^f, e) \qquad (6-50)$$

6.4.2.1.2 模型設定、變量選擇與數據處理

本書採用海關月度庫提供的 1995 年 1 月～2008 年 8 月的加工貿易和一般貿易相關數據。各變量指標分別有：加工貿易進口額 *jgm*、加工貿易出口額 *jgx*、一般貿易進口額 *ybm*、一般貿易出口額 *ybx*、加工貿易餘額 *jgB*、一般貿易餘額 *ybB*、人民幣實際有效匯率指數 *reer*（考慮到此處分析的是各類貿易的總量數據，故匯率變量採用利用貿易總額加權的一般實際有效匯率指數更適合；該數值的增加表示升值）、社會消費品零售總額 y^d（由於 GDP 沒有月度數據，故採用該指標作為實際收入的替代變量，在計量模型中直接以 y 表示）和世界收入 y^f（此處世界收入變量採用 IMF 提供的發達國家工業增加指數 *wip* 替代）。另外考慮到樣本期內 2001 年 12 月中國加入 WTO、2005 年 7 月匯改人民幣對美元名義匯率開始升值，我們在模型中加入了與之對應的兩個虛擬變量 *dwto* 和 *der* 以考察兩次制度變化的影響。

其中加工貿易進出口數據採用的是以人民幣為單位的進出口額，首先用當期人民幣與美元名義匯率的日平均值乘以以美元表示的進出口額，再採用以 2000 年為基期的中國 CPI 指數將名義額轉換為實際額，之后對進出口各實際額進行季度調整，最后對進口額、出口額和貿易餘額（出口額/進口額）進行取對數處理，以估計不同貿易方式下各貿易額的匯率彈性。進出口數據來源於中國海關統計數據庫，人民幣實際有效匯率和名義匯率日平均值數據來源於

IMF 網站的 IFS 數據庫，社會消費品零售總額數據來自中國經濟統計數據庫宏觀月度庫。基準模型如下：

$$\begin{pmatrix} jgm_t \\ jgx_t \\ jgB \end{pmatrix} = \begin{pmatrix} c_{jgm} \\ c_{jgx} \\ c_{jgB} \end{pmatrix} + \begin{pmatrix} \alpha_{jgm} & \beta_{jgm} & \gamma_{jgm} & \lambda_{jgm} \\ \alpha_{jgx} & \beta_{jgx} & \gamma_{jgx} & \lambda_{jgx} \\ \alpha_{jgB} & \beta_{jgB} & \gamma_{jgB} & \lambda_{jgB} \end{pmatrix} \begin{pmatrix} neer_t \\ wip_t \\ dwto_t \\ der_t \end{pmatrix} + \begin{pmatrix} \varepsilon_{jgm\,t} \\ \varepsilon_{jgx\,t} \\ \varepsilon_{jgB} \end{pmatrix} \quad (6-51)$$

$$\begin{pmatrix} ybm_t \\ ybx_t \\ ybB \end{pmatrix} = \begin{pmatrix} c_{ybm} \\ c_{ybx} \\ c_{ybB} \end{pmatrix} + \begin{pmatrix} \alpha_{ybm} & \beta_{ybm} & 0 & \gamma_{ybm} & \lambda_{ybm} \\ \alpha_{ybx} & 0 & \beta_{ybx} & \gamma_{ybx} & \lambda_{ybx} \\ \alpha_{ybB} & \beta_{ybB}^d & \beta_{ybB}^f & \gamma_{ybB} & \lambda_{ybB} \end{pmatrix} \begin{pmatrix} neer_t \\ y_t \\ wip_t \\ dwto_t \\ der_t \end{pmatrix} + \begin{pmatrix} \varepsilon_{ybm\,t} \\ \varepsilon_{ybx\,t} \\ \varepsilon_{ybB} \end{pmatrix} (6-52)$$

6.4.2.1.3 單位根檢驗

在進行 OLS 估計之前，為了避免偽迴歸，首先要對各時間序列進行單位根檢驗，以判斷各時間序列的平穩性。本書運用 Eviews 6.0 軟件分別對方程中各變量的水平值與一階差分進行 ADF 單位根檢驗，其檢驗過程中根據 AIC 準則（AIC 值最小原則）來選擇滯后項。關於加工貿易進口方程中各實際變量序列平穩性的檢驗結果見表 6-7。

表 6-7 加工貿易與一般貿易進口、出口和貿易余額模型變量序列的單位根檢驗結果

	水平值序列檢驗結果				一階差分序列檢驗結果			
	檢驗形式 (C,T,K)	5% 臨界值	ADF t-stat.	P value	檢驗形式 (C,T,K)	5% 臨界值	ADF t-stat.	P value
jgm	(C,T,2)	-1.942,8	3.692,0	0.999,9	(0,0,1)	-1.942,8	-13.319,5	0.000,0
jgx	(C,T,3)	-3.438,2	-1.462,4	0.838,4	(C,0,2)	-2.879,5	-11.192,4	0.000,0
jgB	(C,T,4)	-3.438,2	-2.925,3	0.157,4	(0,0,1)	-1.942,8	-11.502,6	0.000,0
ybm	(C,T,2)	-3.438,0	-2.278,2	0.443,0	(C,0,2)	-2.879,5	-10.529,1	0.000,0
ybx	(C,T,7)	-3.438,7	-2.728,9	0.193,2	(C,0,5)	-2.879,8	-4.399,6	0.000,4
ybB	(C,0,2)	-3.879,3	-2.735,1	0.070,3	(0,0,0)	-1.942,8	-20.097,3	0.000,0

註：其中檢驗形式（C, T, K）分別表示單位根檢驗方程包括：常數項、時間趨勢和滯后項的階數，加入滯后項是為了使殘差項為白噪聲。其他關於匯率，國內收入和世界收入指標序列的單位根檢驗結果比照前文，此處不再重複給出。

從單位根檢驗結果表中可看出，加工貿易進出口額、一般貿易進出口額、加工貿易和一般貿易的貿易余額序列皆為一階單整序列，根據前文對匯率序列和國內外收入序列的檢驗可知，這些序列也都為一階單整序列，因此這些變量滿足構造協整檢驗的必要條件。

6.4.2.1.4 協整檢驗與長期均衡分析

與前文相同，本書將採用 Engle—Grange 兩步法和 Johansen 檢驗兩種方法對分貿易方式進出口額和貿易余額方程式進行估計，並報告兩步法的估計結果。運用 Engle—Grange 兩步法進行協整檢驗，第一步採用 OLS 方法估計各貿易方式進出口額和貿易余額的方程式，第二步對各貿易方程式的殘差進行 ADF 單位根檢驗，若在1%的顯著水平下拒絕存在單位根的原假設，即殘差序列平穩，則說明迴歸方程的設定是合理的，且方程中因變量與自變量之間存在長期均衡的協整關係。具體見表6-8。

表6-8 加工貿易和一般貿易進口額、出口額與貿易余額方程式估計與檢驗結果表

	jgm	jgx	jgB	ybm	ybx	ybB
$neer$	-3.793 -11.978	-2.716,7 -8.014,2	0.978,2 7.818,4	-5.533,5 -10.466,9	-4.330,4 -9.667,1	1.313,1 * 1.923,2
y				4.921,2 27.182,0		-2.023,9 -8.846,9
wip	8.505,9 21.752,2	11.040,9 26.375,0	2.765,5 22.821,6		10.080,3 18.222,8	
$dwto$	0.422,5 16.299,2	0.431,2 15.539,9		-0.138,7 ** -2.446,4	0.369,6 10.080,2	0.568,2 8.966,9
der	0.211,1 8.669,1	0.229,4 8.799,7		-0.428,7 -8.737,1	0.369,1 10.713,5	0.170,8 ** 2.332,7
$\bar{R}^2$	0.977,6	0.979,0	0.762,4	0.968,0	0.966,2	0.498,6
$F-stat.$	1,778.377	1,899.305	262.525	1,231.911	1,167.604	41.520,8
$D-W$ 值	0.752,2	0.594,5	1.397,4	0.768,9	0.601,7	0.477,6
模型殘差單位根檢驗	-4.278,3 -1.942,8 2.050,8	-3.690,5 -1.942,8 2.031,5	-5.174,2 -1.942,9 1.990,6	-3.868,8 -1.942,8 2.024,0	-3.572,8 -1.942,8 2.018,0	-3.201,7 -1.942,8 1.995,4

運用 Johansen 檢驗法對以上各模型進行協整檢驗，模型檢驗結果與兩步法結果相近，此處不另作報告。

根據報告結果，可以得出以下結論：

（1）長期內人民幣名義有效匯率升值將減少中國加工貿易和一般貿易的進口額與出口額。對於加工貿易而言，由於加工貿易方式的特殊性，進口由出口決定，則匯率的變化首先影響出口從而最終影響到進口，升值將導致出口減少，從而將在長期內減少加工貿易進口。就一般貿易而言，人民幣升值同時減少其進口額和出口額，主要與一般貿易進出口的價格彈性皆為正有關，根據匯率傳導的結論，一般貿易進出口的匯率傳導率皆為負，升值導致進出口價格下降，從而致使進出口量也下降，最終使得進出口額皆減少。

（2）人民幣升值將提高中國加工貿易和一般貿易的出口額與進口額的比值，提升中國各貿易方式下對外貿易的國際競爭力。就加工貿易而言，其出口額與進口額的比值即為加工貿易增值係數。該係數反應了國內加工環節的附加值程度，是衡量加工貿易創匯質量的指標，也是加工貿易行業升級變化的間接反應。因此，人民幣升值提高加工貿易增值係數，實際上是增強了中國加工貿易的國際競爭力，加強了中國加工貿易企業的定價主導權。長期內人民幣升值提升加工貿易出口的競爭力是因為，升值降低中國加工貿易進口價格，從而降低中國加工貿易出口企業的成本，使得利潤空間增大，出口企業的定價主動權得到加強。而對於一般貿易而言，升值提升其競爭力主要是因為匯率對中國一般貿易進口額的影響彈性絕對值要大於對出口額的影響彈性。具體影響機制將在原因部分予以詳細解釋。

（3）國內收入的變化對中國加工貿易的進出口額和貿易餘額的影響都不顯著，但顯著增加中國一般貿易進口，顯著減少一般貿易餘額。國內收入對加工貿易的影響不顯著是由加工貿易本身的特點決定的。加工貿易「兩頭在外」體現了其進口是為出口服務的，而出口又只受世界市場需求的影響，雖然國內供給方面也會因為勞動力和其他供給方面受到一定影響，但並不顯著。但國內收入顯著影響一般貿易進口，且表現為顯著正影響，這與一般貿易理論相符。

（4）世界收入增加將顯著增加中國加工貿易進口、出口和貿易餘額，同時也增加中國一般貿易的出口。根據國際貿易理論，一國的任何貿易方式下的出口皆受世界需求的影響，世界需求增加導致出口增加。當然，這需要以出口的供給彈性不為0為前提。中國國內經濟長期內保持持續地快速增長，使中國國內供給能力不斷提高，供給彈性大於0，故能實現均衡出口隨世界需求的增加而增加。

6.4.3 分貿易方式的兩階段與單階段分析結論的比較與一致性評價

6.4.3.1 不同貿易方式進口額、出口額、進出口比和進出口差額等匯率彈性的數值檢驗

根據 6.3.3 中關於貿易余額對匯率的導數推導和貿易余額的匯率彈性推導，$\frac{\partial b}{\partial e} = \frac{1}{e}(x\eta_x - m\eta_m)$，$\eta_b = \frac{1}{x-m}(x\eta_x - m\eta_m)$，其中初始匯率水平和進出口額用樣本期內平均值的絕對額表示。

針對加工貿易的特殊性，其出口額必定大於進口額，出口額可以看成進口額和國內加工環節增值之和，則有 $x = m(1+\kappa)$，其中 κ 為加工增值率，$\kappa > 0$。則有：

$$\frac{\partial b}{\partial e} = \frac{1}{e}[m(1+\kappa)\eta_x - m\eta_m] = \frac{1}{e}[m(\eta_x - \eta_m) + m\kappa\eta_x] \quad (6-53)$$

$$\eta_b = \frac{1}{x-m}(x\eta_x - m\eta_m) = \frac{1}{\kappa}[(\eta_x - \eta_m) - \kappa\eta_x] \quad (6-54)$$

式（6-54）對 κ 求導，有：

$$\frac{\partial \eta_b}{\partial \kappa} = \frac{-(\eta_x - \eta_m)}{\kappa^2} \quad (6-55)$$

以上式子表明，加工貿易余額的匯率彈性與加工增值率有關，且該匯率彈性的絕對值與加工增值率呈負相關。這說明加工貿易出口成本中進口占比越小或是國內環節的增值越多，則加工貿易余額對匯率變化的敏感度就越小。一般貿易的貿易余額邊際變化和匯率彈性仍遵循 6.3.3 的推導結論。根據以上關係，此處列表對各匯率彈性進行數值檢驗結果見表 6-9。

表 6-9 分貿易方式進出口額匯率彈性與貿易余額匯率彈性間的數值檢驗

貿易類別	η_m	η_x	$\eta_x - \eta_m$	η_B	雙（單）模型推斷的一致性（誤差率）	升值時關於貿易競爭力 B 的推斷	$\frac{\partial b}{\partial e}$	η_b	升值時關於貿易余額 b 的推斷
加工貿易	-3.792,9	-2.716,7	1.075,2	0.978,2	9.91%	↑	-53,474.9	-0.699,1	↓
一般貿易	-5.533,5	-4.330,4	1.203,1	1.313,1	8.38%	↑	763.6.03	3.025,4	↑

根據以上數值檢驗，可以得出以下幾個方面的結論：

（1）從理論關係上來看，$\eta_B = \eta_x - \eta_m$，根據實證結論，加工貿易和一般貿易進出口額的匯率彈性與各自的 η_B 相差不大，進口和出口雙模型結論與單一進出口比模型匯率彈性系數符號相同，數值差異低於 10%，說明單一模型

和雙模型結論相對一致，可以用來解釋匯率對該兩種貿易方式下進出口和余額的影響。

（2）人民幣升值將提高中國加工貿易和一般貿易的國際競爭水平，但將導致中國加工貿易余額減少，一般貿易余額增加。人民幣升值減少加工貿易余額是因為人民幣升值直接導致加工貿易進口額和出口額的同時減少，由於加工貿易進口構成出口的成本部分，進出口額同時減少將直接導致加工貿易余額下降。而人民幣升值導致中國一般貿易余額增加是因為一般貿易進口額的匯率彈性絕對值要大於一般貿易出口額的匯率彈性絕對值，從而一定的匯率升值所導致的進口額的減少要多於出口額的減少，最終使得一般貿易余額上升。

（3）根據加工貿易和一般貿易的各類匯率彈性比較，可以看出中國一般貿易的進口額、出口額、進出口額比以及進出口差額的匯率彈性值都要高於相應的加工貿易匯率彈性值。這說明人民幣匯率變化對中國一般貿易的影響要大於對加工貿易的影響。

6.4.3.2 不同貿易方式進出口額的匯率彈性、匯率的進出口價格傳導與進出口需求彈性之間關係的數值檢驗

根據6.3.3中關於匯率彈性、匯率傳導和進出口需求價格彈性之間的理論關係，$\eta_m = pt_m(1-\varepsilon_m)$，$\eta_x = pt_x - (1+pt_x)\varepsilon_x$，$\frac{\partial b}{\partial e} = \frac{x}{e}[pt_x - (1+pt_x)\varepsilon_x] - \frac{m}{e}pt_m(1-\varepsilon_m)$，$\frac{\partial m}{\partial e} = pt_m(1-\varepsilon_m)\frac{m}{e}$，$\frac{\partial x}{\partial e} = \frac{x}{e}[pt_x - (1+pt_x)\varepsilon_x]$。由於數據處理過程中存在的局限性，此處只對匯率彈性的兩環節變化結論與綜合結論進行符號上的檢驗，其中初始匯率水平和進出口額用樣本期內平均值的絕對額表示。最終結果見表6-10。

表6-10 分貿易方式匯率彈性與匯率傳導、貿易彈性間的數值檢驗

貿易方式	進口				出口				余額
	pt_m	ε_m	η_m	$\partial m/\partial e$	pt_x	ε_x	η_x	$\partial x/\partial e$	$\partial b/\partial e$
加工貿易	-0.828	-0.779	-3.792,9	<0	-0.801	0.300	-2.716,7	<0	<0
一般貿易	-0.082	0.362	-5.533,5	<0	-0.149	0.927	-4.330,4	<0	>0

通過運用前兩章實證結果數據對各變量理論關係進行數值檢驗，結果表明與進出口額和匯率直接建模後的估計參數的符號一致，匯率升值減少加工貿易和一般貿易的進口額和出口額，同時導致加工貿易余額減少，一般貿易余額增加。因此可以判斷，兩階段分析的實證結論是有效的。

6.4.4　人民幣匯率變化對不同貿易方式余額影響的綜合分析

6.4.4.1　人民幣升值減少中國加工貿易余額的原因解析

人民幣升值減少中國加工貿易余額是因為，升值使得加工貿易進口額和出口額同時減少，基於加工貿易中存在 $x = m(1 + \kappa)$ 的關係，加工貿易余額為 $\Delta b = \Delta x - \Delta m = \kappa \cdot \Delta m$，加工貿易進口額的減少必定導致出口額減少，進而導致貿易余額減少，進口增值率越高，貿易余額下降得也就越多。因此加工貿易余額的變化直接取決於加工貿易進口額的變化，人民幣升值導致加工貿易進口額減少可以進一步從匯率影響進口額在匯率傳導和貿易彈性兩個環節進行因素分析。人民幣匯率變化對加工貿易進口價格的傳導為負，說明升值導致進口本幣價格下降，由於進口需求的價格彈性為負，進口本幣價格下降進一步導致進口量上升，但由於該需求彈性值小於1，價格下降幅度要大於進口量上升幅度，最終導致進口額下降。匯率變化對加工貿易進口本幣價格負傳導，人民幣升值導致進口本幣價格下降是因為加工貿易進口基本上皆以外幣定價，若進口的外幣價格不變，則人民幣升值完全傳導給進口本幣價格，傳導率為 -1，根據實證結果，該傳導並非完全，但傳導程度仍較高，為 -0.828，說明加工貿易進口的外幣定價特徵明顯，且由於中國加工貿易進口商品主要集中於初級產品中的原料進口和製成品中的機械設備等資本品進口，致使加工貿易進口需求缺乏彈性。

6.4.4.2　人民幣升值增加中國一般貿易余額的原因解析

人民幣升值導致中國一般貿易余額增加是因為，升值在減少一般貿易進口額和出口額的同時，出口額的減少要小於進口額的減少，即進口額的匯率彈性絕對值要大於出口額的匯率彈性，進口額對匯率變化比出口額對匯率變化更敏感。一般貿易進口額對匯率變化更敏感是由中國一般貿易進出口商品結構及其市場定價能力決定的。根據國際貿易比較優勢理論，一國進口的往往是國內市場缺乏或競爭力弱的比較劣勢產品，進口國在此類產品的定價能力上相對較弱，進口國升值對本幣進口價格的傳導率極低，且進口需求的價格彈性也相對較小。就一般貿易出口而言，由於中國出口產品商品類別相對集中，市場規模大，佔有率相對較高，因此人民幣升值提高出口外幣價格且傳導程度較高，對人民幣出口價格傳導程度較低，由於出口需求的價格彈性大於0，故外幣價格上升導致出口需求增加，但由於出口彈性值小於1，故本幣出口額仍出現少量減少，最終導致一般貿易出口額的減少小於進口額的減少，一般貿易余額增加。

6.5 本章小結

本章首先通過直接對人民幣實際有效匯率與各類貿易額及余額之間進行建模，從整體上探討了人民幣升值對中國進口額、出口額、進出口額比和貿易余額的影響，並結合分商品類別和分貿易方式對上述變量關係進行了實證檢驗。之後，本章結合前兩章關於匯率傳導和貿易彈性的實證結論，在對各類貿易額的匯率彈性與匯率傳導、貿易彈性之間的理論關係進行數理推導的基礎上，將兩階段結論與整體建模結論進行了一致性檢驗和比較分析，從而實現對匯率變化貿易余額效應的分階段因素分析。最終得出相關結論如下：

6.5.1 人民幣升值對中國各類貿易余額的影響相關結論

人民幣升值將同時減少中國各類貿易的進口額和出口額，但對中國總貿易余額、初級產品貿易余額、製成品中機械運輸和化工類貿易余額有增加作用，對中國製成品貿易余額、製成品內部電子類、紡織類、鋼材成品類和雜項類的貿易余額等都有減少作用。

6.5.2 人民幣升值對中國貿易依存度的影響相關結論

由於人民幣升值同時減少中國各類貿易的進口額和出口額，從而進出口總額減少，這使得中國對外貿易中進口依存度、出口依存度和總的對外貿易依存度將下降。也即人民幣升值將降低中國外貿依存度，有利於減少中國經濟發展過程中對國際市場的依賴、降低國際市場風險。

6.5.3 人民幣升值對中國對外貿易國際競爭力的影響相關結論

除了紡織類和鋼材成品類進出口比受人民幣升值影響被降低外，其他各類貿易進出口比受人民幣升值影響而被提高。這說明人民幣升值有利於中國外貿競爭力的提高，尤其是對於中國的加工貿易而言，人民幣升值將有效提高中國加工貿易在國內環節的增值率，對中國加工貿易的轉型升級有一定的積極意義。

7 基本結論與政策建議

7.1 全書基本結論

7.1.1 關於人民幣匯率變化對進出口價格傳導的結論

7.1.1.1 人民幣匯率變動對進口本幣價格負傳導，且傳導不完全，行業和貿易方式差異大

人民幣匯率變動對中國各類進口價格指數都存在顯著影響，二者呈負相關關係，也就是說隨著人民幣匯率的上升，中國各類進口本幣價格都將下降，這實際上反應了中國進口商品市場上採用美元或其他外幣定價的基本特徵。從工業製成品進口價格的匯率總傳導程度來看，與發達國家匯率傳導水平相比，人民幣匯率的進口傳導程度相對偏高，這可能與中國尚處在發展中國家的經濟發展階段有關。

人民幣匯率變化對中國初級產品進口價格的傳導程度與對工業製成品進口價格的傳導程度較為相近，這與已有對發達工業國家的研究中認為匯率變化對工業製成品進口價格的傳導程度要大於對初級產品進口價格的傳導程度的結論有較大差異。而在各進口商品類別之間，人民幣匯率變化的傳導程度存在較大差異，人民幣匯率變化對醫藥化工製成品進口價格的傳導程度最高，超過1，其次是機械運輸類、電子類和輕紡類，對鋼材類成品的進口價格傳導程度最低，僅0.39。就製成品內部的進口商品傳導程度的排序與各類別加工程度和產品生產的複雜程度來看，其結論與已有文獻的結論基本一致，加工程度高且生產過程複雜的產品其進口價格的匯率傳導程度要更高一些。

匯率變化對加工貿易進口價格的傳導要大大高於對一般貿易進口價格的傳導。這與加工貿易和一般貿易進口的商品結構有關，加工貿易進口商品大多為原材料或半成品，進口直接為出口服務，進口價格彈性取決於出口方面的因

素，而一般貿易進口商品大多為初級產品和資本品，進口需求彈性小，進口定價主要為出口方，價格受匯率變化的影響小。

7.1.1.2 人民幣匯率變動對出口本幣價格呈不完全傳導，市場佔有率越高的行業，匯率傳導程度越小

出口加權的人民幣實際有效匯率長期內對人民幣出口價格指數都存在顯著負影響，也即人民幣升值將導致各類出口的人民幣價格指數下降。這反應了中國出口皆以外幣定價的特點，為了保障海外市場份額，國內出口商在面臨人民幣匯率升值時採取因市定價，主動降低出口的人民幣價格，自主吸收一部分因匯率上升帶來的影響。根據計量模型所得出的系數來看，出口價格總指數模型中的對應系數為 -0.667,6，表示當人民幣升值 1 個百分點，則國內出口商需承擔 0.667,6 個百分點的損失，人民幣匯率升值對出口外幣價格的傳導僅為 0.332,4。

初級產品和工業製成品的出口相比較，匯率對初級產品的出口本幣價格影響更大，對初級產品出口國際市場的價格傳導存在逆傳導現象（其本幣價格傳導系數絕對值超過 1）。這說明中國初級產品的出口競爭力很弱，升值會直接造成初級產品出口商的損失。在製成品內部，電子類、基礎材料類和機械運輸類出口也面臨與初級產品出口類似的問題，電子和機械運輸是近年來中國發展最快的出口行業，基礎材料的出口與初級產品的出口緊密聯繫，因此就出口目標市場的成熟度和競爭力來看，都存在弱勢，因此人民幣升值將給這三個製成品部門造成較大的影響。只有輕紡類和雜項類出口，由於這兩類製成品是中國傳統的勞動密集型出口產品，而且加工貿易比重較大，出口市場成熟穩定，升值對這兩個部門出口本幣價格影響較小，大部分升值的影響都傳導至目標市場的進口價格。

7.1.1.3 人民幣匯率變動對加工貿易和一般貿易進出口價格的傳導，升值對加工貿易進出口價格傳導都高於一般貿易

人民幣匯率變化對中國加工貿易進口價格和出口價格長期內都存在顯著影響，且皆為顯著負影響，即人民幣升值將導致加工貿易的進口價格和出口價格都降低。人民幣匯率對加工貿易進出口價格形成負傳遞，且對進口本幣價格和出口本幣價格的傳導率基本接近，二者皆高達80%以上。也就是說，人民幣每升值1%，加工貿易的進口價格和出口價格都將下降0.8%。這說明，在中國加工貿易的進出口市場上基本上都以外幣定價，在面臨匯率變化（如人民幣升值）時，以外幣定價的進口其本幣價格相應下降，進口廠商得到了人民幣升值的大部分好處；而以外幣定價的出口其本幣價格也相應下降，出口方承擔了人民幣升值的大部分損失。假定進出口為同一廠商，則該廠商得到了

80%的進口價格下降的好處，而承擔了80%出口價格下降的損失，就同一廠商而言，由於出口價格必定高於進口價格，因此可以斷定，在人民幣升值過程中，該加工貿易廠商的人民幣利潤將遭受損失。

人民幣匯率變化對一般貿易進口價格和出口價格在長期內的影響都非常小（對本幣價格的傳導率都低於15%），且不顯著。這說明貿易方式對人民幣匯率的價格傳導有影響，但在不同的貿易方式下，匯率的價格傳導機制發生變化，從而導致傳導率和顯著程度的差異。

值得進一步解釋的是，導致不同貿易方式下匯率變化對出口價格傳導程度不同的根本原因在於出口商生產成本中投入要素來源的差異。一般貿易出口商生產過程中的生產原料主要來自國內，匯率變化對其出口價格的傳導只受海外市場需求的影響，原料來源因素對匯率的貿易效應影響呈中性，如果其他條件保持不變，人民幣升值並不改變出口的人民幣價格或是受其他因素影響對出口本幣價格的降低非常少。但加工貿易出口商生產過程中的生產原料部分甚至全部來源於國外，由於匯率變化已經先行影響進口價格，人民幣升值降低進口價格從而降低加工貿易出口商的生產成本，增加其利潤空間，出口商為擴大其市場份額，往往對出口產品實施降價措施，故升值導致中國出口外幣價格上升的效應因此而被削弱，人民幣升值對加工貿易出口本幣價格的傳導加大，且加工貿易出口中進口成本比例越高，出口本幣的匯率傳導程度越高。

7.1.2 關於進出口需求的價格彈性和 ML 條件的結論

7.1.2.1 中國對外貿易中進口需求彈性的相關結論

進口總價格的變化對中國進口數量的影響為正，即價格上漲將導致進口量的增加，初級產品的進口價格與數量關係也同樣如此，而製成品總進口量與價格的關係不顯著。也就是說，進口總價格與進口總數量的彈性係數的大小和顯著程度主要由初級產品的進口價格與數量之間的彈性關係來解釋。中國初級產品進口量與價格之間的正彈性關係表明，隨著初級產品價格的上升，國內對初級產品的進口量將增加，這似乎與傳統需求理論相違背，但模型中的彈性係數反應的是同期相關關係，如果考慮對價格的預期，針對初級產品在生產過程中的「初級階段」特徵，在該市場上「買漲賣跌」的情況則相當普遍，因此對初級產品的需求更多的與價格預期相關，從而導致其需求量與當期價格呈正相關關係。

就製成品內部的分類彈性而言，中國各類製成品進口需求的價格彈性都小於0，結合匯率對進口價格的傳導，可以說明在人民幣升值過程中，中國進口

價格的下降將導致各類製成品進口需求的增加。但各類製成品的價格彈性絕對值都偏小，普遍小於0.4，說明即使匯率對價格的傳導完全，中國進口受價格的影響也有限。這說明中國進口的大部分產品在國內受替代品的競爭非常有限，或者進口中大部分皆為需求穩定的初級產品或資本品。在分類製成品中價格彈性最大的是輕紡類，為0.39，價格彈性最小的是醫藥化工類，僅為0.01，且該價格對其數量的影響並不顯著。這說明相比而言，國內替代品競爭能力較強的行業為輕紡行業，而醫藥化工行業的國內替代品的競爭力則特別低。

7.1.2.2 中國對外貿易中出口需求彈性的相關結論

中國出口總需求的價格彈性為0.47，其中，初級產品的出口需求價格彈性非常低（僅0.08），且不顯著，製成品出口需求的價格彈性相對較高（0.44）。因此關於出口總需求的價格彈性可以用製成品的出口需求彈性來解釋。製成品內部僅機械運輸類和雜項類的出口價格彈性為負，表現與傳統經濟理論相符，其他如電子、輕紡和基礎材料成品類出口需求的價格彈性都為正，與傳統的微觀經濟理論有所相悖。這可能存在以下幾個方面的原因：第一，長期以來，中國出口商品大多為勞動密集型產品，附加值低，導致出口產品中吉芬商品特徵明顯，但隨著WTO的加入，中國新興電子行業和傳統輕紡行業以及基礎材料成品行業的競爭力都有所增加，隨著產品附加值的上升，產品價格雖有上升，但出口需求量卻仍增加，這說明中國出口價格的變化中同時反應了產品附加值的變化。第二，中國加工貿易出口在總出口中占比高，出口價格高導致外國需求多的根本原因或不在價格因素，而在國內加工環節中的成本因素，中國加工成本在國際市場上相對低廉，故而加工貿易的增加會導致出口量的增加，而出口價格的上升存在加工貿易升級過程中進口價格上升方面的原因。因此在國內政府鼓勵、企業主導和社會競爭等方面想辦法努力提高中國出口產品的品質，同時進一步升級中國的加工貿易，在增加產品附加值的前提下提高出口價格，不但不會丟失市場份額，反而會促進出口數量的增長，增加中國出口企業的出口收入和利潤。

7.1.2.3 中國加工貿易和一般貿易進出口需求彈性

加工貿易進出口價格彈性皆顯著為負，加工貿易進出口價格上升或是下降將分別導致加工貿易進口量和出口量的減少或增加，反應出的價格數量關係與傳統需求理論相符。同時，由於合同期限的影響，加工貿易進出口量對進出口價格的反應都存在一定的滯后，進口量對進口價格的影響滯后約3個月，而出口量對出口價格的影響滯后約5個月。

一般貿易進出口價格彈性皆顯著為正，一般貿易進出口價格的上升或下降

將導致一般貿易進口量和出口量發生相同方向的變化。這種逆傳統理論的經濟現象實際上反應了進出口需求方對價格的預期所產生的作用。在中國的一般貿易市場，決定其進出口需求的不是當期價格，而是預期價格水平。

無論加工貿易還是一般貿易，進口價格彈性的絕對值都要較出口價格彈性的絕對值大，這反應了中國國內進口替代品對進口商品的替代程度要高於外國國內產品對中國出口商品的替代程度。這一特徵在加工貿易行業表現更為突出，加工貿易進口彈性幾乎是出口彈性的10倍。

7.1.2.4 中國對外貿易中 ML 條件的相關結論

根據 ML 條件的基本定義，本書所得出的關於各類貿易的 ML 條件是否成立這一問題的結論為：除了基礎材料類的進出口需求價格彈性滿足 ML 條件，其他各分類的進出口需求彈性皆不滿足。製成品進出口需求彈性和要大於初級產品進出口需求彈性和。就分類製成品而言，情況有所不同，這是因為除了機械運輸類和雜項（醫藥）類的進出口需求的價格彈性符號相同以外，其餘的電子、輕紡和基礎材料類的進出口需求的價格彈性皆具有不同的符號，且其中輕紡類一項的進口需求價格彈性絕對值要大於其出口需求的價格彈性絕對值。這使得對問題的分析變得相對複雜。①首先考察機械運輸類和雜項（醫藥）類。假定其他條件滿足，人民幣升值導致進口價格下降，出口價格上升。進口價格下降導致該兩類進口需求上升，而出口價格上升導致該兩類出口需求下降。由於進出口需求都缺乏彈性，因此進口價格下降導致的進口額下降超過需求增加導致的進口額的增加，最終導致進口額下降，彈性越小進口額下降越多。對應地，出口價格上升導致的出口額上升要超過出口需求下降導致的出口額下降，最終導致出口額上升，彈性越大出口額上升越少。綜合進口額與出口額的變化，由於該兩項進口彈性皆小於出口彈性，因此出口額上升少而進口額下降多，貿易餘額減少。②其次考察電子、輕紡和基礎材料類。假定其他條件滿足，人民幣升值導致進口價格下降，出口價格上升。根據彈性符號可知，進口價格下降導致該兩類進口需求上升，而出口價格上升也導致該兩類出口需求上升。根據彈性絕對值，進出口都缺乏彈性，因此進口價格下降導致的進口額的減少要大於進口量上升導致的進口額的增加，最終導致進口額減少。而出口價格上升和出口量的上升都增加出口額，因此進口和出口兩方面都對該三類貿易餘額有改善作用。

從以上結論可以看出，各類進口與出口的需求價格彈性和都小於1，ML條件都不成立，在其他條件皆滿足的情況下，人民幣升值不但不能導致貿易餘額的減少，反而導致貿易餘額進一步增加。但也有例外，如機械運輸類和雜項

類，當進出口需求彈性皆為負時，人民幣升值將可能導致貿易餘額的減少。

在加工貿易方式下和在一般貿易方式下的 ML 條件都分別成立。假定其他條件都滿足，根據各貿易方式下進出口需求的價格彈性，人民幣升值將大幅減少加工貿易餘額，增加一般貿易餘額。但匯率變化對貿易收支的最終影響卻並不必定遵循上述分析結果，還需要結合匯率對價格的傳導、貿易收支的初始狀態等。

不管是中國總進出口、分商品類別進出口、還是分貿易方式進出口的需求價格彈性的估計結果都表明，如果不考慮其他因素的影響，單以 ML 條件是否成立作為判斷匯率對貿易餘額是否有改善作用的標準可能會造成分析結果上的混亂。即使是關於 ML 條件的原始假設都成立，如初始貿易平衡、匯率對價格完全傳導、供給彈性無窮大等假設都成立，也可能因為用來判斷 ML 條件是否成立的進出口需求彈性的符號和彈性絕對值的大小發生改變而改變根據原有 ML 條件推導出的貿易收支結果。換句話說，在原有 ML 條件判斷過程中，所使用的貿易價格彈性都被假定為負，即遵循需求由價格決定且與價格負相關的理論，但在諸多經濟現實中，這一理論也許並不成立。因此，準確地說，使用「ML 條件成立」來判斷匯率變化對貿易收支的調節作用，只有在關於 ML 條件的所有原始假設都成立，且進出口需求價格彈性都為負時，這一判定標準才是有效的。

7.1.3 關於進口額、出口額與貿易餘額匯率彈性的結論

7.1.3.1 進口額的匯率彈性結論

長期內人民幣升值將大幅降低中國各類貿易的進口額，總進口的匯率彈性高達 1.876。其中初級產品進口的匯率彈性要高於製成品的匯率彈性，但製成品進口本身的匯率彈性也很高，在製成品分類進口中，僅紡織類進口額的匯率彈性絕對值低於 1，其他都達到 1.5 以上。結合匯率傳導和進口需求彈性分析可以看出，升值導致進口額下降是因為人民幣升值降低中國進口的本幣價格，而且中國進口需求的價格彈性（總需求彈性、初級產品需求彈性和製成品需求彈性等）皆大於 0，進口價格下降導致進口量下降，二者的同時降低導致進口額大幅減少。

7.1.3.2 出口額的匯率彈性結論

長期內人民幣升值將大幅減少所有貿易類別的出口額，各出口額的匯率彈性絕對值皆超過 1（僅雜項類出口額的匯率彈性略低於 1，但也達到 0.938,6 的高彈性水平）。製成品出口額的匯率彈性略高於初級產品出口額的匯率彈

性，這說明升值過程中，製成品出口額對匯率變化更敏感。值得注意的是，在製成品分類中，鋼材類出口額的匯率彈性高達4.462,3，遠超過其他類別的匯率彈性。這說明中國鋼材類商品的出口對匯率變化極其敏感。結合匯率對出口價格的傳導和出口需求的價格彈性的估計結果可以看出，升值導致出口額下降是因為人民幣升值降低中國出口的本幣價格，同時由於出口需求的價格彈性大於0，從而使得本幣出口價格下降後導致出口量減少，價格下降與數量減少的共同作用最終導致出口額大幅下降。

7.1.3.3 貿易競爭力（X/M）和貿易余額（X−M）的匯率彈性相關結論

人民幣匯率升值對中國總貿易、初級產品貿易和製成品貿易的競爭力有提高作用，尤其是對初級產品貿易在國際市場上的競爭力有較大的提高作用（初級產品「貿易余額」的匯率彈性大於1）。在製成品各類別的貿易中，升值將降低紡織和鋼材類成品貿易的競爭力，但對其他商品類別貿易的競爭力有提高作用。尤其是鋼材類貿易競爭力對匯率變化的敏感度非常高，這與鋼材類貿易品的標準化大宗商品特徵、在全球範圍內以美元定價、國內對此類商品出口存在政策限制等特徵有關。

不管是貿易余額的匯率彈性，還是貿易競爭力的匯率彈性，初級產品匯率彈性都要高於製成品匯率彈性。這是因為，受壟斷性資源限制或生產週期的影響，初級產品的供給彈性往往十分有限，其均衡貿易量和均衡貿易價格基本上直接由需求決定。當世界需求發生變化時，由於其供給嚴重缺乏彈性，將導致價格大幅波動。而製成品卻有所不同，由於技術創新與組織管理的不斷發展，使得製成品所受資源限制的程度降低，且成本能夠得到下降，同時普通製成品生產週期相對較短，產量調整也相對自由。當面臨需求衝擊時，其供給也可依據價格信號相應調整，相對完全的市場競爭使得價格波動較小。在市場需求不變的情況下，若匯率發生變化引起一定的價格變化，那麼供給富有彈性的製成品將會較快地對價格信號作出反應，並對生產進行調整，而後使價格恢復到相對穩定的水平，貿易額的波動也就相對較小。

貿易余額的匯率彈性符號並不能直接決定貿易余額受匯率影響的方向，這是因為彈性的計算公式中還包括了貿易余額的初始水平。若初始貿易余額為順差，則匯率彈性符號直接體現貿易余額所受匯率影響的方向特徵；若初始貿易余額為逆差，則匯率彈性符號反應了與貿易余額受匯率影響相反的方向。長期內，人民幣升值將增加中國貿易總余額和初級產品貿易余額，但將減少中國製成品貿易余額。就製成品內部而言，除機械運輸類和化工類貿易余額受人民幣升值影響上升外，其他類別製成品余額都將因人民幣升值而下降。

7.2 本書的相關政策建議

在 2005 年匯改前后，根據大多數國內外研究的結論，認為人民幣應該升值的根本原因一般可以歸結為兩類觀點：一是根據巴拉薩—薩繆爾森效應，認為中國持續高速的經濟增長必然導致人民幣實際匯率升值，而 2005 年匯改之前中國近 10 年的名義匯率都基本沒有變化，致使真實匯率被低估，需要經由名義匯率升值恢復真實匯率的均衡；二是巨額的貿易順差和外匯儲備也表明中國人民幣價值被低估，需要升值人民幣以使貿易收支恢復平衡。針對第一類觀點，盧鋒（2006）認為「巴拉薩—薩繆爾森」效應的理論假定在中國經濟中並不能完全成立，因此並不完全適合用其理論結論來實施中國的經濟政策，並認為採用升值名義匯率的方式來實現真實匯率升值的政策建議是值得商榷的。林毅夫（2007）也對該結論表示了支持。若第一個支持人民幣升值的理由值得商榷，那麼第二類觀點中所闡述的理由是否成立呢？人民幣升值能否減少中國貿易順差使貿易收支恢復平衡？從全書所得出的分析結論看，人民幣升值不僅不能有效減少中國持續增長的貿易順差，還可能適得其反，繼續增加中國貿易順差。人民幣升值的政策效果將與其初始要求背道而馳。

自 2005 年 7 月 21 日開始的人民幣匯率制度改革，除了匯率水平的調整內容外，還涉及人民幣匯率形成機制的改變。匯率制度改革的根本目標是使匯率能夠逐步真實地反應市場供求，根據市場供求進行靈活調節。但此次匯率改革在操作過程中以名義匯率的調整作為其核心內容，仍然局限於「名義的市場化」改革，而非實際的市場化改革（楊長江等，2008）。在匯率形成機制改革過程中，要實行實際的市場化改革，就應結合國內產品市場、要素市場的結構改革和體制轉換，對導致資源配置扭曲的土地、勞動力和自然資源等要素市場進行深層次的結構調整和市場化改革。否則，「名義的市場化」改革始終都只能是治標而不能治本。

有管理的浮動匯率制度是一種相對市場化的名義匯率形成機制，是經由名義匯率反應真實匯率的有效過渡手段。一般而言，匯率制度的選擇或是匯率形成機制的選擇與一國的開放程度有關。對於開放度小的經濟體可以採取靈活的匯率制度，但對於中國這樣一個貿易大國而言，外貿依存度高（2007 年中國外貿依存度已超過 66%），且人民幣尚未實現國際市場的自由兌換、金融體系不發達、缺乏完善的外匯遠期交易市場，名義匯率的浮動將使得中國進出口商

所面臨的匯率風險加大，也使得中國外匯風險暴露加大。因此採取浮動的名義匯率一方面將提高外貿企業的經營成本，降低中國外貿企業的國際競爭力；另一方面也提高中國外匯儲備的管理成本，增加外匯風險。同時，同樣出於以上原因，外向經濟部門所受匯率的影響將直接傳遞給內部經濟部門，致使匯率的變化牽一髮而動全身，其影響波及整個經濟，不利於中國經濟的穩定發展。以上皆說明採取有管理的浮動匯率制度這一匯率形成機制的同時，還需要其他各項改革的深入和其他相關政策的支持。

7.2.1　關於人民幣匯率調整的政策建議

7.2.1.1　短期內暫緩人民幣升值步伐，穩定人民幣匯率預期；中長期內緩解人民幣升值壓力，緩步慢行地實現人民幣實際匯率的基本均衡

短期暫緩人民幣升值步伐，穩定人民幣匯率預期。這至少能有以下幾個方面的好處：一是降低外貿企業匯率風險，減少應對匯率變化的成本，保持出口和國內就業穩定。二是有利於降低匯率風險暴露，將相對固定的匯率作為一道抵禦外部衝擊的防火牆，讓來自國際市場的外部衝擊消化在對外經濟部門內部。三是停止人民幣升值，能有效減少因升值而導致的中國巨額外匯儲備的價值貶損，並為未來外匯儲備的積極管理提供緩衝。四是穩定預期能有效抑制外匯升值投機。這一方面可以減少國際市場上「熱錢」的流入，對當前國內房地產、股市的「去泡沫化」有積極的意義；另一方面可以控製和減少虛增的貿易盈餘，即在人民幣投機壓力存在時，從事進出口貿易的企業會利用高報出口價格、低報進口價格的方式進行投機，最終導致貿易盈餘虛增。若匯率預期穩定，人民幣投機壓力消失，則虛增的貿易盈餘也將減少並逐漸消失。

中國採用低估匯率以維持出口導向戰略的實施已經變得不可持續（畢吉耀等，2009），匯率低估在導致了中國國內生產率的提高的同時，也導致了對外經濟部門持續貿易順差的不斷累積，各類貿易摩擦日益升級，外部經濟環境惡化。巨額的外匯儲備也增加了外匯儲備的管理成本，另外匯率低估也加劇了中國貿易部門和非貿易部門之間的結構失調。既然匯率升值不可避免，那麼就需要在緩步釋放升值壓力的同時，採取措施降低人民幣升值壓力，使人民幣匯率逐步達到均衡。中長期內緩解人民幣升值壓力需要從根本上深化要素市場的改革，同時引導與鼓勵創新的發展。作為對外價格的實際匯率其調整壓力從根本上講來自中國內部價格的結構扭曲（楊長江等，2008），要素市場上的高度行政定價導致了其扭曲的價格體系，人為地強化了中國在加工貿易方面的比較優勢，進而導致資源配置向此類產業過度傾斜，導致加工貿易的過度擴張，貿

易順差加速增加。由於創新活動能直接提高中國製造業的國際競爭力，促進可貿易品價格的下降和相應的實際匯率的下降，因此鼓勵和引導創新活動與深化要素市場改革有利於緩解人民幣升值壓力，使中國人民幣實際匯率逐步達到均衡狀態，從而真實地體現中國人民幣的對外價格和中國產品在國際市場上的競爭水平。

7.2.1.2 分階段、分層次、可控的開放資本項目，逐步推進人民幣國際化進程

隨著中國對外經濟和貿易的快速發展，人民幣越來越多地運用於世界貿易和資本交易活動。早在1993年2月，國家外匯管理局就對外宣布，外匯管制改革的長期目標是實現人民幣自由兌換，真正實現中國國內市場與國際市場的統一，使國內經濟資源在世界範圍內進行配置，提高國內資源的配置效率，真正發揮本國資源的比較優勢。1996年12月1日中國提早實現了人民幣在經常項目上的自由兌換。研究表明，經常項目可兌換的實行可為隱蔽的資本流動提供多種渠道，資本管制的效力將會減弱，成本將會增加（唐納德·馬西森，1995）。外管局資本項目管理司司長劉光溪於2009年9月在倫敦舉行的博鰲亞洲論壇全球資本峰會上指出，人民幣有望成為國際貨幣前，需要實現資本項目的自由化。他指出實現資本項目自由兌換需要三個條件：一是足夠強大的國家經濟競爭力；二是足夠完善的金融體系；三是持續穩定的貨幣運行環境。在當前的經濟條件下，僅第一個條件得到基本滿足，因此資本項目的開放必須本著分階段、分層次的原則，並在保持其可控性的條件下慢步緩行地進行。根據印度經驗的研究表明，匯率制度改革應優先於資本項目開放（袁宜，2005）。目前中國已實行有管理的浮動匯率制度，資本項目開放的匯率制度條件已有改善，但資本項目管理仍需能保證本幣匯率的穩定，因此以匯率穩定優先為目標的審慎資本項目管理應和彈性的開放進程緊密結合，以保證人民幣國際化進程的安全可控和有效地開展。

7.2.1.3 加快完善外匯儲備管理體制、提高外匯儲備管理效率

2006年中國外匯儲備首次過萬億，達到10,663億美元，中國超過日本成為世界第一大外匯儲備國。2012年中國外匯儲備達到33,116億美元[①]，穩居世界第一。如此龐大的外匯儲備面臨人民幣對美元名義升值，使中國外匯資產價值損失巨大。如何實現外匯資產的保值增值已成為一個亟須思考並採取積極行動的課題，在2005年匯改後的有管理的浮動匯率制度條件下，這一課題具

---

① 數據來源：國家統計局。

有更為突出的研究意義。完善外匯儲備管理體制，提高外匯儲備管理效率應成為外匯儲備管理的核心內容。

對外匯儲備的積極管理需要樹立保值增值和風險意識，採用公司治理管理模式，對外匯儲備進行分級定檔，在滿足外匯儲備資產的必要流動性和安全性的前提下，將多余儲備交給專業投資機構進行管理，以實現此類資產的收益性，通過市場手段拓展儲備資產種類、提高儲備資產的整體收益水平（何帆、陳平，2006）。具體操作上可借鑑新加坡的做法，如成立類似於新加坡「政府投資公司」淡馬錫（GIC）和專門管理外匯資產的投資公司，進行海外股權投資和戰略投資，在國際市場價格合適時增加石油等戰略物資的儲備，或是與戰略物資生產國合作投資戰略物資的生產、儲備的基礎設施，以保障戰略物資的穩定供給（林毅夫，2007）。

7.2.2 關於對外貿易結構調整的政策建議

根據國民收入恒等式，國內消費和投資需求的不足將直接反應在淨出口的增長上，故內需不足，也迫使經濟增長進一步依賴國際市場，經濟增長的整體風險暴露增加。根據本書的研究，人民幣升值不僅不能減少淨出口，反而增加淨出口。這說明升值進一步導致了國內需求的下降，惡化了國內製造業的投資環境，導致了失業的增加。

在持續三年的人民幣升值之後，又逢金融危機和世界經濟走低，就業問題已經成為中國的當務之急。作為占世界四分之一人口的中國，擴大和穩定就業始終都是關乎國計民生的大事。大量失業將危及社會穩定，國民收入減少，消費和投資不足，進一步放緩經濟增長。因此，要從根本上解決內外經濟失衡問題，減少中國經濟發展對國際市場的依賴，減少風險暴露，就需要想方設法提高國內需求，這需要從以下幾個方面著手。

7.2.2.1 堅定不移地繼續推進對外貿易的發展，吸收國內過剩產能，擴大就業

多數關於匯率變化的就業效應的國外研究表明，本幣實際升值將對本國就業產生不利影響，尤其會導致製造業就業的顯著下降。同時，這一影響效應還會隨著匯率波動幅度的上升而增加，另外，行業開放程度越高，匯率變化對該行業就業的影響也越大。國內研究也得出了類似的結論，認為人民幣升值將抑制就業的增長，尤其使製造業就業減少（沙文兵，2009；萬解秋、徐濤，2004；範言慧、宋旺，2005）。本書的研究也再次證明，人民幣升值將減少出口，從而降低就業水平，在製造業中尤其對加工貿易行業的就業影響顯著。這

其中有以下幾個原因：一是中國經濟的開放程度高，2007年外貿依存度達到66%，東部11省市的外貿依存度更是高達92.7%，國內經濟的發展對世界市場的依賴程度高且仍有加大趨勢。二是中國出口產品的勞動密集程度高，其中尤其以加工貿易出口為甚。三是中國出口企業的低規模經濟特徵，中小企業更容易遭受升值所帶來的衝擊。以上三個方面的原因都將直接導致匯率變化對中國勞動需求的顯著影響。

中國之所以會出現嚴重的內需不足的問題，說到底是人民收入增長速度慢，而人們因為住房、醫療、教育和社會保障等問題的不穩定預期又使得大家有錢不敢花。在短期內此類問題難以解決的情況下，必須堅持推進對外貿易部門的發展，這有利於釋放國內過度累積的過剩產能，同時也增加就業人數，提高收入水平，從而增加消費的基數。在投資既定的條件下，提高消費在GDP中的貢獻度，長期內更能有效降低淨出口，減少貿易餘額，使內外經濟結構趨於均衡，國民經濟發展進入一個良性循環階段。

7.2.2.2 抓住時機，加速促進加工貿易的轉型升級

在推進外貿部門的發展中，應在發展加工貿易的過程中，加速促進加工貿易的轉型升級。這是因為，根據本書研究結論，相對於一般貿易而言，中國加工貿易受匯率調整的影響較小，出口和就業相對穩定，在匯率浮動的制度環境下，加工貿易存在更大的穩定優勢。根據經典國際貿易理論，產業間貿易對發展中國家的福利要弱於產業內貿易。這是因為發展中國家的產業間貿易主要是出口初級產品而進口工業製成品，這將導致長期內貿易條件惡化，進而減少社會福利。而產業內貿易能通過「干中學」（Learning by Doing）產生學習溢出效應，對社會福利產生有利影響，同時通過延長產業鏈，增加加工貿易對國內經濟部門的溢出效應，有利於提高其他貿易部門和非貿易部門的生產效率，提高整個社會的收入水平。

就中國貿易發展的現實來看，在對外貿易行業中，加工貿易占比大，且具有更為典型的勞動密集型特徵，短期內能有效增加就業人數。但由於長期以來基於國內勞動力和土地等生產要素成本低以及國內政府對外向性企業配套提供的各種政策優惠，中國加工貿易准入條件低，承接的大多是國際化專業分工中的最低端組裝和生產業務。隨著國內生產要素成本的不斷提高和中國加入WTO后出口退稅等優惠待遇縮水，原有低端加工模式已難以為繼，加工貿易的轉型與升級已迫在眉睫。從長期來看，發展加工貿易必須加速其轉型與升級，提高加工貿易增值率，增加國內加工環節的附加值，從而增加加工貿易企業利潤，提升加工貿易出口的國際競爭力，這不僅能使穩定加工貿易行業的就

業具有可持續性，而且對收入的提高也有顯著作用。

基於人民幣升值對中國加工貿易進出口價格的影響要大於對中國一般貿易進出口價格的影響，人民幣升值將降低中國加工貿易的進口價格和出口價格，致使加工貿易企業人民幣利潤減少，加上中國近年來國內成本的不斷上升，加工貿易企業的生存與發展面臨著前所未有的困難。考慮到中國加工貿易大部分集中於傳統勞動密集型行業，對中國就業和社會穩定仍將起到積極的作用，因此未來應該穩定人民幣預期，放慢人民幣升值的步伐，給加工貿易的轉型和升級創造良好的國際金融環境。

7.2.2.3 繼續鼓勵外商直接投資、重視進口對促進經濟增長和提升國民福利的作用

內生經濟增長模型強調了技術進步的重要性，在發展中國家缺乏技術和技術落後是阻礙其經濟增長的主要因素，而外匯缺口又阻礙了發展中國家對技術的引進，因此發展中國家在早期發展階段更傾向於用資源密集型產品的出口彌補外匯缺口，以引進其所需要的技術。中國自改革開放以來長期實行的出口導向型對外貿易戰略就是明證，在此階段，進口對經濟增長的重要性並未得到充分重視。中國經濟對外開放發展到今天，有必要也有能力讓進口貿易發揮其更大的作用。

就進口的必要性來看，在世界經濟格局多元化發展的情況下，進口石油等資源性戰略物資可以保障國家經濟安全；通過從發達國家進口產品和機器設備等中間投入品可以給本國帶來更多的技術模仿和學習的機會，通過技術溢出間接提高國內生產率；而在選擇適宜的技術水平差距的前提下，直接引進那些可以發揮本國生產潛力、與本國現有生產水平和技術吸收能力相匹配的技術，更能直接帶來國內生產率的提高。由於中國進口超過半數是外資企業的進口（2007年外資企業進口占總進口的58.52%），並且外商直接投資本身具有比單一進口本身更多樣的技術外溢渠道，技術外溢效果更好，因此要增加進口，還需鼓勵外商直接投資，擴大招商引資的規模，調整和升級引資結構，為國內的經濟發展和社會福利的提高服務。

就進口的可行性來看，經過30多年對外經濟和貿易的發展，中國已累積了充足的外匯儲備可以實現大規模的技術引進，同時經濟開放程度的大幅提高也改善了技術吸收環境，再加上國內基礎設施等配套生產條件也有了實質性的改善，國內人力資本投資和自主技術創新水平也得到了較大提高。這些都增強了中國對引進技術的吸收能力，在技術引進和技術吸收條件皆具備的情況下重視進口貿易的發展，更有利於中國未來經濟的可持續發展和社會福利的提高。

7.2.2.4 提高出口行業產業集聚程度，全方位提升出口企業競爭能力

要維持一國進出口價格的相對穩定，其根本就是掌握定價的主動權。一國進口的貨品往往是其比較劣勢商品，其價格往往由出口商決定，但中國不管進口或出口，其定價權基本掌握在貿易夥伴對方手中。這說明雖然中國出口數量在不斷增加，但出口產品的國際競爭力仍相當有限，出口價格都相對低廉，甚至中國出口價格與世界收入呈現負相關關係。這就要求中國出口企業在未來的出口競爭中，不是大打價格戰，而是努力提高中國出口產品的競爭能力，在產品質量、營銷推廣、品牌創新等方面做出成績，同時在企業內部要不斷提升企業經營管理水平、實施有效的成本節約，在擁有真正高利潤的基礎上，掌握定價的主動權，即使非本幣結算，也可以降低匯率變化對出口本幣價格的傳導程度，減少匯率風險。

提升出口競爭力，除了需要從企業內部著手，在組織管理效率、產品生產效率和市場營銷戰略等方面進一步提升外，還需要提高出口行業的產業集聚程度，借助產業集聚區內的公共產品優勢、主導性企業在產業集聚和創新方面的帶頭和輻射作用，以及通過產業集聚促成產業集群以實現出口產業的規模經濟效應，加快出口產業技術創新步伐，提升出口行業整體的國際競爭能力。

7.2.3 其他相關配套措施的政策建議

中國長期貿易順差是國內需求不足所造成的結果，而依靠人民幣升值並不能有效改變這一結果。因此要緩解人民幣升值壓力，降低中國貿易順差，從根本上還必須從平衡內部經濟著手，改善政府宏觀管理，擴大國內需求。

中國消費（包括居民消費和政府消費）在 GDP 中的占比嚴重不足，2012年的消費率為48.52%，其中居民消費率僅為34.78%[①]，並且動態來看該比率還呈下降趨勢。因此，擴大國內消費需求，在保持一定的政府消費比率的前提下，應以擴大居民消費需求為重點。這可以從兩方面入手：一是增加居民收入；二是提高消費率。增加居民收入可以通過增加就業和提高工資水平兩方面實現，增加就業有賴於政府必須始終以保障就業作為第一宏觀經濟管理目標，通過多種政策和市場途徑來實現。提高工資水平則有賴於整個國民生產過程中創新活動的開展以及整個社會的勞動生產效率的提高。而提高居民消費率是一個長期任務，需要調整收入分配結構、擴大消費信貸、完善社會保障體系、優化投資結構、改善消費環境。而今最需要解決的是家庭預期支出的不穩定問題，這需要改善政府宏觀管理，在住房、醫療、教育和社會保障等家庭主體支

---

① 數據來源：世界銀行。

出方面提供穩定的政策預期和行之有效的政策執行方案，同時還需要政府在宏觀層面對公共衛生、食品安全、環境治理等重大公共事務方面進行法律規範、政策引導和輿論監督等方面做出堅持不懈的努力。優化投資結構應著眼於可持續發展戰略，減少和部分淘汰那些集中於低附加值、低技術程度、高耗能、高污染等產能過剩行業的投資，鼓勵綠色產業的發展，充分發揮市場在資源配置過程中的基礎和主導作用，鼓勵民間資本投資。

7.3 進一步研究的方向

基於本書研究中的不足，在本書研究的基礎上，還可以就以下幾個方面進行深入的研究：①人民幣匯率變化對各雙邊貿易的影響。對中國與美國、歐盟和日本等主要貿易夥伴之間的雙邊貿易進行匯率因素分析有利於正確認識人民幣匯率調整對各雙邊貿易的影響，從而有助於判斷匯率調整在緩解雙邊貿易順差、減少貿易摩擦等方面的具體作用如何。同樣採用匯率傳導和貿易彈性兩因素分析方法能更清楚地分析匯率變化對雙邊貿易影響的具體機制和影響效應。②人民幣匯率傳導的影響因素建模與實證分析。國內外諸多文獻已經對匯率傳導的影響因素進行了充分的分析和探討，但很少將加工貿易這一特殊貿易方式在其中所起到的作用進行分析。中國對外貿易中加工貿易占比大，有必要就加工貿易問題對匯率傳導的影響因素進行重新建模，並進行相關的實證檢驗與分析。對於匯率傳導的影響因素模型而言，這將是一個有益的理論拓展。③貿易彈性的影響因素分析。在匯率傳導程度一定的情況下，匯率變化對貿易收支的影響仍取決於進出口供求的價格彈性。而進出口供求的價格彈性的大小到底與什麼有關，由哪些因素決定，很少有學者對這一問題進行探討。本書作者認為，若能從產品加工程度、生活和生產必需程度、競爭品替代程度、市場結構、企業沉沒成本等方面進行深入討論，或能產生有意義的研究結果。④匯率變化對貿易收支影響的一般均衡分析。不管是匯率傳導分析還是貿易彈性分析，都只局限於匯率變化對貿易收支影響的微觀研究和直接效應，是一種局部均衡分析。而實際上，某一次的匯率變化在對貿易收支產生影響的同時，也將通過貨幣效應和吸收效應對貨幣經濟和實際宏觀經濟兩方面產生影響。並且在匯率變化影響到貿易收支以後也將通過貿易收支的變化進一步影響到宏觀經濟，進而對匯率本身和貿易收支產生更為複雜的影響。因此，同時考慮微觀機制和宏觀效應的一般均衡分析能夠更為全面地解釋匯率變化的貿易收支效應，有待在后續的研究中進一步深入和完善。

附　錄

[1] 134 種出口商品為：彩色電視機（包括整套散件）、餐桌、廚房及其他家用搪瓷器、草編結品、茶葉、腸衣、車床、成品油、初級形狀的聚氯乙烯、船舶、地毯、電動機及發電機、電動手錶、電容器、電扇、電視和收音機及無線電訊設備的零附件、電視機（包括整套散件）、電線和電纜、電子計算器（包括具有計算功能的袖珍數據記錄重現機）、凍雞、凍蝦仁、凍魚、凍魚片、二極管及類似半導體器件、干的食用菌類、鋼材、鋼坯及粗鍛件、鋼鐵板材、鋼鐵棒材、鋼鐵管配件、鋼鐵或銅制標準緊固件、鋼鐵線材、工業用縫紉機、穀物及穀物粉、合成短纖與棉混紡機織物、合成有機染料、黑白電視機（包括整套散件）、烘焙花生、花生及花生仁、滑石、活家禽、活魚、活豬（種豬除外）、機械手錶、集裝箱、家用或裝飾用木製品、家用陶瓷器皿、焦炭和半焦炭、角鋼及型鋼、金屬加工機床、靜止式變流器、鋸材、抗生素（制劑除外）、烤蘇、口腔及牙齒清潔劑、辣椒干、柳編結品、錄音機及收錄（放）音組合機（包括整套散件）、鋁材、毛紡機織物、裘皮服裝、帽類、煤、美容化妝品及護膚品、棉機織物、棉紗線、蘑菇罐頭、黏土及其他耐火礦物、皮革服裝、皮革手套、皮面鞋、啤酒、平板玻璃、普通縫紉機、日用鐘、傘、山羊絨、生絲、石蠟、食糖、食用油籽、食用植物油（含棕櫚油）、手錶、手用或機用工具、蔬菜、水海產品、水泥、絲織物、松香及樹脂酸、松子仁、塑料編織袋（週轉袋除外）、塑料製品、藤編結品、天然蜂蜜、天然硫酸鋇（重晶石）、天然石墨、天然碳酸鎂和氧化鎂、填充用羽毛和羽絨、銅材、外底及鞋面均以橡膠或塑料制的鞋、未鍛造的鋁（包括鋁合金）、未鍛造的錳、未鍛造的銅（包括銅合金）、未鍛造的鋅及鋅合金、洗衣粉、銑床、鮮凍對蝦、鮮干水果及堅果、鮮蛋、鮮或冷藏蔬菜、鮮蘋果、橡膠或塑料底紡織材料為面的鞋、鞋、鞋靴零件和護腿及類似品、鋅鋇白（立德粉）、蓄電池、亞麻及苧麻機織物、菸花、爆竹、揚聲器、氧化鋅及過氧化鋅、藥材、醫藥品、醫用敷

料、螢石（氟石）、原電池、原油、照相機、織物制手套、織物制襪子、紙及紙板（未切成形的）、紙、中式成藥、仲鎢酸銨、軸承、豬肉罐頭、竹編結品等。

［2］初級產品與製成品出口分類：根據聯合國《國際貿易標準分類》第三次修訂本［SITC(Rev. 3)］的分類結構及編碼排列 0 - 4 類（食品和食用活物、飲料及菸、非食用原料、礦物燃料和潤滑油、動植物油脂）的商品，在本書前面選擇的 134 類出口商品中，有 44 類出口商品屬於初級產品。具體為：茶葉、腸衣、成品油、初級形狀的聚氯乙烯、凍雞、凍蝦仁、凍魚、凍魚片、干的食用菌類、穀物及穀物粉、烘焙花生、花生及花生仁、滑石、活家禽、活魚、活豬（種豬除外）、焦炭、半焦炭、烤菸、辣椒干、煤、蘑菇罐頭、黏土及其他耐火礦物、啤酒、食糖、食用油籽、食用植物油（含棕櫚油）、蔬菜、水海產品、松香及樹脂酸、松子仁、天然蜂蜜、天然硫酸鋇（重晶石）、天然石墨、天然碳酸鎂和氧化鎂、填充用羽毛和羽絨、鮮凍對蝦、鮮干水果及堅果、鮮蛋、鮮或冷藏蔬菜、鮮蘋果、螢石（氟石）、原油、紙及紙板（未切成形的）、紙菸、豬肉罐頭等 44 種商品。其他 90 類出口商品產品歸類於出口製成品。

［3］出口製成品內部分類：

（1）電子類出口商品（18 項）：彩色電視機（包括整套散件）、電動機及發電機、電動手錶、電容器、電扇、電視、收音機及無線電訊設備的零附件、電視機（包括整套散件）、電線和電纜、電子計算器（包括具有計算功能的袖珍數據記錄重現機）、二極管及類似半導體器件、黑白電視機（包括整套散件）、靜止式變流器、錄音機及收錄（放）音組合機（包括整套散件）、日用鐘、蓄電池、揚聲器、原電池、照相機等。

（2）機械運輸類出口商品（10 項）：車床、船舶、工業用縫紉機、機械手錶、集裝箱、金屬加工機床、普通縫紉機、手用或機用工具、銑床、軸承等。

（3）輕紡類出口商品（20 項）：合成短纖與棉混紡機織物、合成有機染料、毛紡機織物、毛皮服裝、帽類、棉機織物、棉紗線、皮革服裝、皮革手套、皮面鞋、山羊絨、生絲、絲織物、外底及鞋面均以橡膠或塑料制的鞋、橡膠或塑料底紡織材料為面的鞋、鞋及鞋靴零件和護腿及類似品、亞麻及苧麻機織物、織物制手套、織物制襪子等。

（4）基礎材料類（17 項）：鋼材、鋼坯及粗鍛件、鋼鐵板材、鋼鐵棒材、鋼鐵管配件、鋼鐵或銅制標準緊固件、鋼鐵線材、角鋼及型鋼、鋸材、鋁材、水泥、銅材、未鍛造的鋁（包括鋁合金）、未鍛造的錳、未鍛造的銅（包括銅

合金）、未鍛造的鋅及鋅合金、氧化鋅及過氧化鋅等。

（5）雜項（25項）：餐桌、廚房及其他家用搪瓷器、草編結品、地毯、家用或裝飾用木製品、家用陶瓷器皿、抗生素（制劑除外）、口腔及牙齒清潔劑、柳編結品、美容化妝品及護膚品、平板玻璃、傘、石蠟、手錶、塑料編織袋（週轉袋除外）、塑料製品、藤編結品、洗衣粉、鋅鋇白（立德粉）、菸花和爆竹、藥材、醫藥品、醫用敷料、中式成藥、仲鎢酸銨、竹編結品等。

參考文獻

[1] ALTERMAN WILLIAM. Price Trends in U. S. Trade: New Data, New Insights. , in International Economic Transactions: Issues in Measurement and Empirical Research, Peter Hooper and J. David Richardson, ed. University of Chicago Press, 1991: 109 - 143.

[2] ANDERSON J E, VANWINCOOP. Eric. Trade costs. Journal of Economic Literature. September (3), 2004: 691 - 751.

[3] ANDREWS D W K, W PLOBERGER. Optimal Tests When a Nuisance Parameter Is Present Only under the Alternative. Econometrica, 62, 1994: 1383 - 1414.

[4] ANDREWS D W K. Tests for Parameter Instability and Structural Change with Unknown Change Point. Econometrica, 61, 1993: 821 - 856.

[5] ASSEERY D A PEEL. The Effects of Exchange Rate Volatility on Exports: Some New Estimates. Economics Letters, Vol. 37, No. 2, Oct., 1991: 173 - 177.

[6] BACCHETTA PHILIPPE, ERIC VAN WINCOOP. Why Do Consumer Prices React Less Than Import Prices to Exchange Rate?. Journal of the European Economics Association, 1 (2), 2003.

[7] BACCHETTA PHILIPPE, ERIC VAN WINCOOP. A Theory of the Currency Denomination of International Trade. Journal of International Economics, forthcoming, 2005.

[8] BACKUS K, KEBOE P J, KYDLAND F E. Dynamics of the Trade Balance and the Term of Trade: the J - curve?. American Economic Review, 84, 1998: 84 - 103.

[9] BAHMANI OSKOOEE M, BROOKS T J. Bilateral J - curve between US

and her Trading Partners. Weltwirtschaftliches Archiv, 135, 1999: 156 - 65.

[10] BAHMANI OSKOOEE, NIROOMAND. Long run Price Elasticities and the Marshall Lerner Condition Revisited. Economics Letters, 61, 1998: 101 - 109.

[11] BAHMANI OSKOOEE M, RATHA A. The J - curve: A literature review. Applied Economics, 36 [July (13)] 2004: 1377 - 1398.

[12] BAHMANI OSKOOEE M. Determinants of international trade flows: the case of developing countries. Journal of Development Economics, 20, 1986: 107 - 123.

[13] BAHMANI OSKOOEE M. The black market exchange rate and demand for money in Iran. Journal of Macroeconomics, 18, 1996: 171 - 176.

[14] BAILEY M J, TAVALAS G S, ULAN M. Exchange rate variability and trade performance: evidence for the big seven industrial countries. Weltwirtschaftliches Archiv, 122, 1986: 466 - 477.

[15] BASEVI G D COCCHI, P L LISCHI. The Choice of Currency in the Foreign Trade of Italy. Research Paper, 1985, 17 (University of Bologna).

[16] BHAGWATI J N. The pass-through Puzzle: the Missing Prince from Hamlet. mimeo., Columbia University, December, 1988.

[17] BIKERDIKE. The Instability of Foreign Exchange. The Economic Journal, Vol. 30, No. 117, Mar., 1920: 118 - 122.

[18] BILSON J F O. The Choice of an Invoice Currency in International Transactions. in Bhandari, J. S. and Putnam, B. H. (eds), Economic Independence and Flexible Exchange Rates (Cambridge, Mass.: MIT Press), 1983.

[19] BLACK S W. International Money and International Monetary Arrangements. in Jones, R. W. and Kenen, P. B. (eds), Handbook of International Economics, Vol. II (Amsterdam: North&Holland), 1985.

[20] BOYD D, SMITH R. Testing for Purchasing Power Parity: Econometric Issues and An Application to Developing Countries. Manchester School, 67, 1999: 287 - 303.

[21] BOYD D, et al. Real Exchange Rate Effects on the Balance of Trade. International Journal of Finance and Economics, 6, 2001: 201 - 216.

[22] BRANDER A. China's foreign trade behavior in the 1980s: An empirical analysis. 1992, January IMF Working Paper.

[23] BRANSON W H. The Trade Effects of The 1971 Currency Realignment. Brookings Papers on Economic Aactivity, 1, 1972: 15-69.

[24] BRANSON W H. Comment on Exchange Rate pass-through in The 1980s: The Case of U. S. Imports of Manufactoures. Brookings Papers on Economic Activity, 1, 330, 1989.

[25] BU YONGXIANG, ROD TYERS. China's equilibrium real exchange rate: A counterfactual analysis. Working Papers in Economics and Econometrics No 1390, Australian National University, 1, February, 2001.

[26] BURSTEIN, ARIEL, JOAO NEVES, SERGIO REBELO. Distribution Costs and Real Exchange Rate Dynamics during Exchange Rate Based Stabilizations. Journal of Monetary Economics, 50 (6), 2003: 1189-1214.

[27] CAMPA J M, L S GOLDBERG. Exchange Rate Pass Through into Import Prices: A Macro and Micro Phenomenon. mimeo, IESE Business School and Federal Reserve Bank of New York , 2001.

[28] CAMPA JOSE, LINDA GOLDBERG. The Evolving External Orientation of Manufacturing: Evidence from Four Countries. Economic Policy Review, (Federal Reserve Bank of New York) 3: 2, 1997: 53-81.

[29] CARSE S, WILLIAMSON J, WOOD G E. The Financing Procedures of British Foreign Trade. Cambridge: Cambridge University Press, 1980.

[30] CAVES R E, FRANKEL J A, JONES R W. World trade and payments: an introduction. 9th edition, Addison&Wesley, 2002.

[31] CERRA V, DAYAL GULATI A. China's trade flows: Changing price sensitivities and the reform process. 1999, January IMF Working Paper No. WP/99/1.

[32] CHANG G H, SHAO QIN. How much is the Chinese currency undervalued? A quantitative estimation. China Economic Review, 15, 2004: 366-371.

[33] CHEUNG Y-W, CHINN M D, FUJII E. Why the Renminbi might be overvalued (but probably isn't). Paper presented at the Federal Reserve Bank conference on 「External Imbalances and Adjustment in the Pacific Basin」, September, 2005.

[34] CHOUDHRI E, D HAKURA. Exchange Rate Pass Through to Domestic Prices: Does the Inflationary Environment Matter?. IMF Working Paper, WP/01/194, 2001.

[35] CHOUDHRI EHSAN U, HAMID FARUQEE, DALIA S HAKURA. Explaining the exchange pass through in different prices. IMF Working Paper, 02/224, December, 2002.

[36] CHUA, SHARMA. An Investigation of the Effects of Price and Exchange Rates on Trade Flows in East Asia. Asian Economic Journal, 12, 1998: 253-271.

[37] CLARK LEITH. The Exchange Rate and the Price Level in a Small Open Economy: Bostwana. Journal of Policy Modeling, Vol. 13, 1991: 309-315.

[38] CLARK P B, TAMIRISA N, WEI S-J. A new look at exchange rate volatility and trade flows. IMF Occasional Paper No. 235, 2004.

[39] COAKLEY, et al. Current Account Solvency and the Feldstein-Horioka Puzzle. Economic Journal, 106, 1996: 620-627.

[40] COE D T, SUBRAMANIA A, TAMIRISA N T. The missing globalization puzzle. 2005, September IMF Working Paper, No. WP/02/171, Original published in October 2002.

[41] CORSETTI GIANCARLO, LUCA DEDOLA. A Macroeconomic Model of International Price Discrimination. Journal of International Economics, forthcoming, 2005.

[42] CORSETTI G, P PESENTI. Endogenous pass-through and Optimal Monetary Policy: A Model of Self-Validating Exchange Rate Regimes. CEPR Working Paper No. 8737, 2004.

[43] CORSETTI, GIANCARLO, PAOLO PESENTI. International Dimensions of Optimal Monetary Policy. Journal of Monetary Economics, 52 (2), 2005: 281-305.

[44] COUDERD V, CECILE C. Real equilibrium exchange rate in China. CEPII Working Paper No. 01, 2005.

[45] DE GRAUWE, VERFAILLE. Exchange Rate Variability, Misalignment, and the European Monetary System. in Misalignment of Exchange Rates, Richard C. Marston, ed., University of Chicago Press, 1988: 77-104.

[46] DENNIS R APPLEYARD, ALFRED J FIELD JR. A note on teaching the Marshall-Lerner conditon. The Journal of Economic Education, Vol. 17. No. 1, 1986: 52-56.

[47] DEVEREUX M, C ENGLE. Exchange Rate pass-through, Exchange

Rate Volatility, and Exchange Rate Disconnect. Journal of Monetary Economics, June, 2002: 913 – 940.

[48] DEVEREUX M, C ENGLE. Monetary Policy in the Open Economy Revisited: Price Setting and Exchange Rate Flexibility. Review of Economic Studies, 70, 2003: 765 – 784.

[49] DEVEREUX M, C ENGLE, P STORGAARD. Endogenous pass-through when Nominal Prices are Set in Advance. Journal of International Economics, 63 (2), 2004: 263 – 291.

[50] DEVEREUX MICHAEL. Monetary Policy, Exchange Rate Flexibility and Exchange Rate pass-through. in Revisiting the Case for Flexible Exchange Rates, Bank of Canada, 2001: 47 – 82.

[51] DEVEREUX MICHAEL, CHARLES ENGEL. Endogenous Currency of Price Setting in a Dynamic Open Economy Model. NBER working paper No. 8559, 2001.

[52] DICKEY D A, BELL W R, MILLER R B. Unit roots in time series models: tests and implications. The American Statistician, 40, 1986: 12 – 26.

[53] DIPENDRA SINHA. A note on trade elasticities in asian countries. International Trade Journal, Vol. 15, Summer, 2001: 221 – 237.

[54] DIXIT, AVINASH. Hysteresis, import penetration, and exchange rate pass-through. Quarterly Journal of Economics, 104 (2), 1989: 205 – 2281.

[55] DIXIT A K, STIGLITZ J E. Monopolistic Competition and Optimum Product Diversity. American Economic Review, 67, 1977: 297 – 308.

[56] DORNBUSCH R. Exchange Rates and Prices. American Economic Review, 77, March, 1987: 93 – 106.

[57] DORNBUSCH, RUDIGER. Exchange Rates and Fiscal Policy in a Popular Model of International Trade. The American Economic Review, Vol. 65, No. 5, Dec., 1975: 859 – 871.

[58] DUARTE, MARGARIDA, ALAN STOCKMAN. Rational Speculation and Exchange Rates. National Bureau of Economic Research, Working Paper, No. 8362, 2001.

[59] EDWARDS, SEBASTIAN. Tariffs, Capital controls, and Equilibrium real exchange rates. Canadian Journal of Economics, 1989, Vol. 22: 79 – 93.

[60] EICHENGREEN B. Chinese currency controversies. CEPR Discussion Paper No. 4375, May, 2004.

[61] ENGEL C, ROGERS J H. How wide is the border?. American Economic Review, 86 (5), December, 1996: 1112 – 1125.

[62] ENGEL C. Equivalence Results for Optimal pass-through, Optimal Indexing to Exchange Rates and Optimal Choice of Currency for Export Pricing. Journal of European Economic Association, 4 (6), 2006: 1249 – 1260.

[63] FAIR R C. Estimating how the macroeconomy works. Cambridge: Harvard University Press, 2004.

[64] FEENSTRA, ROBERT. Symmetric Pass Through of Tariffs and Exchange Rates Under Imperfect Competition: An Empirical Test. Journal of International Economics, 27, 1989: 25 – 45.

[65] FEENSTRA, ROBERT. Integration of Trade and Disintegration of Production in the Global Economy. Journal of Economic Perspectives, 12, 1998: 31 – 50.

[66] FELDSTEIN, MARTIN. The Council of Economic Advisers and Economics Advising in the United States. The Economic Journal, 102, September, 1992: 1223 – 1234.

[67] FISCHER E. A Model of Exchange Rate pass-through. Journal of International Economics, 26, 1989: 119 – 37.

[68] FLEMINGHAM B S. Where is the Australian J – curve?. Bulletin of Economic Research, 40 (1), 1988: 43 – 56.

[69] FRANKEL J A, PARSLEY D, WEI S – J. Slow passthrough around the world: A new import for developing countries?. NBER Working Paper No. 11199, March, 2005.

[70] FRANKEL J A, STEIN E, WEI S – J. Continental trading blocs: Are they natural or supernatrual. In A. Jeffrey&Frankel Eds., The regionalization of the world economy, Chicago: University of Chicago Press, 1998: 91 – 120.

[71] FRIEDMAN, MILTON. The Case for Flexible Exchange Rates. in Essays in Positive Economics, Chicago: University of Chicago Press, 1953.

[72] FROOT, KEN, PAUL KLEMPERER. Exchange Rate pass-through When Market Share Matters. American Economic Review, September, 1989:

637 – 654.

[73] FUKUDA SI, J CONG. On the Choice of Invoice Currency by Japanese Exporters: The PTM Approach. Journal of the Japanese and International Economies, 8, 1994: 511 – 529.

[74] GAGNON, JOSEPH, JANE IHRIG. Monetary Policy and Exchange Rate pass-through. International Journal of Finance and Economics, 9, 2004: 315 – 338.

[75] GAO S. China's Open – Door Policy. China's Economic Reform, New York: St. Martin's Press. Chapter 3, 1996.

[76] GHOSH A, H WOLF. Imperfect Exchange Rate pass-through: Strategic Pricing and Menu Cost. CESIFO Working Paper, No. 436, March, 2001.

[77] GIOVANNINI A. Exchange Rates and Traded Goods Prices. Journal of International Economies, 24, 1988: 45 – 68.

[78] GOLDBERG L S, GONZALES MINGUEZ J M. Exchange rate pass-through to import prices in the euro area. Federal Reserve Bank of New York Staff Reports, No. 219, September, 2005.

[79] GOLDERGE L, C TILLE. Vehicle Currency Use in International Trade. NBER Working Paper No. 11127, 2005.

[80] GOLDBERG, PINELOPI, MICHAEL KNETTER. Goods Prices and Exchange Rates: What Have We Learned?. Journal of Economic Literature, 35, 1997: 1243 – 1292.

[81] GOLDFAJN ILAN, SERGIO WERLANG. The pass-through from Depreciation to Inflation: A Panel Study. Department of Economics, PUC – Rio, Working paper, No. 423, 2000.

[82] GOLDSTEIN M, KHAN M S. Income and price effects in foreign trade. In Jones, R. W. and Kenen, P. B. Eds, Handbook of international economics, Vol. II, Amsterdam: North – Holland, 1985: 1041 – 1105.

[83] GOLDSTEIN M, LARDY N R. China's exchange rate policy dilemma. American Economic Review (Papers and Proceedings), 96 (2), 2006: 422 – 426.

[84] GOLDSTEIN M, KHAN M. Large versus small price changes and the demand for imports. IMF Staff Papers, No. 22, 1976: 200 – 225.

[85] GOLDSTEIN M, KHAN M. The supply and demand for exports: a sim-

ultaneous approach. Review of Economics and Statistics, 60, 1978: 275-286.

[86] GRANGER. Investigating Causal Relations by Econometric Models and Cross-spectral Methods. Econometrica, Vol. 37, No. 3, Aug., 1969: 424-438.

[87] GRASSMAN S. Exhange Reserves and the Financial Structure of Foreign Trade. Hants, England: Saxon House, 1973.

[88] GREENE W H. Econometric Analysis. Prentice Hall Inc., 4th Edition, 2000.

[89] GREENSPAN A. Current Account: Remarks before the Economic Club of New York. New York, March 2, 2004: 1-10.

[90] HACKER, HATEMI. Is the J-Curve Effect Observable for Small North European Economies?. Open Economies Review, Vol. 14, No. 2, 2003: 119-134.

[91] HAKKIO C S, RUSH M. Cointegration: how short is the long-run?. Journal of International Money and Finance, 10, 1991: 571-581.

[92] HANS ADLER. United States Import Demand During the Interwar Period. The American Economic Review, Vol. 35, No. 3, Jun., 1945: 418-430.

[93] HAYNES S E, STONE J A. Secular and Cyclical Responses of U. S. Trade to Income: An Evaluation of Traditional Models. Review of Economics and Statistics, 65, 1983: 87-95.

[94] HELKIE W L, HOOPER P. An Empirical Analysis of the External Deficit: 1980-86. In R. C. Bryant, 1988.

[95] HELLEINER G K. Comment on Efficiency, Equity and Transfer Pricing in LDCs. inA. M. Rugman and L. Eden, Multinationals and Transfer Pricing, London: Croom Helm, 1985: 240-244.

[96] HELLVIN L. Intra-industry Trade in Asia. International Economic Journal, 8 (4), Winter, 1994: 27-40.

[97] HINKLE, PETER J MONTIEL. Exchange Rate Misalignment: Concepts and Measurement for Developing Countries. Journal of Economic Literature, Vol. 38, No. 3, 2000: 651-652.

[98] HOOPER P. Trade Elasticities for the G 27 Countries. Princeton University: Princeton Studies in International Economics, No. 87, 2000.

[99] HOOPER, PETER, STEVEN W. Kohlhagen. The Effect of Exchange Rate Uncertainty on the Prices and Volume of International Trade. Journal of International Economics, 8, Nov., 1978: 483-511.

[100] HOQUE A. Terms of trade and Current Account Deficit in the Auustralian Context. Journal of Quantitative Economics, 27 (1), 1995: 169-179.

[101] HOUTHAKKER H S, MAGEE S. Income and Price Elasticities in World Trade. Review of Economics and Statistics, 51, 1969: 111-125.

[102] HU X, MA Y. International Intra-industry Trade of China. Weltwirtschaftliches Archiv, 135 [1(Heft)], 1999: 82-102.

[103] JEFFREY A. Frankel, David C. Parsley, Shang-Jin Wei. Slow pass-through Around the World: A New Import for Developing Countries?. NBER Working Paper No. 11199, March, 2005.

[104] JOHANSEN S, JUSELIUS K. Maximum Likelihood Estimation and Inference on Cointegration, with Applicaiton for the Demand for Money. Oxford Bulletin of Economics and Statistics, 52, 1990: 169-210.

[105] JOHANSEN S. Estimation and Hypothesis Testing of Cointegration Vectors in Gaussian vector Autoregressive Models. Econometrica, No. 59, 1991: 1551-1580.

[106] JOHANSEN S. Statistical Analysis of Cointegration Vectors. Journal of Economic Dynamics and Control, 12, 1988: 231-254.

[107] JONES R W. Stability Conditions in International Trade: A General Equilibrium Analysis. International Economics Review, May 1961, 2: 199-209.

[108] JOSÉMANUEL CAMPA, LINDA S GOLDBERG, JOSÉM GONZáLEZ MÍNGUEZL. Exchange Rate pass-through to Import Prices in the EURO Area. NBER Working Paper, No. 111632, September, 2005.

[109] JUNZ B HELEN, RUDOLF R RHOMBERG. Price Competitiveness in Export Trade Among Industrial Countries. The American Economic Review, Vol. 63, No. 2, May, 1973: 412-418.

[110] KARA O. Determinants of Trade Flows: Speed of Adjust. the University of Wisconsin-Milwaukee, 2002.

[111] KENNETH A FROOT, PAUL D KLEMPERER. Exchange Rate pass-through When Market Share Matters. The American Economic Review, 79

(4), 1989: 637-654.

[112] KHAN M. Import and Export Demand in Developing Countries. IMF Staff Papers, No. 21, 1974: 678-693.

[113] KHAN M. The Structure and Behavior of Imports of Venezuela. Review of Economics and Statistics, 57, 1975: 221-224.

[114] KHOSLA ANTI, JURO TERANISHI. Exchange Rate pass-Through in Export Prices—an International Comparison. Hitotsubaishi Journal of Economics, 30, 1989, pp31-48.

[115] KIM, YOONBAI. External Adjustments and Exchange Rate Flexibility: Some Evidence from U. S. Data. The Review of Economics and Statistics, Vol. 73, No. 1, Feb. 1991: 176-171.

[116] KNETTER, MICHAEL. Pricing Discrimination by U. S. and German Exporters. American Economic Review, 79, March, 1989: 198-210.

[117] KNETTER, MICHAEL. International Comparisons of Price to Market Behavior. American Economic Review, 83 (3), 1993: 473-486.

[118] KREINEN, MORDECHAI. The Effect of Exchange Rate Changes on the Prices and Volume of Foreign Trade. International Monetary Fund Staff Papers, July, 24 (2), 1977: 297-329.

[119] KREININ M E. Price Elasticities in International Trade. Review of Economics and Statistics, 49, 1967: 510-516.

[120] KREININ M E. Disaggregated Import Demand Functions—Further Results. Southern Economic Journal, 40, 1973: 19-25.

[121] KREININ, MORDECHAI E. The Effect of Exchange Rate Changes on the Prices and Volume of Foreign Trade. Staff Papers of International Monetary Fund, 1977: 297-329.

[122] KRUGMAN, PAUL. Pricing to Market When the Exchange Rate Changes. in Real Financial Linkages Among Open Economies, S. W. Arndt and J. D. Richardson ed., Cambridge: MIT Press, 1987.

[123] KUMAR. Algorithms for constraint satisfaction problems: A survy. AL Magazine, Vol13 (1), 1992: 32-44.

[124] KUO LIANG WANG, CHUNG SHU WU. Exchange Rate Pass Through and Industry Characteristics: The Case of Taiwan's Exports of Midstream Petrochemi-

cal Products. in Takatoshi Ito and Anne O. Kruger (eds). Changes in Exchange Rates in Rapidly Developing Countries: Theory, Practice and Policy Issues. University of Chicago Press, 1999.

[125] LAL A K, LOWINGER T C. The J – curve: Evidence from East Asia. Journal of Economic Integration, 17, 2002: 397 – 415.

[126] LEE, CHINN. The Current Account and the Real Exchange Rate: A Structural VAR Analysis of Major Currencies. NBER Working Paper, No. 6495, 1998.

[127] LEE J, CHINN M D. Current Account and Real Exchange Rate Dynamics in the G – 7 Countries. IMF Working Paper, WP, 2, 130, 2002.

[128] LERNER A. The economics of control. New York: Macmillan, 1944.

[129] LERNER ABBA P. The Diagrammatical Representation of Cost Condition in International Trade. Economica, Vol. 1, No. 3, Aug., 1934: 319 – 334.

[130] LI WANG, JOHN WHALLEY. The Impacts of Renminbi Appreciation on Trades Flows and Reserve Accumulation in a Monetary Trade Model. NBER Working Paper No. 13586, Nov., 2007.

[131] MAGEE S P. Currency Contracts, pass-through and Devaluation. Brooking Papers on Economic Activity, 1, 1973: 203 – 225.

[132] MAH J S. Structural Change in Import Demand Behavior: the Korean Experience. Journal of Policy Modeling, 15, 1993: 223 – 227.

[133] MARAZZI M, SHEETS N. Declining Exchange Rate pass-through to U. S. Import Prices: The Potential Role of Global Factors. Journal of International Money and Finance, Vol., 26, No. 6, 2007: 924 – 947.

[134] MARQUEZ J. Bilateral Trade Elasticities. The Review of Economics and Statistics, 72, 1990: 70 – 77.

[135] MARSHALL, ALFRED. Money, Credit, and Commerce. London: Macmillan Co., Ltd, 1923.

[136] MARSTON, RICHARD. Pricing to Market in Japanese Manufacturing. Journal of International Economics, 29, 1990: 217 – 236.

[137] MCCARTHY, JONATHON. Pass Through of Exchange Rates and Import Prices to Domestic Inflation in Some Industrialized Economies. Manuscript, Federal Reserve Bank of New York, August, 2000.

[138] MEADE E E. Exchange Rate, Adjustment, and the J-curve. Federal Reserve Bulletin, October, 1988: 633-644.

[139] MENON J. Exchange rate pass-through. Journal of Economic Surveys, 1995, 9 (2): 197-231.

[140] METZLER LLOYD A. The Theory of Internatioanl Trade. in A Survey of Contemporary Economics, Howard S. Ellis. ed., Philadelphia: Blakiston, 1948: 210-254.

[141] NICK GIGINEISHVILI. pass-Through from Exchange Rate to Inflation: Monetary Transmission in Georgia. Proceedings, Economic Series, Georgian Academy of Sience, Vol. 10, 2002: 214-232.

[142] OBSTFELD M, KENNETH ROGOFF. Foundations of International Macroeconomics. Cambridge, MA, MIT Press, 1996.

[143] OBSTFELD M, KENNETH ROGOFF. Exchange Rate Dynamics Redux. Journal of Political Economy, 103, 1995: 624-660.

[144] OBSTFELD M, KENNETH ROGOFF. The Six Major Puzzles in International Macroeconomics: Is there A Common Cause?. NBER Macroeconomics Annual, 2000: 339-390.

[145] OHNO K. Export Pricing Behaviour of Manufacturing: a US-Japan Comparison. IMF Staff Papers, 36 (3), 1989: 550-579.

[146] OLIVEI GIOVANNI P. Exchange Rates and the Prices of Manufacturing Products Imported into the United States. New England Economic Review, First Quarter, 2002: 3-18.

[147] ORCUTT H GUY. Measurement of Price Elasticities in International Trade. The Review of Economics and Statistics, Vol. 32, No. 2, May, 1950: 117-132.

[148] PESARAN M H, SHIN Y. An Autoregressive Distributed Lag Modeling Approach to Cointegration Analysis. Presented at the Symposium at the Centennial of Ragnar Frisch, 1995.

[149] PESARAN M H, SHIN Y. Cointegration and the Speed of Convergence to Equilibrium. Journal of Econometrics, 71, 1996: 117-143.

[150] PESARAN M H, SMITH R P. Structural Analysis of Cointegrating VARs. Journal of Economic Survey, 12 (5), 1998: 471-505.

[151] PINDYCK R S, RUBINFELD D L. Econometric Models and Economic Forecasts. 4th, the McGraw–Hill Companies, Inc, 1998.

[152] PIRIYA PHOLPHIRUL. Trade Responses to Prices and Exchange Rates: Evidence from Sectoral Differentials in Thailand. Thailand Development Research Institute Quarterly Review, Dec. 2004: 13–25.

[153] RANDALL HINSHAW. American Prosperity and the British Balance of Payments Problem. The Review of Economics and Statistics, Vol. 27, No. 1, Feb., 1945: 1–9.

[154] REINHART. Devaluation, Relative Price, and International Trade. IMF Staff Paper, 42, 1995: 290–312.

[155] RICHARD BALDWIN, PAUL KRUGMAN. Persistent Trade Effects of Large Exchange Rate Shocks,」The Quarterly Journal of Economics, Vol. 104, No. 4, Nov., 1989: 635–654.

[156] ROBINSON, JOAN. The Foreign Exchanges. in Essays in the Theory of Employment, Joan Robinson ed., London: Macmillan and Co., Ltd., 1937: 183–209.

[157] ROSE A K, YELLEN. Is This a J–curve?. Journal of Monetary Economics, 24, 1989: 53–56.

[158] ROSE A K. The Role of Exchange Rates in A Popular Model of International Trade: Does the「Marshall–Lerner'Condition Hold?. Journal of International Economics, 30, 1991: 301–316.

[159] SCHEMBRI, LAWRENCE. Export Prices and Exchange Rates: An Industry Approach. in Robert Feenstra, ed., Trade Policies for International Competitiveness, Chicago: University of Chicago Press, 1989: 185–216.

[160] SENHADJI. Time–Series Estimation of Structural Import Demand Equations: A Cross–Country Analysis. Staff Papers of International Monetary Fund, Vol. 45, No. 2, Jun., 1998: 236–268.

[161] SHIRVANI H, B WILBRATTE. The Relationship between the Real Exchange Rate and the Trade Balance: an Empicical Reassessment. International Economics Journal, Vol. 11, 1997: 30–50.

[162] SIBERT A. Exchange Rates, Market Structure, Prices and Imports. Economic Record, 68 (202), 1992: 233–239.

[163] SIMS C A. Money, income and causality. American Economic Review, 62, 1972: 540 - 552.

[164] SPITAELLER E. Short - run Effects of Exchange Rate Changes on the Terms of Trade and Trade Balance. IMF Staff Papers, 27 (2), 1980: 320 - 348.

[165] TAKATOSHI ITO, KIYOTAKA SATO. Exchange Rate pass-Through and Domestic Inflation: A Comparison between East Asia and Latin American Countries. The Research Institute of Economy, Trade and Industry Discussion Paper Series, 07 - E - 040, http://www.rieti.go.jp/en/, 2007.

[166] TAYLOR JONE B. Low Inflation, Pass Through, and the Pricing Power of Firms. European Economic Review, 44 (7), 2000: 1389 - 1408.

[167] UDO BROLL, BERNHARD ECKWERT. Exchange Rate Volatility and International Trade. Southern Economic Journal, 66 (1), 1999: 178 - 185.

[168] VIAENE J M, DE VRIES C G. On the Design of Invoicing Practices in International Trade. Open Economics Review, 3, 1992: 133 - 142.

[169] VCNABLES A J. Microeconomic Implications of Exchange Rate Changes. Oxford Review of Economic Policy, 6 (3), 1990: 18 - 27.

[170] WARNER D, KREININ M E. Determinants of international trade flows. Review of Economics and Statistics, 65, 1983: 96 - 104.

[171] WILSON P. Exchange rate and the Trade Balance for Dynamic Asian Economies: Does the J - curve Exit for Singapore, Malaysia and Korea?. Open Economies Reviews, 12, 2001: 389 - 413.

[172] WILSON J F, TAKACS W E. Differential responses to price and exchange rate influences in the foreign trade of selected industrial countries. Review of Economics and Statistics, 61, 1979: 267 - 279.

[173] YANG, JAIWEN. Exchange Rate Pass Through into U. S. Manufacturing Industries. Review of Economics and Statistics, 79, 1997: 95 - 104.

[174] YURI NAGATAKI SASAKI. Pricing - to - Market Behavior: Japanese Exports to the US, Asia, and the EU. Review of International Economics, Vol. 10, 2002: 140 - 150.

[175] 聯合國國際貨幣基金組織. 中國經濟改革的新階段 [M]. 北京: 中國金融出版社, 1994.

[176] 保羅·克魯格曼, 茅瑞斯·奧伯斯法爾德. 國際經濟學 [M]. 海

闻，等，译. 北京：中国人民大学出版社，1996.

[177] 毕吉耀，陈长缨，张一，等. 人民币汇率变动对就业的影响 [J]. 宏观经济研究，2009（4）：10-16.

[178] 毕玉江. 实际有效汇率对中国商品进出口贸易的影响 [J]. 世界经济研究，2005（6）：61-67.

[179] 毕玉江，朱钟棣. 人民币汇率变动的价格传递效应——基于协整与误差修正模型的实证研究 [J]. 财经研究，2006（7）：53-62.

[180] 毕玉江，朱钟棣. 人民币汇率变动对中国商品出口价格的传递效应 [J]. 世界经济，2007（5）：3-15.

[181] 卜永祥. 人民币汇率变动对国内物价水平的影响 [J]. 金融研究，2001（3）：78-88.

[182] 曹永福. 中国贸易弹性的实证研究 [J]. 国际贸易问题，2005（10）：10-13.

[183] 陈彪如. 人民币汇率研究 [M]. 上海：华东师范大学出版社，1992.

[184] 陈六傅，刘厚俊. 人民币汇率的价格传递效应——基于VAR模型的实证分析 [J]. 金融研究，2007（4）：1-13.

[185] 陈平，熊欣. 进口国汇率波动影响中国出口的实证分析 [J]. 国际金融研究，2002（6）：7-11.

[186] 陈平，谭秋梅. 人民币回滞问题的供求分析及SUR检验 [J]. 国际金融研究，2006（5）：41-49.

[187] 陈平，李凯. 人民币汇率变动对广东外向型经济的影响——基于VAR模型 [J]. 国际经济评论，2008（1）：48-51.

[188] 陈学彬，李世刚，芦东. 中国出口汇率传递率和盯市能力的实证研究 [J]. 经济研究，2007（12）：106-117.

[189] 陈用山，等. 亚洲「四小龙」汇率制度与外贸发展 [M]. 厦门：厦门大学出版社，1995.

[190] 陈治中. 人民币升值对中国大陆加工贸易行业中外资企业的影响 [J]. 科技情报开发与经济，2005（9）：117-121.

[191] 储幼阳. 人民币均衡汇率实证研究 [J]. 国际金融研究，2004（5）：19-24.

[192] 戴祖祥. 中国贸易收支的弹性分析：1981—1995 [J]. 经济研究，

1997 (7): 55-62.

[193] 董繼華. 匯率、貿易彈性和經常帳戶 [J]. 數量經濟技術經濟研究, 2008 (3): 30-44.

[194] 杜進朝. 匯率變動與貿易發展 [M]. 上海: 上海財經大學出版社, 2004.

[195] 杜曉蓉. 人民幣匯率波動對美國進口價格的不完全傳遞 [J]. 山西財經大學學報, 2006 (8): 51-56.

[196] 範從來, 曹麗. 人民幣匯率走勢的實證分析——基於1994—2001年數據的判斷 [J]. 經濟科學, 2004 (1): 73-82.

[197] 範金, 鄭慶武, 王豔, 等. 完善人民幣匯率形成機制對中國宏觀經濟影響的情景分析——一般均衡分析 [J]. 管理世界, 2004 (7): 29-43.

[198] 範言慧, 宋旺. 實際匯率對中國就業的影響: 對中國製造業總體的經濟分析 [J]. 世界經濟, 2005 (4): 3-14.

[199] 封北麟. 匯率傳遞效應與宏觀經濟衝擊對通貨膨脹的影響分析 [J]. 世界經濟研究, 2006 (12): 45-51.

[200] 葛開明. 人民幣匯率與勞動生產力成本相對優勢的思考 [J]. 世界經濟研究, 2005 (1): 32-36.

[201] 辜嵐. 人民幣雙邊匯率與中國貿易收支關係的實證研究: 1997—2004 [J]. 經濟科學, 2006 (1): 65-74.

[202] 谷任, 吳海斌. 匯率變動對中國紡織品出口國際競爭力的影響 [J]. 國際貿易問題, 2006 (8): 29-35.

[203] 何帆, 陳平. 外匯儲備的積極管理: 新加坡、挪威的經驗與啟示 [J]. 國際金融研究, 2006 (6): 4-14.

[204] 賈恩卡洛·甘道爾夫. 國際金融與開放經濟的宏觀經濟學 [M]. 靳玉英, 譯. 上海: 上海財經大學出版社, 2006.

[205] 姜波克. 國際金融學 [M]. 北京: 高等教育出版社, 1999.

[206] 姜波克, 陸前進. 匯率理論和政策研究 [M]. 上海: 復旦大學出版社, 2000.

[207] 鞠榮華, 李小雲. 中國農產品出口價格匯率傳遞研究 [J]. 中國農村觀察, 2006 (2): 16-24.

[208] 李安心, 孫立堅. 購買力平價難以成立的重要原因: 從「價格歧視」的新觀點來論述 [J]. 世界經濟研究, 2003 (1): 81-85.

[209] 李廣眾, LAN P. VOON. 實際匯率錯位、匯率波動性及其對製造業出口貿易影響的實證分析: 1978—1998 年平行數據研究 [J]. 管理世界, 2004 (11): 22-28.

[210] 李海菠. 人民幣實際匯率與中國對外貿易的關係 [J]. 世界經濟研究, 2003 (7): 62-65.

[211] 李建偉, 余明. 人民幣有效匯率的波動及其對中國經濟增長的影響 [J]. 世界經濟, 2003 (11): 21-34.

[212] 李子奈, 葉阿忠. 高等計量經濟學 [M]. 北京: 清華大學出版社, 2000.

[213] 厲以寧, 等. 中國對外經濟與國際收支研究 [M]. 北京: 國際文化出版公司, 1991.

[214] 梁琦, 徐原. 匯率對中國進出口貿易的影響——兼論2005 年人民幣匯率機制改革 [J]. 管理世界, 2006 (1): 48-56.

[215] 林伯強. 人民幣均衡實際匯率的估計與實際匯率錯位的測算 [J]. 經濟研究, 2002 (12): 60-70.

[216] 林毅夫. 關於人民幣匯率問題的思考與政策建議 [J]. 世界經濟, 2007 (3): 3-12.

[217] 盧鋒, 韓曉亞. 長期經濟成長與實際匯率演變. 經濟研究 [J]. 2006 (7): 4-13.

[218] 盧鋒, 李遠芳, 劉鎏. 國際商品價格波動與中國因素——中國開放經濟成長面臨新問題 [J]. 金融研究, 2009 (10): 38-56.

[219] 盧向前, 戴國強. 人民幣實際匯率波動對中國進出口的影響: 1994—2003 [J]. 經濟研究, 2005 (5): 31-39.

[220] 羅納德·麥金農, 大野健一. 美元與日元: 化解美日兩國的經濟衝突 [M]. 上海: 上海遠東出版社, 1999.

[221] 羅忠洲. 關於匯率對進口價格轉嫁率的實證分析: 以 1971—2003 年的日本為例 [J]. 金融研究, 2004 (11): 54-61.

[222] 馬紅霞. 歐元區東擴的進程、問題及其影響 [J]. 世界經濟研究, 2007 (3): 79-85.

[223] 馬紅霞, 張朋. 人民幣匯率變動對中歐出口價格的傳遞效應 [J]. 世界經濟研究, 2008 (7): 32-38.

[224] 馬宇. 人民幣匯率對出口價格傳遞率的實證分析: 以家電行業出口

為例 [J]. 經濟科學, 2007 (1): 44-53.

[225] 馬宇. 金融體系風險分擔機制研究 [M]. 北京: 經濟管理出版社, 2006.

[226] 馬宇, 江秀輝. 人民幣匯率升值對中國工資性收入分配的影響 [J]. 時代金融, 2007 (7): 52-53.

[227] 麥金農. 經濟市場化的次序——向市場經濟過渡時期的金融控製 [M]. 上海: 上海三聯出版社, 1997.

[228] 倪克勤. 人民幣匯率的傳遞機制和槓桿作用 [J]. 財經科學, 1999 (1): 68-70.

[229] 裴長洪. 正確認識中國加工貿易轉型升級 [J]. 國際貿易, 2008 (4): 4-8.

[230] 強永昌, 吳兢, 陳愛瑋, 等. 有關人民幣匯率問題的對外貿易分析 [J]. 世界經濟研究, 2004 (8): 4-9.

[231] 秦宛順, 靳雲匯, 卜永祥. 人民幣匯率水平的合理性——人民幣實際匯率與均衡匯率的偏離度分析 [J]. 數量經濟技術經濟研究, 2004 (7): 26-31.

[232] 任兆璋, 寧忠忠. 人民幣實際匯率與貿易收支實證分析 [J]. 現代財經, 2004 (11): 29-34.

[233] 沙文兵. 人民幣實際有效匯率的水平與波動性對就業的影響——基於東部地區面板數據的實證分析 [J]. 世界經濟研究, 2009 (4): 20-24.

[234] 沈國兵. 美中貿易關係與人民幣匯率關係: 實證分析 [J]. 當代財經, 2005 (1): 43-47.

[235] 沈國兵. 中日貿易與人民幣匯率: 實證分析 [J]. 國際經貿探索, 2004 (5): 11-16.

[236] 盛洪. 外匯額度的交易: 一個計劃權利交易的案例 [M]. 上海: 上海人民出版社, 1996.

[237] 施建淮, 余海豐. 人民幣均衡匯率與匯率失調: 1991—2004 [J]. 經濟研究, 2005 (4): 34-45.

[238] 宋文兵. 中國的資本外逃問題研究: 1987—1997 [J]. 經濟研究, 1999 (5): 39-48.

[239] 宋小川. 國際收支調節理論中的彈性說述評 [J]. 世界經濟, 1986 (5): 33-40.

[240] 孫立堅. 現代匯率理論體系及其評價 [J]. 世界經濟, 2003 (1): 22-28.

[241] 孫立堅, 吳剛, 李安心. 國際貿易中價格傳遞效應的實證研究 [J]. 世界經濟文匯, 2003 (4): 3-21.

[242] 唐國興, 徐劍剛. 現代匯率理論及模型研究 [M]. 北京: 中國金融出版社, 2003.

[243] 唐納德·馬西森, 等. 資本帳戶自由化——經驗與問題 [M]. 北京: 中國金融出版社, 1995.

[244] 佟家棟. 人民幣匯率變動在中國對外貿易中的作用及其條件限制 [J]. 南開學報: 哲學社會科學版, 1999 (6): 34-40.

[245] 萬解秋, 徐濤. 匯率調整對中國就業的影響——基於理論與經驗的研究 [J]. 經濟研究. 2004 (2): 39-46.

[246] 萬正曉. 基於實際有效匯率變動趨勢的人民幣匯率問題研究 [J]. 數量經濟技術經濟研究, 2004 (2): 5-15.

[247] 王晉斌, 李南. 中國匯率傳遞效應的實證分析 [J]. 經濟研究, 2009 (4): 17-29.

[248] 王錚, 龔軼, 王盡然, 等. 從貿易轉價理論看人民幣匯率問題 [J]. 管理科學學報, 1999, 2 (3): 85-91.

[249] 魏巍賢. 基於貿易方程的人民幣匯率研究 [J]. 經濟科學, 2000 (1): 20-28.

[250] 伍德里奇. 計量經濟學現代觀點 (第二版) [M]. 北京: 清華大學出版社, 2004.

[251] 吳麗華, 王鋒. 人民幣實際匯率錯位的經濟效應實證研究 [J]. 經濟研究, 2006 (7): 15-28.

[252] 向東. 匯率變動的支出轉換效應 [J]. 國際金融研究, 2004 (1): 50-55.

[253] 謝建國, 陳漓高. 人民幣匯率與貿易收支: 協整研究和衝擊分解 [J]. 世界經濟, 2000 (9): 27-34.

[254] 謝志勇. 亞洲金融危機以來人民幣匯率與進出口貿易增長關係的實證分析 [J]. 國際金融研究, 1999 (7): 64-68.

[255] 徐康寧, 施海洋. 亞洲金融危機五年後看人民幣匯率保持穩定的原因——關於人民幣幣值與中國進出口貿易關係的分析 [J]. 東南大學學報: 哲

學社會科學版,2002,4(3):38-45.

[256] 許和連,賴明勇.中國對外貿易平衡與實際有效匯率[J].統計與決策,2002(2):19-21.

[257] 許少強,朱真麗.1949—2000年的人民幣匯率史[M].上海:上海財經大學出版社,2002.

[258] 許偉,傅雄廣.人民幣名義有效匯率對進口價格的傳遞效應研究[J].金融研究,2008(9):77-91.

[259] 楊碧雲.匯率波動的貿易效應文獻綜述[J].海南金融,2009(11):10-14.

[260] 楊碧雲.人民幣匯率變動對中國加工貿易進口的實證研究[J].當代財經,2009(9):99-104.

[261] 楊碧雲,易行健.廣東外貿依存度的判斷及其趨勢預測——基於外貿依存度的國際與國內比較[J].國際經貿探索,2009(1):9-13.

[262] 楊碧雲,易行健.中國經常項目收支的演變趨勢、結構分解及其原因與對策分析[J].世界經濟研究,2009(6):19-25.

[263] 楊長江.人民幣實際匯率長期調整趨勢研究[M].上海:上海財經大學出版社,2002.

[264] 楊長江,程鋒.人民幣實際匯率調整趨勢與中國經濟轉型[J].南方經濟,2008(12):30-40.

[265] 楊玉華.進出口貿易增長與人民幣匯率之間的長期均衡與動態波動分析[J].國際貿易問題,2007(6):110-116.

[266] 伊藤隆敏,彼德·伊薩德,史蒂文·西門斯基,等.匯率變化及其對亞太經合組織地區貿易和投資的影響[M].北京:中國金融出版社,1996.

[267] 易綱,湯弦,範敏.匯率制度的選擇和人民幣有效匯率的估計[J].北京大學中國經濟研究中心學刊,2000(2):1-10.

[268] 易行健.經濟開放條件下的貨幣需求函數:中國的經驗[J].世界經濟,2006(4):49-59.

[269] 易行健.人民幣有效匯率波動對中國貨幣替代與資本外流影響的實證檢驗[J].世界經濟研究,2006(12):40-45.

[270] 易行健.中國外貿依存度高低的判斷及其趨勢預測:一個發展階段假說[J].國際貿易問題,2006(6):10-15.

[271] 易行健.中國進出口快速增長的現狀、趨勢、問題及未來的政策選

擇 [J]. 中央財經大學學報, 2006 (12): 63-68.

[272] 易行健. 人民幣實際有效匯率波動對外匯儲備影響的實證研究: 1996—2004 [J]. 數量經濟技術經濟研究, 2007 (2): 3-10.

[273] 殷德生. 中國貿易收支的匯率彈性與收入彈性 [J]. 世界經濟研究, 2004 (11): 47-53.

[274] 余明, 等. 人民幣匯率專題研究 [J]. 貨幣政策研究, 2003 (1): 1-30.

[275] 余斌. 馬歇爾—勒納條件的實證研究 [J]. 對外經濟貿易大學學報, 2000 (5): 5-7.

[276] 余珊萍, 韓劍. 基於引力模型的匯率波動對中國出口影響的實證分析 [J]. 新金融, 2005 (11): 23-27.

[277] 俞萌. 人民幣匯率的巴拉薩—薩繆爾森效應分析 [J]. 世界經濟, 2001 (5): 24-28.

[278] 俞喬. 論中國匯率政策與國內經濟目標的衝突及協調 [J]. 經濟研究, 1999 (7): 23-32.

[279] 喻衛斌, 蘇國強. 人民幣升值對廣東加工貿易影響的實證研究 [J]. 南方金融, 2006 (1): 27-29.

[280] 袁宜. 資本項目開放中的匯率安排——印度的經驗及對中國的啟示 [J]. 世界經濟研究, 2005 (6): 36-41.

[281] 岳昌君. 亞洲十國經濟貿易關係的實證分析 [J]. 財貿經濟, 2000 (8): 58-61.

[282] 張斌. 人民幣真實匯率: 概念、測量與解析 [J]. 經濟學, 2005 (1): 317-334.

[283] 張明. 人民幣貶值對中國貿易收支的關係研究——關於國際收支的理論分析 [J]. 金融教學與研究, 2001 (1): 2-6.

[284] 張曙光, 等. 中國貿易保護代價的實證分析 [J]. 經濟研究, 1997 (2): 12-22.

[285] 張曙光. 人民幣匯率問題: 升值及其成本—收益分析 [J]. 經濟研究, 2005 (5): 17-30.

[286] 張曉樸. 人民幣均衡匯率研究 [M]. 北京: 中國金融出版社, 2001.

[287] 趙大平. 匯率傳遞及其對貿易平衡的影響 [J]. 世界經濟研究,

2005 (9): 37-41.

[288] 鐘偉. 略論人民幣的國際化進程 [J]. 世界經濟, 2002 (3): 56-59.

[289] 周申. 貿易自由化、匯率政策與中國宏觀經濟內部平衡 [J]. 世界經濟, 2003 (5): 27-33.

[290] 鐘劍, 孟浩. 大國經濟模型下人民幣匯率變動對中國外貿影響分析 [J]. 當代財經, 2008 (12): 99-104.

[291] 朱真麗, 寧妮. 中國貿易收支彈性分析 [J]. 世界經濟, 2002 (11): 26-31.

本書是以我的博士論文為基礎與導師陳平教授一起修改完成的。文章收筆並不如無數次想像中的那般輕鬆釋然和狂喜落淚，有太多需要進一步完善的地方，有太多值得進一步研究的課題。在擬博士論文選題時的迷惑與彷徨、在理論演繹有所斬獲和實證分析結論找到現實支持時的欣喜、在遇到困難時的糾結與困惑、在發現新問題卻難以解決時的惶恐與不安，以及在出版前的重新修訂都讓我第一次全面地體會到研究工作中的種種不易。

　　人生的道路上有太多的偶然，或許種種偶然的背後又都是必然的結果。每當想起自己的專業轉換，從本科的會計專業到碩士的財政學專業再到博士的金融學專業，雖然研究對象不同，但終究離不開那個被稱為「Finance」的關鍵詞，任一經濟主體的活動中總如影隨形地伴有資金的流動，或許這才是必然要和我結緣一生的研究主題。從 1995 年上大學到現在，人生的路線也一變再變，從湘潭大學到浙江大學再到中山大學，從湘潭到杭州再到廣州，這期間有多次考研和考博的歷練，有從公司到銀行再到高校的工作經歷，還有為人妻為人母的家庭生活，這其中的輾轉變化因偶然而起，卻也因一顆不肯止步的心而必然發生，讓我有了更多的人生經歷和更豐富的人生體驗。

　　博士學習期間，我首先要感謝我最尊敬和愛戴的導師——陳平教授，是他無私地接受了從外專業調劑過來的我，使我沒有因為剛當上媽媽而被拒之於求學門外，是他的寬容、理解和支持讓我的博士學習和論文寫作有了足夠的自由，並激勵我認真地學習，他的言傳身教讓我對科研工作有了更多的瞭解與更深的認識，也讓我對新的研究方向產生了不可割舍的興趣。老師寬厚為人、淡然處世的品格風範和對研究的執著與熱情都將使我受益終生。同時，我要感謝我的碩士生導師朱柏銘教授，因為有了他的指導才讓我對經濟學研究有了最初的認識與體驗，為之後的學習、教學和科研工作打下了堅實的基礎，老師淡泊明志的生活態度和寧靜致遠的工作情懷一直讓我銘記於心。

博士學習期間我還得益於諸多良師的教導與指引，是他們夯實了我的理論與實證研究基礎。他們是王美今教授、王曦教授、陸軍教授、李仲飛教授、王一鳴教授、郭小冬教授、林江教授、姚益龍教授、李杰博士、周開國博士、何興強博士和史衛博士等。另外，嶺南行政辦公室的陽向榮老師也為我提供了多方面的幫助。在此對各位老師表示感謝！另外，我還要感謝我的工作單位廣東外語外貿大學國際經濟與貿易學院，是學院領導的寬容與學院同事的體諒和幫助讓我有更充足的時間完成我的博士學業。在此期間，我的學友們也給予我諸多幫助，他們是博士同門胡新添、劉醒雲、徐守本、梅琳、譚秋梅、任慶華、李凱、顏超、袁申國等，博士同學劉冰冰、李景睿、展凱、李琴、楊景輝、向鐵梅、劉白蘭、陳雲、孫健、劉顯昌等，好友張曉寒、王霞、李霞、鄭恒、郭萍等。在此一併表示感謝！

　　我要把本書獻給我的家人，因為是他們讓我擁有了一個幸福溫暖的家。在博士學習期間，一輩子為兒女著想的公公婆婆全力幫我帶小孩，並給予我理解，讓我有足夠的時間安心地在兼顧高校工作的同時專注於我的博士學習。陪著孩子一天天成長更給了我無窮的力量，與兒子相處的每分每秒都能給我最好的撫慰，讓我在學習、工作和家庭生活中找到平衡。我的幸福還應歸因於一個不得不說的人和一個不得不說的理由，那就是我的先生易行健博士和他對我的種種苛責和愛護，是他在我懶散時給予我最嚴厲的批評，是他在我辛勞時給予我最溫情的照顧，是他在我最困惑時給予我最及時的引導，是他引領和見證了我十年的成長。而家庭成員中的另一位，我的小叔易君健，在兄長的引導下，從中專畢業生成長為我在浙江大學的碩士學弟，再到香港中文大學攻讀博士學位並跨越重洋追隨諾獎得主詹姆士·赫克曼進行博士後研究。其傳奇經歷雖不可複製，但他的經歷卻時刻激勵著我。命運是由自己掌握的，只要有決心，付出的努力終究會有回報，他對我的鼓勵與支持也讓我有了更多積極進取的勇氣。另外，對他的另一半、我的妯娌沈勤芳女士在與我同時求學的過程中為這個家庭帶來的歡樂以及給予我兒子的疼愛一併表示感謝！

　　最后我要將此書獻給生我和養我的父母和與我一起成長的妹妹和弟弟，有了他們我才能一步步長大成人，有了他們我才能在風雨中勇敢前行。

楊碧雲

國家圖書館出版品預行編目(CIP)資料

匯率變化的貿易收支效應：基於匯率傳導與貿易彈性的研究 / 楊碧云、陳平 著. -- 第二版.
-- 臺北市：崧博出版：財經錢線文化發行，2018.10
　面；　公分

ISBN 978-957-735-591-1(平裝)

1.人民幣 2.匯率變動

563.292　　　107017192

書　名：匯率變化的貿易收支效應：基於匯率傳導與貿易彈性的研究
作　者：楊碧云、陳平 著
發行人：黃振庭
出版者：崧博出版事業有限公司
發行者：財經錢線文化事業有限公司
E-mail：sonbookservice@gmail.com
粉絲頁　　　　　　　網　址：
地　址：台北市中正區延平南路六十一號五樓一室
8F.-815, No.61, Sec. 1, Chongqing S. Rd., Zhongzheng Dist., Taipei City 100, Taiwan (R.O.C.)
電　話：(02)2370-3310　傳　真：(02) 2370-3210
總經銷：紅螞蟻圖書有限公司
地　址：台北市內湖區舊宗路二段 121 巷 19 號
電　話：02-2795-3656　傳　真：02-2795-4100　網址：
印　刷：京峯彩色印刷有限公司（京峰數位）

　　本書版權為西南財經大學出版社所有授權崧博出版事業有限公司獨家發行電子書及繁體書繁體版。若有其他相關權利及授權需求請與本公司聯繫。

定價：350元

發行日期：2018 年 10 月第二版

◎ 本書以POD印製發行